1

Lebenswelten

LEBENSGESTALTUNG
ETHIK
RELIGIONSKUNDE

Brandenburg

Herausgegeben von Sebastian Küllmei

Bearbeitet von Selim Akarsu, Alexander Karallus,
Sebastian Küllmei und Steffi Müller

unter Beratung von Lorenz Wagner

mit Beiträgen von Jörg Peters, Bernd Rolf
und Monika Sänger

C.C.BUCHNER

Lebenswelten
Unterrichtswerk für Lebensgestaltung – Ethik – Religionskunde in Brandenburg
Herausgegeben von Sebastian Küllmei

Lebenswelten 1
Bearbeitet von Selim Akarsu, Alexander Karallus, Sebastian Küllmei
und Steffi Müller unter Beratung von Lorenz Wagner
mit Beiträgen von Jörg Peters, Bernd Rolf und Monika Sänger

Für die Jahrgangsstufen 7/8
Geeignet für die Niveaustufen D bis F

1. Auflage, 2. Druck 2019
Alle Drucke dieser Auflage sind, weil untereinander unverändert, nebeneinander benutzbar.

Dieses Werk folgt der reformierten Rechtschreibung und Zeichensetzung. Ausnahmen bilden Texte, bei denen künstlerische, philologische oder lizenzrechtliche Gründe einer Änderung entgegenstehen.

Die Mediencodes enthalten ausschließlich optionale Unterrichtsmaterialien. Auf verschiedenen Seiten dieses Buches finden sich Verweise (Links) auf Internetadressen. Haftungshinweis: Trotz sorgfältiger inhaltlicher Kontrolle wird die Haftung für die Inhalte externer Seiten ausgeschlossen.

Layout und Satz: HOCHVIER GmbH & Co. KG, Bamberg
Illustrationen: Bettina Kumpe, Braunschweig
Umschlag: HOCHVIER GmbH & Co. KG, Bamberg
Druck und Bindung: Brüder Glöckler GmbH, Wöllersdorf

www.ccbuchner.de

ISBN: 978-3-661-**20107**-8

Jedes große Kapitel hat eine eigene Kapitelfarbe und beginnt mit einer farbigen Auftaktseite. Auf der Auftaktseite findest du Bilder oder Texte und Aufgaben, die dich auf das Thema des Kapitels einstimmen.
Ganz oben auf jeder Seite findest du die Titel des Kapitels und des Unterkapitels. So weißt du immer, wo du dich gerade befindest. Die Themen eines Kapitels sind immer auf Doppelseiten aufbereitet. Es gibt Doppelseiten, die dich auffordern, etwas zu tun – alleine oder mit anderen –, andere wiederum zeigen dir, wie du richtig nachdenken, fragen und diskutieren lernst. Dann gibt es Doppelseiten, die dich mit schon recht anspruchsvollen Texten vertraut machen, die du sorgfältig lesen und über die du nachdenken musst.

Auf jeder Doppelseite findest du ganz verschiedene Materialien, die farbig mit einem **M** gekennzeichnet und nummeriert sind. Das können Texte aus Büchern, aber auch Zeitungsartikel oder Cartoons und Bilder sein. In der Randspalte sind schwierige Wörter und Begriffe kurz erklärt. Mitunter findest du dort auch einen TIPP zu einem Internetlink, einem Buch oder Film, dem du nachgehen kannst.
Zu jedem Material gibt es eine oder mehrere Aufgaben, die du immer in einem Aufgabenblock auf der rechten Seite findest. Am Ende der Aufgabenstellung zeigen dir kurze Hinweise (> M), welches Material oder welche Materialien du für die Bearbeitung der Aufgabe heranziehen solltest. Gelegentlich ist es zur Beantwortung hilfreich, sich in Erinnerung zu rufen, was du bereits an anderer Stelle gelernt hast. Hierzu gibt es dann Hinweise in Klammern. Aufgaben, die etwas kniffliger sind oder mehr Zeit zur Bearbeitung erfordern wie z. B. Projektaufgaben, erkennst du an dem Logo *plus*.

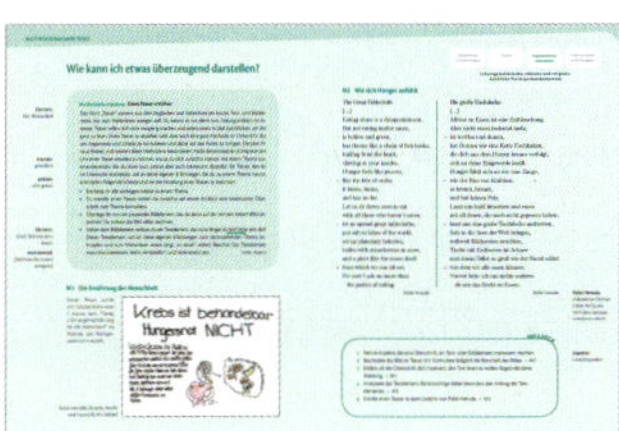

Auf den farblich unterlegten Methodenseiten wird in jedem Kapitel eine für den L-E-R-Unterricht besonders wichtige Methodenkompetenz vorgestellt. Jede dieser Seiten bietet dir zunächst ein Beispiel, wie die Methode funktioniert und angewandt wird. An einem weiteren Material kannst du die Methode dann selbst anwenden und üben.

Der Glossar-Hinweis (> Glossar) in der Randspalte macht auf ein Wörterverzeichnis am Ende des Buches aufmerksam, in dem du die genannten Begriffe – in der Regel handelt es sich um wichtige ethische oder religionskundliche Begriffe und bedeutende Philosophinnen und Philosophen – nachschlagen kannst. Am Ende des Buches kannst du auch verschiedene Methoden noch einmal nachlesen, die du für die Bearbeitung von einzelnen Aufgaben benötigst.

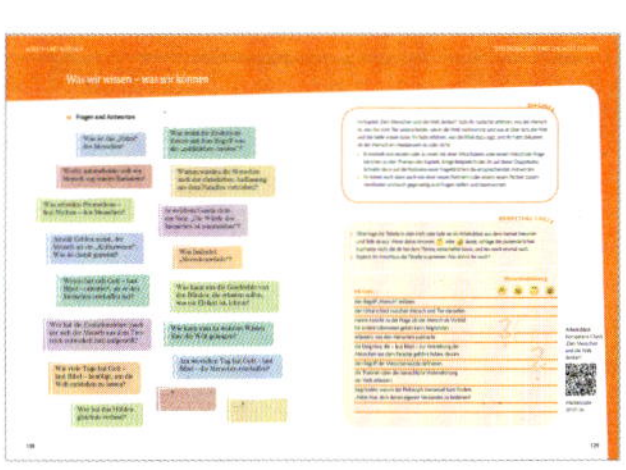

Am Ende eines Kapitels auf den Seiten „Was wir wissen – was wir können“ kannst du alles Erlernte noch einmal anhand eines Materials, zu dem verschiedene Aufgaben gestellt werden, üben und dein Können testen. Mit einem Kompetenzcheck kannst du beurteilen, wie gut du die im Kapitel vermittelten Inhalte und Kompetenzen beherrschst. Mit Hilfe von Mediencodes (QR-Codes oder Internetcodes) gelangst du entweder direkt (QR-Code ⟷ Smartphone) oder über das Suchfeld der Verlagshomepage www.ccbuchner.de zu der Tabelle im Internet und kannst sie dir als Arbeitsblatt herunterladen.

Wer bin ich?

Mein Ich

Mein Lebensweg

Meine Zukunft

Miteinander leben

Zusammen leben

Liebe und Partnerschaft

Freundschaft und Konflikte

Menschsein

Den Menschen und die Welt denken

Die Welt gestalten

Mensch und Natur

Mensch und Kultur

Die Welt von morgen

Zukunft zusammen gestalten

Handeln für eine bessere Zukunft

Utopien

Die Weltreligionen kennen lernen

mein Kern

Selbstbewusstsein

meine 3. Hülle

meine Gedanken,
Wünsche,
Hoffnungen, Gefühle

meine 2. Hülle

meine Begabungen,
Fertigkeiten, Wissen,
Können

meine 1. Hülle

meine Körperhaltung,
Gang, Gestik, Mimik,
Stimme

meine Basis

mein Körper,
Aussehen,
Kleidung

Wer bin ich?

> Mein Ich
> Mein Lebensweg
> Meine Zukunft

AUFGABEN

1 Beschreibe das Bild. Stelle anschließend einen Zusammenhang zum Thema „Wer bin ich?" her.

2 Der Mensch besteht – bildlich gesprochen – aus unterschiedlichen Hüllen. Findet weitere Hüllen, die einen Menschen ausmachen können.

3 Übertrage das Bild auf ein Blatt und fülle die unterschiedlichen Hüllen jeweils mit Merkmalen, die dich ausmachen.

4 Führt anschließend in Kleingruppen ein stummes Schreibgespräch durch und ergänzt die Hüllen eurer Mitschülerinnen und Mitschüler. Welche Merkmale fallen euch zu den unterschiedlichen Hüllen ein? Schreibt sie auf.

5 Nach dem stummen Schreibgespräch bekommst du dein Bild zurück. Betrachte die Ergänzungen deiner Mitschülerinnen und Mitschüler. Welche Gemeinsamkeiten und Unterschiede gibt es?

6 Diskutiert, warum es bei den Ergebnissen der Aufgaben 4 und 5 Gemeinsamkeiten und Unterschiede geben kann.

Ich! Was heißt das?

M1 Personalausweis

Personalausweis: Identitätsnachweis in Form einer Karte, der neben Angaben zur Person ein Bild, eine Unterschrift und sogenannte biometrische Merkmale enthält (Gesichtsbild und Fingerabdrücke auf einem Chip). Deutsche ab 16 Jahren müssen einen Personalausweis oder Reisepass besitzen.

Person
> Glossar

Personalausweis Vorder- und Rückseite

M2 Wer ist Erika Mustermann?

Erika Mustermann lebt mit ihrem Mann Thomas und ihren zwei Kindern Stefan und Sandra in der Heidestraße 17 in Köln. Seit ihrer Kindheit, die sie zwischen dem zweiten und achten Lebensjahr in Amerika verbrachte, hatte sie sich ein kleines Reihenhaus mit Garten gewünscht. Diesen Wunsch konnte sie sich vor drei Jahren nun endlich erfüllen. Am liebsten hat sie hier ihre Sonnenblumen, sagt sie. Die würden schließlich ihre grünen Augen unterstreichen. Sie zwinkert dabei.

Ihre Kinder bekam Erika Mustermann während ihres Studiums in Jena, da war sie Anfang zwanzig. In Jena lebte Erika mehrere Jahre, erst in Wohngemeinschaften und in Studentenwohnheimen, später mit ihrem Mann, den sie kurz nach der Geburt ihrer Tochter heiratete, in einer kleinen Wohnung. Aus der Studienzeit weiß sie, dass sie die Personen, mit denen sie zusammenwohnt, sehr gut kennen muss und niemals wieder so beengt wohnen möchte.

Thomas lernte sie übrigens im Urlaub mit Freundinnen kennen. Beide liefen sich während der Reise über den Weg. Sie hatten das gleiche Hotel gebucht und verstanden sich auf Anhieb. Thomas war von der nur 1,60 Meter großen, quirligen Studentin sofort verzaubert. Auch für Erika war es Liebe auf den ersten Blick, ähnlich wie bei ihren Eltern. Diese hatten sich ebenfalls im Urlaub kennen und lieben gelernt. Super, fand Erika damals, da sie die Ehe ihrer Eltern schon immer zum Vorbild genommen hatte.

Erika will ihren Mann und ihre Kinder genauso unterstützen wie ihre Mutter es vorgelebt hat. Diese war stets für die Familie da gewesen und hatte sich dabei doch ihre Eigenständigkeit bewahrt. Obwohl beide Eltern berufstätig waren, hatten sie auch immer Zeit und Geduld für- und miteinander. Für ihre eigene Familie wünscht sich Erika, dass ihre Kinder glücklich werden, vielleicht auch wie sie selbst studieren und die Welt entdecken. Berlin, denkt sie, wäre eine gute Stadt für ein Studium. Dann könnte sie ihre Kinder und gleichzeitig ihre Geburtsstadt, in der sie am 12. August 1964 geboren wurde, besuchen.

M3 Ratschläge einer Raupe

Im Kinderbuch „Alice im Wunderland“ des britischen Schriftstellers Lewis Carroll (1832-1898) erlebt die zehnjährige Alice zahlreiche Abenteuer in einem unterirdischen Wunderland. Ständig ändert sie ihre Größe, wächst oder schrumpft, sobald sie etwas isst oder trinkt.

Alice und die Raupe sahen sich eine Weile stumm an. Schließlich nahm die Raupe ihre Wasserpfeife aus dem Mund und fragte mit träger, schläfriger Stimme: „Wer bist denn du?“
Das war kein besonders ermutigender Auftakt für eine Unterhaltung. Ein wenig schüchtern sagte Alice: „Ich ... ich weiß es selbst eigentlich nicht so genau, jedenfalls im Augenblick ... also, ich weiß, wer ich war, als ich heute Morgen aufgestanden bin, aber seitdem bin ich wohl ein paarmal verwandelt worden.“ „Was meinst du damit?“, fragte die Raupe streng. „Erkläre dich genauer!“ „Ich kann mich nicht genauer erklären, fürchte ich“, sagte Alice, „denn ich bin eben nicht mehr ich, verstehen Sie?“ „Nein, ich verstehe nicht“, sagte die Raupe. „Leider kann ich mich nicht klarer ausdrücken“, sagte Alice sehr höflich, „denn ich begreife es ja selbst nicht, und außerdem bringt es einen ganz durcheinander, wenn man am selben Tag so oft die Größe ändert.“ „Keineswegs“, sagte die Raupe.
„Nun, vielleicht ist es Ihnen noch nie so gegangen“, sagte Alice, „aber wenn Sie sich verpuppen – und das werden Sie eines Tages tun, wissen Sie – und dann zu einem Schmetterling werden, kommen Sie sich bestimmt auch ein bisschen komisch vor, nicht?“ „Nicht im Geringsten“, sagte die Raupe. „Na ja, vielleicht sehen Sie das anders“, sagte Alice. „Mir jedenfalls würde es ausgesprochen komisch vorkommen.“
„Dir!“, sagte die Raupe geringschätzig. „Wer bist du überhaupt?“

Lewis Carroll

AUFGABEN

1 Nenne die Merkmale, mit denen auf dem Ausweis die Identität einer Person festgestellt wird. > M1

2 Diskutiert, ob Erika Mustermann mit Hilfe der Daten aus dem Personalausweis hinreichend beschrieben wird. > M1

3 Erarbeite weitere Informationen über Erika Mustermann aus dem Text und versuche, diese durch Oberbegriffe zu ordnen. > M2

4 Tragt eure Ergebnisse aus Aufgabe 3 zusammen und diskutiert, ob Erika Mustermann mit Hilfe der Daten aus dem Personalausweis und euren Informationen jetzt hinreichend beschrieben wird. > M1/M2

5 Erläutere, warum Alice an sich selbst zweifelt und die Raupe nicht. > M3

6 Formuliert eine erste Definition zum Begriff „Identität“. Vergleicht eure Bestimmung des Begriffs mit der Definition aus dem Glossar. Diskutiert die Gemeinsamkeiten und Unterschiede. > M1-M3

plus 7 Erstelle einen Ausweis für die Raupe. Benötigt die Raupe als Schmetterling einen neuen Ausweis? Begründe deine Antwort. > M1-M3

Identität
> Glossar

Definition:
genaue Bestimmung eines Begriffs, indem sein Inhalt erklärt wird

Alles eine Frage der Wahrnehmung

M1 Spieglein, Spieglein

M2 Wer bin ich wirklich?

Es regnete und stürmte draußen. Obwohl noch früher Nachmittag, war es bereits so dunkel, dass die Lampen brennen mussten. Monika stand im Flur vor dem großen Spiegel. Sie drehte sich hin und her, schnitt Grimassen und war ernst. Sie setzte Vaters Hut auf und sagte mit tiefer Stimme: „Meine sehr verehrten Damen und Herren" ... und später mit Klaus' Pudelmütze auf dem Kopf: „Aaaaaaale, Aaaaaale ..."

Plötzlich wurde es für eine ganze Weile still. Schließlich rief sie ihrer Mutter zur: „Mutti, wer bin ich eigentlich wirklich?" Die Mutter hatte ihr Bügelbrett bei Monika im Zimmer aufgestellt und bügelte Hemden. Monika hatte es gern, wenn die Mutter bei ihr im Zimmer bügelte. Sie spielten dann Wortspiele zusammen, und Mutter hatte viel Zeit, Dinge zu erklären. Die Mutter sah sich nach Monika um. Sie stand immer noch vor dem Spiegel. Ohne Hut und sehr ernst. Mutter sagte: „Wer du wirklich bist? Das kommt darauf an." „Worauf?" „Na, auf den Standpunkt, von dem aus du betrachtet wirst." „Das versteh ich nicht. Ich kann doch niemand anders sein als ich. Aber wer bin ich denn?" Mutter überlegte einen Augenblick. „Na, komm her und leg dich hier auf den Fußboden", sagte sie zu Monika. „Wo bügle ich denn jetzt: über oder unter dir?" „Über mir natürlich." „Und wenn du dich auf den Schrank da stellst?" „Na, unter mir natürlich." „Siehste", sagte Mutter. „Und wo bügle ich denn nun wirklich?" Monika dachte nach. Schließlich sagte sie: „Na gut, das versteh ich. Aber wie komm ich da jetzt rein?" „Ganz einfach, was meinst du, sagt dein Bruder Klaus von dir?" „Dass ich eine dumme Gans bin, die immer alles kaputt macht." „Und was wird deine Lehrerin sagen?" „Sie sagt, dass ich eine Stütze der Klasse bin." Mutter seufzte und nickte. „Das sagt sie, weil sie achtunddreißig von euch in einer Klasse hat und für jedes Kind dankbar ist, das ruhig und leise und fleißig ist. Sieht dich denn die Klasse auch als Stütze?" „Bestimmt nicht!", sagte Monika düster. „Ich soll Klassenkeile haben, weil ich als Einzige die Strafarbeit gemacht habe." Man sah, dass Mutter sich eine

Bemerkung zu dem Thema verbiss. Schnell sagte sie: „Und was meinst du, sagt dein Trainer im Sportverein?" „Dass ich feige bin und mich nichts traue." „Und was sagte Frau Kienast?" „Ach, die!" Monika schnitt eine Grimasse. Mit künstlicher, hoher Stimme flötete sie: „Kind, du gibst mir den Glauben an die Jugend wieder." Mutter setzte ihr Bügeleisen ab und kam zu Monika auf den Flur. Beide standen nun vor dem Spiegel. „Siehst du", sagte Mutter leise, „das alles bist du: die dumme Gans und der Glaube an die heutige Jugend, feige und eine Stütze der Klasse. Na?" *Karin Bolte*

M3 Das alles bin ich!

AUFGABEN

1 Beschreibt die beiden Bilder und diskutiert in der Klasse ihre Gemeinsamkeiten und Unterschiede. > M1

2 Überlege, worin die Ursachen für die unterschiedlichen Wahrnehmungen liegen könnten. Erläutere die Vor- und Nachteile der jeweiligen Wahrnehmung. >M1

3 Wie nehmen die verschiedenen Personen Monika wahr? Liste alle Sichtweisen auf und vergleiche sie miteinander. > M2

4 Diskutiert, warum es zu einer unterschiedlichen Beschreibung Monikas kommen kann. > M2

5 Interpretiere die Zeichnungen in Hinblick auf die Frage „Wer bin ich?" > M3

6 Gestalte dein Ich-Haus, indem du wie folgt vorgehst: > M1-M3
   a. Übertrage die Bilder aus M1 auf dich. Wie siehst du dich selbst? Fertige dazu ein Akrostichon an und begründe deine Wahrnehmung.
   b. Befrage zwei bis drei Personen deines Vertrauens, wie sie dich wahrnehmen und warum sie dich so wahrnehmen. Fertige dazu ebenfalls ein Akrostichon an.
   c. Erstelle ein Wahrnehmungszimmer für dein Ich-Haus, in dem du darstellst, welche Merkmale deine Identität ausmachen. Berücksichtige dabei, wie du dich selbst und wie dich andere wahrnehmen.
   d. Formuliere aus den Ergebnissen der Selbst- und Fremdwahrnehmung ein Fazit und schreibe dieses in das Dach deines Ich-Hauses.

Fremdwahrnehmung, Selbstwahrnehmung
> Glossar

Ein Ich-Haus erstellen
> S. 34f.

Identität
> Glossar

Fazit:
Schlussfolgerung

Meine sozialen Rollen

M1 Ein Wikipedia-Artikel

Die wichtigsten und auch etwas ergänzten Punkte der Übersicht des Wikipedia-Eintrags zu Arnold Schwarzenegger:

Arnold Alois Schwarzenegger (* 30. Juli 1947 in Thal, Steiermark) ist ein österreichisch-amerikanischer Schauspieler, Publizist, Unternehmer, ehemaliger Bodybuilder sowie ~~aktiver~~ US-Politiker. Von 2003 bis 2011 war er der 38. Gouverneur Kaliforniens. Davor erlangte er vor allem als siebenfacher Mister Olympia sowie dank zahlreicher Hollywoodfilme, insbesondere durch seine Verkörperung des *Terminators*, internationale Bekanntheit. *nach www.wikipedia.de*

Publizist: jemand, der sich mit eigenen Beiträgen (Texten, Veröffentlichungen) zu aktuellen Fragen äußert

Gouverneur: Regierungschef eines US-Bundesstaates

Inhaltsverzeichnis

Cameo: ein kurzer und vor allem oft überraschender Auftritt einer bekannten Person in einem Film

M2 Rollen und Rollenerwartungen

Betrachtet man verschiedene Väter, Mütter, Bankangestellte, Ärzte, Lehrer, Schüler usw., so kann man feststellen, dass ihr Verhalten sich in vielem unterscheidet, in vielem aber auch ähnlich ist. Beim Versuch, diese Gemeinsamkeiten zu verstehen, verwendet die Soziologie das Bild der „Rolle“: Es kommt aus der Welt des Theaters, wo jemand eine bestimmte Rolle spielt, die durch ein Drehbuch vorgegeben ist. Dies wird auf die Gesellschaft übertragen. Für alle Rollen in der Gesellschaft (Vater, Schüler, Angestellter, Lehrer) kann man eine Art Drehbuch annehmen, in dem zusammengefasst ist, wie jemand, der diese Position einnimmt, sich zu verhalten hat bzw. was er zu unterlassen hat. Diese Erwartungen an das Verhalten werden in der Soziologie Normen genannt. Die verschiedenen Bezugsgruppen versuchen, die Einhaltung dieser Normen durch Sanktionen (wie Tadel, Strafen, Entlassung, Arrest, schlechte Noten usw.), aber auch Belohnungen (z. B. Beförderung, Lob, Dankbarkeit, Orden, gute Noten, Kuss usw.) zu kontrollieren.

Soziologie: Wissenschaft, die das soziale Verhalten (Zusammenleben der Menschen) erforscht

Normen > Glossar

M3 Rollenkonflikte

Es kann vorkommen, dass unterschiedliche Gruppen auch unterschiedliche Erwartungen an den „Rollenspieler“ haben. So sind die Erwartungen der Mitschülerinnen und Mitschüler an dich als Schüler sicherlich oft andere als die der Lehrer. Hinzu kommt noch, dass wir unterschiedliche Rollen einnehmen, z. B. als Schüler, Fußballer, Sohn oder Tochter, Mitglieder einer Clique usw. Aufgrund der unterschiedlichen Erwartungen wird es auch hier zu Konflikten kommen. Ein Beispiel hierfür wäre der Konflikt zwischen den Rollen Tochter und Freundin, wenn deine Eltern erwarten, dass du ihnen hilfst, während deine Freundinnen mit dir zum Eislaufen wollen.

Konflikt: Streit, Auseinandersetzung

AUFGABEN

1 Betrachte nur die Bilder und finde für jedes Bild einen aussagekräftigen Titel. Welche Lebensbereiche Schwarzeneggers lassen sich den jeweiligen Titeln zuordnen? > M1

2 Vergleiche die Übersicht des Wikipedia-Eintrags mit M2. Notiere die verschiedenen Rollen Schwarzeneggers und wie er sich darin jeweils zu verhalten hat bzw. was von ihm erwartet wird. Inwiefern wird die Einhaltung dieser Normen kontrolliert? > M1/M2

3 Sammelt mögliche Konflikte, die sich aus den verschiedenen Rollen Arnold Schwarzeneggers ergeben können, und findet mögliche Lösungen. > M1-M3

4 Stelle verschiedene Rollen aus deinem Alltag in einem Cluster dar. > M1/M2

5 Notiere die jeweiligen Aufgaben und Erwartungen, die an dich in deinen Rollen gestellt werden. Überlege, welche Chancen und Schwierigkeiten deine verschiedenen Rollen mit sich bringen können und wie du damit umgehen kannst. > M1/M2

plus 6 Erstelle einen Wikipedia-Eintrag von dir. > M1/M2

7 Gestalte dein Ich-Haus, indem du wie folgt vorgehst:

a. Fertige mit Hilfe der Aufgaben 4 und 5 ein Rollenzimmer mit deinen unterschiedlichen sozialen Rollen und den entsprechenden Aufgaben und Erwartungen an.

b. Formuliere mit Hilfe der Ergebnisse zu deinen Rollen ein Fazit und schreibe dieses in das Dach deines Ich-Hauses.

Ein Ich-Haus erstellen > S. 34f.

Fazit: Ergebnis, Schlussfolgerung

Ich bin im Netz!

M1 Me and my selfie

M2 Seht her, ich bin beliebt!

Streaming: gleichzeitige Übertragung und Wiedergabe einer Video- oder Audiodatei

TIPP
Was Datenschutz ist und warum er wichtig ist, erfährst du z. B. unter www.youngdata.de/datenschutz/was-wird-geschuetzt/

Donnerstagmorgen im Internet. In den deutschen Kanälen auf der Streaming-Plattform YouNow ist noch nicht viel los. Amy [alle Nutzernamen geändert] sitzt im Schneidersitz auf ihrem Bett und erklärt knapp 50 Zuschauern, wie sie ihre Haare stylt. Auf einem anderen Kanal tauschen Mirko und Angela musikalische Vorlieben aus. Von Tolga dagegen ist nur ein struwweliger Kopf zu sehen: Er schläft selig und hat offenbar vergessen, die Webcam auszuschalten. [...]

YouNow ist eine Plattform zum Live-Streaming. Mit der Smartphone-App oder per Webcam können die Nutzer live und kostenlos ins Internet senden. Seit knapp drei Jahren gibt es den Dienst bereits [...]. [Die] Nutzer sind junge Menschen zwischen 15 und 25 Jahren, heißt es offiziell. Ursprünglich war YouNow für Musiker und YouTuber gedacht, die mit ihren Fans direkt in Kontakt treten möchten. Doch schon ein kurzer Ausflug in die Welt von YouNow zeigt, dass die Plattform inzwischen vor allem unter jüngeren Teenagern beliebt ist. Deshalb sind sowohl Jugend- als auch Datenschützer alarmiert. [...]

Die Faszination von YouNow liegt in seiner einfachen Bedienung und der sofortigen Belohnung. Zur Anmeldung benötigt es nicht mehr als ein Facebook-, Twitter-, oder Google-Konto. Der Vorteil gegenüber YouTube, in dem Videos erst aufgenommen und anschließend hochgeladen werden müssen, liegt in der Unmittelbarkeit: Ob aus dem Kinder- oder Klassenzimmer, vom Sportplatz oder der Party am Wochenende: Mit YouNow können die Nutzer immer auf Sendung sein. „Für die Jugendlichen ist es nichts Besonderes mehr von allem ein Foto oder Video zu machen. Die Entwicklung des mobilen Internets führt dazu, dass Livestreams aus allen Lebenslagen uns künftig noch stärker beschäftigen werden", sagt Markus Merkle, der im Auftrag der Landesanstalt für Medien NRW das Jugend-Informationsportal Handysektor betreibt. Wie auf anderen Streaming-Plattformen wie etwa twitch.tv werden die Sendungen erst durch den Chat und den Austausch interessant. Hier lockt YouNow mit dem Belohnungsprinzip: Zuschauer können die Streamer empfehlen oder ihnen kleine virtuelle Geschenke zukommen lassen. Je mehr Zuschauer und Empfehlungen jemand hat, desto höher ist sein Level auf der Plattform. Das zeigt ihm und anderen: Seht her, ich bin beliebt!

M3 Ein gefährliches Spiel

Doch die Freude an der Selbstdarstellung birgt Gefahren – vor allem für Minderjährige. Schon ein kurzes Zapping durch die Kanäle zeigt, wie leichtfertig viele auf Nachfrage ihren Namen und ihr Alter herausrücken.

Einige verraten Adressen oder Telefonnummern, manche Mädchen zeigen sich freizügig, vielleicht ohne zu ahnen, welche Risiken das mit sich bringen kann. Und durch die Tatsache, dass viele sich über Facebook anmelden, tauchen die echten Namen oft in der Kanalbeschreibung auf. Aus vielen kleinen Informationen lassen sich schnell Rückschlüsse auf die Identität ziehen.

M2/M3: Eike Kühl

Identität
> Glossar

AUFGABEN

1 Beschreibe und interpretiere die Selfies. Notiere, welche Aussagen man anhand der Selfies über die Personen treffen kann und vergleiche deine Ergebnisse mit denen deiner Mitschülerinnen und Mitschüler. Gibt es Gemeinsamkeiten und/oder Unterschiede? Findet Gründe für die gleichen oder unterschiedlichen Ergebnisse. > M1

2 Diskutiert, welchen Eindruck man von euch anhand eurer eigenen Selfies haben könnte. Zieht eine Schlussfolgerung über mögliche Konsequenzen für euch daraus. > M1

3 Schreibe die Vorteile heraus, die die Streaming-Plattform YouNow und andere digitale Plattformen der Selbstdarstellung haben können. Ergänze weitere Vorteile aus deiner Sicht. > M2

4 Notiere die Gefahren, die eine Selbstdarstellung im Internet mit sich bringen kann. Überlege zunächst alleine und ergänze deine Ergebnisse mit dem Material M3. > M3

5 Überlegt und diskutiert, wie man digitale Plattformen zur Selbstdarstellung nutzen kann, ohne sich gleichzeitig den Gefahren auszusetzen. Was sollte beachtet werden bei der Selbstdarstellung? > M2/M3

6 Recherchiert im Internet, welche weiteren Gefahrenquellen es geben kann und wie man sich davor schützt. Fertigt dazu eine Übersicht an. > M1-M3

plus 7 Erstelle selbst einen möglichen Beitrag für YouNow, indem du ein Tutorrial erstellst, worauf man bei der Selbstdarstellung auf Streaming-Plattformen achten muss. > M2/M3

Konsequenzen: Folgen, Auswirkungen

TIPP
Informationen über Gefahren im Internet findest du z. B. unter https://seitenstark.de/kinder/achtung-gefahr

Tutorial: filmische Gebrauchsanleitung, bei der durch Bilder Schritt für Schritt ein Vorgehen erklärt wird

Ich bin unterwegs

M1 Auf geht's

Säugling
- sprechen lernen
- laufen lernen
- Vertrauen zu Eltern aufbauen

Kind
- Wissen aneignen
- Freunde finden
- Vertrauen zu anderen Personen aufbauen

Jugendlicher
- Wissen erweitern
- Freunde finden
- erste Beziehungen führen

Junger Erwachsener
- Schulabschluss machen
- Beziehungen führen
- Wissen erweitern

Erwachsener
- Arbeit finden
- Beziehung führen
- Familie gründen
- Geld verdienen

M2 Projekt Mensch

Das Verhalten der Tiere und Pflanzen entspricht vollkommen ihrer Natur. [...] Ein Löwe verhält sich genau so, wie er sich verhalten soll. Ein Löwe, der sich wie eine Gazelle verhält, den gibt es nicht; und umgekehrt hat man noch nie eine Gazelle gesehen, die sich wie ein Löwe verhält. Ein Löwe kann bei seiner Aufgabe, ein Löwe zu sein, nicht scheitern, weil seine Natur ihn auf ein löwenhaftes Verhalten festlegt. Innere Instinkte und äußere Einflüsse regeln das Leben der Tiere und Pflanzen.

Der Zweck der Tiere liegt darin, dass sie ihre natürlichen Fähigkeiten ausüben, dass sie sich so verhalten, wie es ihrer Natur entspricht: Der Löwe erfüllt seinen Daseinszweck, indem er sich wie ein Löwe verhält – ein Verhalten, das sich in die übrige Natur harmonisch eingliedert. Wenn es keine Löwen gäbe, die sich wie Löwen verhalten, so gäbe es zu viele Gazellen, die von den afrikanischen Weiden nichts übrig ließen. [...] Wie wir gesehen haben, gelangen die Tiere notwendigerweise zur Erfüllung ihres Tierseins. Sie entscheiden sich nicht dafür, voll und ganz das zu werden, was sie sind. Ihre Instinkte drängen sie einfach dazu. Anders der Mensch: Er muss sich dazu entscheiden, voll und ganz Mensch zu werden. Ob ich mich zu einem vollkommenen Menschen machen will, ist die große Entscheidung meines Lebens. Denn der Mensch wird nicht als fertiger Mensch geboren, sondern muss sich erst dazu machen: Der Mensch ist eine Aufgabe. Was sein Menschsein angeht, ist der Mensch zwar von der Empfängnis an Mensch; was aber seine persönliche Erfüllung angeht, so ist der Mensch eigentlich nie fertig: Er bleibt immer eine unvollendete Aufgabe, ein unabgeschlossenes Projekt.

Héctor Zagal / José Galindo

Instinkt: die angeborene Fähigkeit von Lebewesen, auf bestimmte Reize mit einem gleichförmigen Verhaltensablauf zu antworten

M3 Gefährliche Überfahrt

Eine Entwicklungsaufgabe ist [...] eine Aufgabe, die sich in einer bestimmten Lebensperiode des Individuums stellt. Ihre erfolgreiche Bewältigung führt zu Glück und Erfolg, während Versagen das Individuum unglücklich macht, auf Ablehnung durch die Gesellschaft stößt und zu Schwierigkeiten bei der Bewältigung späterer Aufgaben führt.

Werner Stangl

AUFGABEN

1 Beschreibe die Abbildung und stelle den Zusammenhang mit dem Titel dar. > M1

2 In M1 sind unterschiedliche Lebensphasen des Menschen und Aufgaben dargestellt, die der Mensch in der jeweiligen Lebensphase bewältigen muss. Finde weitere Aufgaben. > M1

3 Gib den Text in eigenen Worten wieder. Übertrage seinen Inhalt auf die Bilder. > M1/M2

4 Diskutiert, was Zagal und Galindo mit den Aussagen „Der Mensch ist eine Aufgabe“ und der Mensch „bleibt [...] ein unabgeschlossenes Projekt“ meinen könnten. > M2

5 Die Jugend gilt als schwierige Lebensphase, da hier die komplexesten Aufgaben auf den Menschen zukommen. Betrachte das Bild und erkläre diese Einschätzung. Berücksichtige dabei auch die Chancen und Schwierigkeiten der verschiedenen Entwicklungsaufgaben. > M3

6 Diskutiert die Aussage, dass nur ein erfolgreiches Bewältigen der Aufgaben den Menschen glücklich machen kann. > M3

plus 7 Gestalte deine persönliche Überfahrt zum Erwachsensein, indem du Aufgaben präsentierst, die du schon bewältigt hast, sowie Aufgaben, mit denen du dich gerade auseinandersetzt bzw. die noch auf dich zukommen. Orientiere dich dabei an der Abbildung. > M3

8 Gestalte dein Ich-Haus, indem du wie folgt vorgehst:
   a. Gestalte ein Zimmer mit deinen Entwicklungsaufgaben.
   b. Schreibe ein Fazit aus den Ergebnissen in das Dach deines Ich-Hauses.

komplex: vielschichtig, nicht einfach

Ein Ich-Haus erstellen > S. 34f.

Fazit: Schlussfolgerung

Was ist mir eigentlich wichtig?

M1 Bedürfnisse im internationalen Vergleich

Jugendliche aus aller Welt wurden gefragt, was für sie im Leben wichtig ist.

Aus Tansania:

„Bildung ist wichtig, eine gesunde Umwelt, Liebe, Sicherheit und die Freiheit, meinen eigenen Glauben zu leben. Dass ich glauben darf, was ich möchte. Außerdem brauche ich ein gutes Haus und etwas Geld für meine nötigsten Bedürfnisse.“

Aus Tansania:

„Unser Problem hier ist das Wasser. Die Brunnen sind zu weit entfernt, also bekommen wir nicht genug Wasser. Auch haben wir nicht die medizinische Versorgung, die wir benötigen. Und für Entwicklung bräuchten wir Elektrizität.“

Aus Sri Lanka:

„Zum Leben braucht man nur Luft, Wasser und etwas zu Essen. Diese Dinge sind lebenswichtig. Schön wäre es, für ein gutes Leben auch ein Auto, ein Haus und ein gutes Ansehen im Dorf zu haben.“

Aus Sri Lanka:

„Unser Leben basiert auf Liebe. Für uns Kinder ist die Liebe der Mutter und des Vaters sehr wichtig. Sie zahlen und sorgen für uns.“

Aus Deutschland:

„Das Wichtigste im Leben ist für mich, dass ich Menschen habe, auf die ich mich verlassen kann – wie meine Familie und meine Freunde – und dass ich immer einen Ort habe, wohin ich zurückkehren kann, wenn es mir schlecht geht.“

Aus Deutschland:

„Wichtig ist für mich, dass ich viel von der Welt sehen und das Leben genießen kann. Ich möchte so leben können, wie ich das will, und nicht so, wie es mir vorgeschrieben wird.“

Global Lernen

Verantwortung, Werte
> Glossar

M2 Wertealphabet

Abenteuer – Abitur – Abwechslung – Achtung – Alter – Aktivität – Anerkennung – Ansehen – Anziehungskraft – Attraktivität – Aufrichtigkeit – Aussehen – Ausstrahlung – Begeisterung – Beharrlichkeit – Beliebtheit – Besitz – Bewunderung – Beziehungsfähigkeit – Bildung – Ehrgeiz – Ehrlichkeit – Entwicklungsfähigkeit – Erfolg – Erholung – Familie – Fitness – Fortschritt – Fairness – Freiheit – Freizeit – Freude – Freundschaft – Geborgenheit – Gelassenheit – Geselligkeit – Geld – Genuss – Gesundheit – Gerechtigkeit – Glück – Harmonie – Häuslichkeit – Heiterkeit – Höflichkeit – Humor – Intelligenz – Karriere – Kreativität – Leistung – Lernen – Liebe – Macht – Mobilität – Nachhaltigkeit – Offenheit – Optimismus – Ordnung – Partnerschaft – Perfektionismus – Pflichterfüllung – Pünktlichkeit – Reichtum – Respekt – Romantik – Rückhalt – Ruhe – Sicherheit – Sieg – Sorgfalt – Sportlichkeit – Sympathie – Teamfähigkeit – Toleranz – Tradition – Treue – Überlegenheit – Unabhängigkeit – Ungebundenheit – Unternehmenslust – Veränderung – Verantwortungsbewusstsein – Vergnügen – Vertrauen – Wertschätzung – Wohlstand – Zielstrebigkeit – Zugehörigkeit – Zuverlässigkeit

M3 Die Reise

Du machst eine **Reise** mit deinen Mitschülerinnen und Mitschülern.

Ihr habt als Transportmittel den **Heißluftballon** gewählt.

Ihr habt alle jeweils **Güter** eingepackt, die euch wichtig sind.

Vor einem Gebirge gibt es **Probleme**.

Der Pilot des Ballons teilt euch mit, dass ihr zu schwer seid und **nicht über die Gipfel** kommt.

Entweder ihr **werdet Ballast los** oder ihr stürzt ab.

AUFGABEN

1 Liste die Dinge auf, die den Jugendlichen wichtig sind. Welche Gemeinsamkeiten und Unterschiede gibt es? Diskutiert die möglichen Ursachen. > M1

2 Stell dir vor, du gehst auf eine Reise. Es soll die tollste Reise werden, die du je gemacht hast. Packe dafür deinen Koffer mit nur fünf Dingen bzw. Gütern, die dir wichtig sind, und begründe, warum du gerade diese Dinge mitnehmen willst (z. B. Handy → „Ich will in dem fernen Land immer erreichbar sein und Nachrichten schicken können."). > M1

3 Erläutere, welche Lebenseinstellung du mit deinen Gütern aus Aufgabe 2 verbindest (z. B. „Zu einem guten Leben gehört der ständige Kontakt zu meinen Freunden oder Freundinnen, weil mir Freundschaften sehr wichtig sind und ich sie pflegen möchte."). > M1

4 Hinter jeder Lebenseinstellung steckt auch ein Wert. Notiere, welche Werte hinter deinen Ergebnissen aus Aufgabe 2 stecken. Du kannst zur Orientierung auch das Wertealphabet nutzen oder es ergänzen. > M2

5 Ihr müsst euch im Heißluftballon auf insgesamt fünf Güter beschränken, damit ihr nicht abstürzt. Diskutiert gemeinsam, welche fünf Güter und damit verbundenen Werte an Bord bleiben müssen. Begründet eure Auswahl. > M3

6 Gestalte dein Ich-Haus, indem du wie folgt vorgehst:
   a. Erstelle ein Wertezimmer mit den für dich wichtigen Werten. Du kannst dafür die Ergebnisse aus den Aufgaben 3 und 4 nutzen.
   b. Formuliere ein Fazit aus den Ergebnissen, welches du in das Dach deines Ich-Hauses schreibst.

Ein Ich-Haus erstellen
> S. 34f.

Fazit: Schlussfolgerung

Erwachsenwerden – muss das sein?

M1 Kinder und ihre Eltern

Norm
> Glossar

„In unserer Gesellschaft ist Jungsein und Jungerscheinen geradezu eine Norm, die für jede Altersgruppe Gültigkeit hat", schreiben die Psychologen Michael Charton, Christoph Käppler und Helmut Wetzel [...]. Merkmale der Jugend würden heute überschätzt, während Erfahrung, Weisheit, Reife, Ruhe, Ausgeglichenheit des Alters weniger geschätzt würden. [...]

Viele Eltern versuchten, ihre „Jugendlichkeit" möglichst lange sowohl innerlich wie äußerlich zu bewahren. Da probieren schlanke, jugendlich wirkende Mütter bei H&M die gleichen Sachen an wie ihre Teenager-Töchter, während der Vater neben seinem halbwüchsigen Sohn auf Rollerblades läuft.

nach Liane von Billerbeck

M2 Wozu erwachsen werden?

Erwachsen sein ist irgendwie cool. Als Erwachsener kann man alles selbst entscheiden. Man muss nicht mehr fragen, nicht mehr auf seine Eltern hören. Doch wenn man seine Eltern und viele andere Erwachsene beobachtet, dann scheint ihnen ihr Leben nicht besonders viel Spaß zu machen. Erwachsen sein, das heißt, arbeiten gehen. Es gibt zwar Urlaub, aber der ist viel kürzer als die Ferien. Die Tage sehen eigentlich immer gleich aus: Aufstehen, Frühstück, dann zur Arbeit. Nach der Arbeit essen. Dann Hausaufgaben-Kontrolle, dann fernsehen und irgendwann ab ins Bett. Am Wochenende stehen Aufräumen, Waschen und Putzen auf dem Programm. Manchmal auch ein Ausflug, oder Leute kommen zu Besuch, oder man ist selbst irgendwo eingeladen. So geht das, Jahr für Jahr, immer derselbe Trott. Muss das so sein?

http://www.labbe.de

M3 Endlich erwachsen – meine Rechte

Jugendarbeitsschutzgesetz: Gesetz zum Schutz von arbeitenden Kindern und Jugendlichen; enthält Regelungen für die Beschäftigung von unter 18-Jährigen

Verantwortung
> Glossar

- **Jugendarbeitsschutzgesetz:** Für dich gelten nun die Bedingungen des Jugendarbeitsschutzgesetzes nicht mehr. Das bedeutet bei den Arbeitszeiten: Du kannst länger als 40 Stunden pro Woche sowie an Samstagen und Sonntagen arbeiten. Schicht- und Akkordarbeit sind ebenfalls erlaubt.
- **Führerschein:** Einige Führerscheine (z. B. für das Mofa) durftest du ja bereits machen und mit 17 Jahren konntest du am begleitenden Fahren teilnehmen. Mit 18 Jahren nun stehen dir fast alle Führerscheine offen.
- **Schadensersatzpflicht:** Wer volljährig ist, ist „voll deliktfähig". Das bedeutet, wenn du einen Schaden anrichtest, bist du dafür voll verantwortlich und kannst dafür verantwortlich gemacht werden (zum Beispiel vor einem Zivilgericht).

- **Geschäftsfähigkeit:** Du bist jetzt „geschäftsfähig". Das heißt, du darfst selbst alle Rechtsgeschäfte tätigen und zum Beispiel Kauf-, Miet- oder Kreditverträge ohne Unterschrift deiner Eltern abschließen. Das Risiko für solche Geschäfte und Verträge trägst du aber nun auch selbst – und entsprechende Verpflichtungen gehst du damit alleinverantwortlich ein.
- **Gesetz zum Schutz der Jugend in der Öffentlichkeit:** Die Beschränkungen des sogenannten Jugendschutzgesetzes entfallen mit 18 Jahren. Bei Filmen gibt es keine Altersbeschränkung mehr für dich und du kannst dir alle Zeitschriften oder Videos und PC-Spiele ausleihen oder kaufen. Es ist erlaubt, hochprozentigen Alkohol zu kaufen und öffentlich zu trinken. Außerdem darfst du z. B. in Kneipen, Diskos oder Nachtlokale solange ausgehen, wie du möchtest.
- **Wahlrecht:** Mit der Volljährigkeit bist du auch wahlberechtigt. Du darfst nicht nur jemanden wählen (aktives Wahlrecht), sondern kannst dich auch für ein politisches Amt zur Wahl aufstellen lassen (passives Wahlrecht).

Jugendschutzgesetz:
Gesetz zum Schutz der Jugend in der Öffentlichkeit; enthält u. a. Regelungen zum Verkauf und Konsum von Tabak oder Alkohol

M4 Wann bin ich erwachsen?

juristisch:
die Rechtssprechung betreffend

AUFGABEN

1. Betrachte die Bilder und nenne Gemeinsamkeiten und Unterschiede zwischen der Tochter und Mutter bzw. dem Sohn und Vater. > M1
2. Diskutiert die Frage, ob heute wirklich niemand mehr erwachsen sein möchte. > M1
3. Schreibe dir die Vor- und Nachteile des Erwachsenseins und des Jungseins auf. Nutze dafür die Aussagen aus dem Text und finde weitere Vor- und Nachteile. > M2
4. Führt eine Pro- und Kontra-Diskussion darüber, welche Lebensphase für euch attraktiver ist. Nutzt dafür die Ausarbeitungen aus Aufgabe 3. > M2
5. Fertige eine Tabelle an. Stelle in der ersten Spalte dar, welche Rechte und Pflichten du jetzt schon (teilweise) hast. Stelle in der zweiten Spalte dar, welche Rechte und Pflichten du erst mit der Volljährigkeit besitzt. Welche Gemeinsamkeiten und Unterschiede gibt es? > M3
6. Formuliere eine Aussage für das dritte Schild. Nutze dafür auch deine Ergebnisse aus Aufgabe 5. > M4
7. Formuliert abschließend eine Definition des Begriffes „Erwachsenwerden" und des Begriffes „Erwachsensein". > M1-M4

Definition:
genaue Bestimmung eines Begriffs, indem sein Inhalt erklärt wird

Vom Kind zum Erwachsenen

M1 Initiation

Kultur
> S. 144f.

Ritus: sich wiederholende Handlung bei einem bestimmten Anlass (Plural: Riten)

Initiation (von lat. initiare: „einführen“, „einweihen“) bezeichnet die (feierliche) Aufnahme eines Neuen, „Uneingeweiten“, in eine bestimmte Gruppe. Dabei werden in der Regel bestimmte Aufnahmeriten durchgeführt. Man kann die religiös motivierte Initiation von der nicht religiösen unterscheiden. Auch unterschiedliche Kulturen haben unterschiedliche Initiationsriten.

M2 Bar Mitzwa und Bat Mitzwa

Zehn Gebote
> S. 192f.

mündig: reif; zu eigenem Urteil fähig

Adam: Bei uns Juden werden Jungen oder Mädchen dann als erwachsen angesehen, wenn sie in der Lage sind, die Zehn Gebote sowohl zu verstehen als auch zu befolgen. Das ist der Fall, wenn die Jungen 13 Jahre und die Mädchen 12 Jahre alt sind. Wir bezeichnen einen Jungen dann als *Bar Mitzwa* und ein Mädchen als *Bat Mitzwa*.

Yusuf: *Bar Mitzwa*? *Bat Mitzwa*?

Adam: Wörtlich übersetzt heißt *Bar Mitzwa* „Sohn des Gebotes“ oder „Sohn des Gesetzes“ oder auch „Sohn der Pflichten“. *Bat Mitzwa* ist die dementsprechende weibliche Form. Damit bezeichnen wir Jugendliche, die religionsmündig geworden sind. Außerdem ist damit der Tag gemeint, an dem die Jugendlichen die Religionsmündigkeit erhalten und auch die Familienfeier, die nach der Aufnahme in die Religionsgemeinschaft stattfindet.

Yusuf: Und was ist das Besondere an der *Bar Mitzwa*?

Adam: Mit der *Bar Mitzwa* gelten die Jugendlichen als Erwachsene und dürfen alle religiösen Aufgaben erfüllen.

M3 Taufe, Firmung, Konfirmation

Adam: Benedikt, wie werden denn die Christen in die Glaubensgemeinschaft aufgenommen?

Benedikt: Zunächst einmal durch die Taufe. Durch diesen Akt wird ein Mensch zum Christen. Die *Taufe* war und ist immer noch das äußere Zeichen, dass man dem Teufel entsagt hat und nach dem christlichen Glauben leben will.

Adam: In welchem Alter findet die Taufe statt?

Benedikt: Ursprünglich wurden Erwachsene getauft. Aber das hat sich geändert. Heute werden fast ausschließlich Babys getauft.

Adam: Aber Babys haben doch keinen eigenen Willen?

Benedikt: Deshalb übernehmen auch die Eltern und die Paten die Entscheidung. Außerdem gibt es bei den Katholiken noch die *Firmung*. Im Alter von 14 oder 15 Jahren bestätigen die Jugendlichen noch einmal das *Glaubensbekenntnis* aus freiem Willen. Kurz gesagt, die Firmung vollendet erst die Taufe. Protestanten werden durch die *Konfirmation*, die mit 13 oder 14 Jahren erfolgt, zu vollwertigen Mitgliedern der Kirchengemeinde.

M4 Jugendweihe

Die Jugendweihe ist ein Ritual, welches als nichtreligiöses Gegenstück zur Firmung oder Konfirmation gesehen werden kann. Jugendliche im Alter von 14 Jahren können freiwillig an der Jugendweihe teilnehmen und so symbolisch in den Kreis der Erwachsenen aufgenommen werden. Oft gibt es einen feierlichen Akt mit einer Festrede und einer anschließenden Gratulation, oft wird auch ein Jugendweihe-Buch als Erinnerung an diesen wichtigen Tag verschenkt. Gemeinsam mit Freunden und Familie feiert man anschließend zuhause den neuen Lebensabschnitt.

symbolisch: sinnbildlich

M5 Initiation bei den Luvale

Der folgende Text erläutert die Initiation junger Mädchen bei den Luvale. Das Siedlungsgebiet der Luvale liegt im Osten von Angola und im Westen von Sambia. Eva M. Rauter wurde von zwei Frauen über die Initiation der Mädchen informiert: Frau Samahongo und Vwime Ngunga, die ins Englische übersetzte. Die Schilderungen beruhen auf Erinnerungen an die eigene Initiation und Erfahrungen als Lehrerin.

Das „Hineinführen" oder die erste Phase der Initiation stellt das Ereignis der ersten Menstruation […] dar. Das Mädchen informiert die alten Frauen des Dorfes […], dass sie das Alter erreicht hat, um in die Frauengemeinschaft eingeführt zu werden.

Während sich das Mädchen im Haus ihrer Mutter auf ihre Initiationsphase vorbereitet und ein Schweigegebot einhält, wird für sie eine Lehrerin […] ausgewählt, die meist eine ältere und erfahrene Frau ist. Nach der Menstruation beginnt die eigentliche Initiation. Die Initiandin *(mwali)* wird von ihrer Lehrerin auf einen Platz außerhalb des Dorfes gebracht und unter einen Baum gelegt. Hier nimmt die *mwali* eine festgelegte Körperstellung ein: Fersensitz, den Oberkörper an den Oberschenkel gelegt und das Gesicht zum Boden gerichtet, die Hände hält sie vor ihre Augen oder Schläfen, wobei der Daumen von den übrigen Fingern umschlossen wird. In dieser Körperhaltung, die mit dem symbolischen Tod verbunden ist, verbringt sie den gesamten Tag, bewegungslos und ohne einen Laut von sich zu geben. Mit dem symbolischen Tod beendet die Initiandin die Kindheit und befindet sich im Übergangsstadium zur Erwachsenenwelt. Dabei begleiten sie die tanzenden Frauen.

Eva Mahongo Rauter, zitiert nach Isabella Andrej

AUFGABEN

1 Lies den Text zum Begriff „Initation" und überlege, welche Initiationsriten dir bekannt sind. Beschreibe, was du mit ihnen verbindest. > M1

2 Erläutere anhand der Beispiele, welche Bedeutung Initiation jeweils hat. > M1-M5

3 Notiere die Gemeinsamkeiten der dir bekannten und der dargestellten Initiationsriten. > M1-M5

plus 4 Recherchiert im Internet weitere Initiationsriten anderer Gesellschaften, Kulturen und Religionen und stellt diese in einer kurzen Präsentation vor. > M1-M5

Was ist das Ziel des Lebens?

M1 Keine Antwort?

Hypothese: Annahme, die nicht bewiesen ist bzw. erst noch zu beweisen wäre

Charles M. Schulz

M2 Die Wozu-Frage

primitiv: auf einer einfachen Entwicklungsstufe stehend

naiv: kindlich unbefangen

Eine Pflanze, ein Tier, ein Gegenstand kennt die Frage nach dem Dasein nicht. Dass es da ist, das ist der Sinn des Daseins. Auch der primitive Mensch fragt nicht, auch der naive nicht, das Kind zum Beispiel.

Zu leben, das eben ist der Sinn des Daseins. Sogar der bewusste Mensch kennt Zeiten, in denen er nicht fragt. Solange es ihm „gut geht", scheint es ihm, als wisse er, wozu er lebt. Anders, wenn er plötzlich herausfällt aus der Selbstverständlichkeit des Lebens, wenn ihm sein Dasein „fragwürdig" wird. […]

Weil „der Sinn" nicht unmittelbar deutlich wird, suchen wir ihn in Teilstrecken-Zielen. Wir streben immer irgendetwas an, ein Haus zu bauen, zu heiraten, Kinder zu haben, Gehaltserhöhung zu bekommen, den Betrieb zu erweitern, reich zu werden, gesund zu werden. Solange wir dies oder das anstreben, haben wir das (berechtigte) Gefühl, sinnvoll zu leben.

Luise Rinser

M3 Checkliste für Ziele

Wichtig für das Glückserleben ist das Aufstellen von Zielen, die sich lohnen. Um sie herauszufinden, kannst du folgende Fragen stellen:

✔ 1. Was ist mein Ziel, was will ich? (Was sind meine Bedürfnisse, Wünsche, Sehnsüchte?)

✔ 2. Woran würde ich erkennen, dass ich das Ziel erreicht habe? (Was sehe, höre, fühle ich?)

✔ 3. Wie möchte ich das Ziel erreichen? (Mit wem, wann und wo?)

✔ 4. Wie verändert sich mein Leben, wenn ich mein Ziel tatsächlich erreicht habe? (Worauf muss ich verzichten? Was gewinne ich?)

✔ 5. Was benötige ich, um mein Ziel zu erreichen? (Welche Schritte muss ich tun? Welches ist der erste Schritt?)

M4 Das letzte Ziel unseres Strebens

Aristoteles

Menschen sind ständig damit beschäftigt, irgendetwas zu tun – sie wollen dieses und jenes erreichen. Der eine will vielleicht gute Leistungen in Schule oder Beruf erzielen, der andere legt Wert auf Aussehen und Kleidung oder auf Fitness und Sport, wiederum andere wollen reich werden usw. Ich habe mich gefragt, wozu Menschen das alles wollen, was das Ziel ihres Strebens ist. Es gibt nur eine Antwort: Sie alle tun es letztlich, um glücklich zu werden. Das Glück ist das letzte Ziel all unseres Strebens.

Aristoteles
> Glossar

M5 Das Streben nach Glück

Mit der Unabhängigkeitserklärung der Vereinigten Staaten von Amerika lösten sich am 4. Juli 1776 die britischen Kolonien in Nordamerika von Großbritannien. Damit bildeten sie als Vereinigte Staaten einen eigenen Staatenbund. Die Unabhängigkeitserklärung gilt als Staatsphilosophie Amerikas, in ihr ist das Streben nach Glück – nicht das Glück selbst – als ein Grundstein fest verankert. So heißt es darin: „Folgende Wahrheiten bedürfen für uns keines Beweises: dass alle Menschen gleich geschaffen sind; dass sie von ihrem Schöpfer mit gewissen unveräußerlichen Rechten ausgestattet sind; dass dazu Leben, Freiheit und das Streben nach Glück gehören […]."

AUFGABEN

1 Nenne deine eigene Hypothese. > M1

2 Finde Gründe, warum die Frage nach dem Sinn des Lebens schwer zu beantworten ist. > M1

3 Fasst die Kernaussagen des Textes mit eigenen Worten zusammen. > M2

4 Erstelle Definitionen für die Begriffe „Lebenssinn" und „Lebensziel". Welcher der Begriffe hat für dich mehr Aussagekraft? Begründe deine Antwort. > M2

5 Erstellt mit Hilfe der Checkliste für euch Ziele, die ihr in eurem Leben erreichen wollt. > M3

6 Stelle einem Mitschüler oder einer Mitschülerin deine Ziele vor und begründe dabei, warum du dieses Ziel erreichen möchtest. > M3

7 Notiert an der Tafel die Gründe, die hinter eurem Ziel stehen und vergleicht diese. Welche Gemeinsamkeiten und Unterschiede fallen euch auf? Könnt ihr einen Oberbegriff für eure Gründe finden? > M3

8 Vergleicht eure Gründe mit dem Grund, den Aristoteles nennt. Diskutiert seine Aussage. > M4

plus 9 Erkläre, warum das Streben nach Glück, nicht aber das Glück selbst, als Grundgedanke in der Unabhängigkeitserklärung enthalten ist. Kennzeichne den Unterschied. > M5

plus 10 Diskutiert, ob auch im deutschen Grundgesetz ein ähnlicher Paragraph enthalten sein sollte. > M5

Definition: genaue Bestimmung eines Begriffs, indem sein Inhalt erklärt wird

Grundgesetz: Bezeichnung für die Verfassung der Bundesrepublik Deutschland. In der Verfassung legt ein Staat die wichtigsten Regeln für sich selbst und das Zusammenleben der Menschen fest.

Ich gehe meinen Weg

M1 Gewachsen auf Beton

Michael Horeni schreibt in seiner Biografie „Die Brüder Boateng. Drei deutsche Leben zwischen Wedding und Weltfußball" über das Leben von George, Kevin-Prince und Jérome Boateng:

Käfig: (hier) ein abgegrenzter Fußballbereich in einem Wohngebiet

Im Käfig spürten George, Kevin und Jérome wie nirgendwo sonst, dass sie Brüder sind – von einem gemeinsamen Vater, aber von zwei verschiedenen Müttern. George und Kevin lebten mit ihrer Mutter um die Ecke im Wedding, Jérome bei seiner Mutter in Wilmersdorf, und das heißt: Sie lebten in verschiedenen Welten. Das tun sie auch heute – George in Berlin, Jérome in München und Kevin erst in Mailand und heute in Düsseldorf, seit er bei Schalke 04 spielt. […]

Der Käfig war ihr gemeinsames Leben, einem Bindemittel gleich, das stärker schien als alle Unterschiede, die sie mit auf diesem harten Platz brachten. […] Kevin und Jérome hat der Käfig zu Fußballmillionären gemacht und zu internationalen Spitzenklubs geführt, dem AC Mailand und Schalke 04 sowie dem deutschen Rekordmeister FC Bayern München. Auf diesem Weg ist für alle Brüder etwas abgefallen, auch für George, der es nicht geschafft hat, sein ebenso großes Talent aus dem Käfig in die Welt hinauszutragen, der sich nie aus dem Wedding freigespielt hat und ohne Schulabschluss und Perspektive einfach hängen blieb in dieser Sackgasse […]. Er landete schließlich im Gefängnis, verstand das als letzte Warnung und entschloss sich dann, Hunde zu züchten. Denn sonst ging nicht mehr viel.

M2 Die Brüder Boateng

In den folgenden Textauszügen beschreibt Michael Horeni das Leben und die Persönlichkeiten der drei Brüder:

Jérome:

Jérome weiß, wenn er bei seinen Brüdern ist, dass er Glück hatte, in Wilmersdorf zu leben, bei einer Mutter, die sich um ihn kümmerte. Und wie gut es war, dass sein Vater sich nach der Scheidung nicht in Luft aufgelöst hat, sondern ihn unterstützte.

Kevin-Prince:

Er ist der wildeste, zornigste und unberechenbarste Nationalspieler seiner Zeit, über Jahre eckt er auf seinem Weg immer wieder an, er gilt als rüpelig und rücksichtslos.

George:

„Ich bin ein schwieriger Mensch", sagt George, „ein sehr schwieriger Mensch". […]
Er war der beste Fußballer unter den drei Brüdern, und dass er bei der Hertha spielte, verschaffte ihm zusätzlichen Respekt. […] War er im Anfang jeden Tag im Käfig gewesen, kam er nach ein paar Jahren seltener als seine Brüder. Er tat in der Zeit ein paar Sachen, die nicht jeder mitkriegen sollte, vor allem nicht Jérome und Kevin. Das war ihm wichtig, wenn er sein Ding in Berlin durchzog. Irgendwann kam George gar nicht mehr, da saß er über ein halbes Jahr in Untersuchungshaft, weil er zum wiederholten Mal zugeschlagen hatte.

M1/M2: Michael Horeni

M3 Wanderweg

AUFGABEN

1 Beschreibe das Bild und stelle Vermutungen über die Bedeutung dieses Bildes an einer Berliner Häuserwand an. > M1
2 Lies den Text und notiere die Gemeinsamkeiten und Unterschiede in den Biografien der Brüder. Überlege mögliche Gründe für die Gemeinsamkeiten und Unterschiede. Diskutiert anschließend in der Klasse eure Ergebnisse. > M1
3 Lies die Aussagen über die einzelnen Brüder. Inwiefern können die Charaktere sowie die Lebensumstände Einfluss auf die Biografie der Brüder haben? Diskutiert. > M2
4 Recherchiere im Internet zu einem der drei Brüder weiter: Wie verlief das Leben bis jetzt? Welche Gründe gibt es deiner Meinung nach dafür? Notiere deine Überlegungen. > M1/M2
5 Leite aus den Ergebnissen der bisherigen Aufgaben Rückschlüsse darüber ab, wodurch die Biografie eines Menschen bestimmt werden kann. Notiere deine Ergebnisse und diskutiere sie mit deinen Mitschülerinnen und Mitschülern. > M1/M2
6 Erläutere den Zusammenhang zwischen den Wanderwegen und verschiedenen Lebenswegen. > M3
7 Erstelle für einen der drei Brüder Boateng einen Wanderweg. Berücksichtige dabei auch die Ergebnisse der Recherche (Aufgabe 4). > M1-M3
8 Erstelle deinen persönlichen Wanderweg, indem du die wichtigsten Stationen deines Lebens und deinen Weg dorthin darstellst. > M3

Sich orientieren

M1 Magnete als Orientierung?

ambivalent: zwiespältig

Der Magnet besitzt eine besondere Eigenschaft, er hat ein Magnetfeld [...] Treffen zwei Magnete aufeinander, dann beobachtet man entweder Anziehung oder Abstoßung zwischen beiden. Jeder Magnet hat zwei Pole: einen Nord- und Südpol. Der Nordpol des einen Magneten und der Nordpol des anderen stoßen einander ab, der Nordpol des einen Magneten und der Südpol des anderen ziehen einander dagegen an. *Andreas Tillmann*

Das Verhältnis zu den Erwachsenen ist [...] ambivalent. Einerseits sind sie wichtige Ansprechpartner, deren Rat gesucht wird, häufig empfinden Jugendliche sie aber als einer fremden Welt zugehörig. Das kann sogar die eigenen Eltern betreffen. Diese können ihre verlässlichsten Partner bei der Lebensbewältigung sein oder ihre Kinder [...] zusätzlich belasten. *Dursan Tan*

M2 Nord- und Südpole

M3 Vater und Sohn

(Vater)
Es ist nicht an der Zeit, etwas zu verändern.
Entspann dich erst einmal und mach langsam.
Du bist noch jung, das ist dein Problem,
du musst noch so viel lernen.
Such dir ein Mädchen, werde sesshaft,
du kannst heiraten, wenn du willst.
Schau mich an:
Ich bin alt, aber glücklich.

M4 Geiles Leben

Du führst ein Leben ohne Sorgen
24 Stunden, 7 Tage nichts gefunden
Was du heute kannst besorgen
Das schiebst du ganz entspannt auf morgen
Ich hab' 'ne Weile gebraucht, um zu verstehen
Dass die Zeit reif ist, um jetzt zu gehen
Ich wünsch' dir noch 'n richtig geiles Leben
Denn wie du dich veränderst, will ich's mir nicht geben

Ich war früher genau wie du
und ich weiß deshalb, dass es nicht leicht ist,
stillzuhalten, wenn man merkt,
dass sich etwas tut.
Aber lass dir Zeit, denk gründlich über alles nach,
denk an all das, was du hast.
Denn morgen bist du auch noch da –
aber deine Träume sind es vielleicht nicht.

(Sohn)
Wie soll ich es nur erklären?
Denn sobald ich es versuche, dreht er sich wieder weg.
Es ist immer dasselbe alte Lied.
Vom ersten Moment an, als ich sprechen konnte,
musste ich immer nur zuhören.
Jetzt sehe ich einen Weg für mich – und ich weiß,
dass ich gehen muss.
[…]
Die ganze Zeit über war ich traurig,
habe all meine Gedanken für mich behalten.
Es mag schwer sein, aber es wäre noch schwerer, das zu verdrängen.
Wenn sie Recht hätten, würde ich ihnen ja zustimmen,
aber sie wissen überhaupt nichts von mir.
Ich sehe jetzt einen Weg für mich, und weiß,
dass ich gehen muss.

Cat Stevens

Ich wünsch' dir noch 'n geiles Leben
Mit knallharten Champagnerfeten
Mit fame, viel Geld, dicken Villen und Sonnenbrillen
Ich seh' doch ganz genau, dass du eigentlich was Anderes willst
Ich wünsch' dir noch 'n geiles Leben
Ab jetzt wird es mir besser gehen
Vergiss den fame, all die Villen und die Sonnenbrillen
Ich fühl' jetzt ganz genau, dass ich das zu meinem Glück nicht brauch'

Du führst ein Leben ohne Limit
56 Wochen, alle Gläser sind zerbrochen
Zwischen denen du nichts findest
Merkst du nicht, dass auch du langsam verschwindest?
Ich hab' 'ne Weile gebraucht, um zu verstehen
Es geht nicht darum, was Andere in dir sehen
Ich wünsch' dir noch 'n richtig geiles Leben
Denn wie du dich veränderst, will ich nicht erleben

Glasperlenspiel

fame: (englisch) Ruhm

AUFGABEN

1 Lies beide Texte und stelle einen Zusammenhang zwischen ihren Inhalten her. > M1
2 Nenne weitere Bezugspersonen, die als Magnete fungieren können, und tausche dich darüber mit einem Mitschüler oder einer Mitschülerin aus. > M1
3 Ordne die Situationen den Eigenschaften der Magnetpole zu: Stoßen sich die Personen in den Situationen ab oder ziehen sie sich an? Begründe deine Zuordnung. > M2
4 Präsentiert eure Ergebnisse aus Aufgabe 3 in der Klasse und diskutiert die Zuordnungen. Überlegt gemeinsam, warum es Gemeinsamkeiten und Unterschiede bei den Zuordnungen geben kann. > M2
5 Findet weitere Beispiele, in denen Bezugspersonen sowohl anziehen als auch abstoßen können. > M2
6 Stellt die beiden Positionen dar: Welche Beweggründe hat der Vater, welche der Sohn? Diskutiert, welche Sichtweise euch in Bezug auf eure eigene Lebensgestaltung mehr überzeugt. > M3
7 Diskutiert, ob Eltern mögliche Orientierungen im Leben sind. > M3
8 Nenne die Gründe, warum sich die Freundin bzw. der Freund in dem Song abwendet. Finde weitere Gründe, warum man sich von Freunden abwenden kann. > M4
9 Diskutiert, ob Personen, von denen man sich abwendet, auch eine Orientierung geben können. > M1-M4

fungieren: eine bestimmte Aufgabe haben

Kompass gesucht

M1 Wenn ich 40 bin ...

Bis ich fast 40 Jahre alt bin, möchte ich Karriere gemacht haben – als Managerin oder so ... Am liebsten würde ich in einer großen Stadt leben, wie London oder New York, vielleicht auch München, in der man viel unternehmen kann. Zum Ausruhen könnte ich mir z. B. eine kleine Wohnung auf Mallorca vorstellen. Ich möchte viel Geld verdienen, eine schöne Wohnung haben, ein teures Auto fahren und schicke Klamotten besitzen. Mein Beruf wird viel Arbeit und viele Reisen erfordern, so dass ich mir nicht vorstellen kann, verheiratet zu sein.

Ulla

Ellen

Maira

Ich kann mir gut vorstellen, in Tierschutzprojekten mitzuarbeiten. Ich möchte etwas Sinnvolles tun, etwas, wo ich helfen kann. Ich werde wahrscheinlich relativ einfach irgendwo in Afrika leben, aber das macht mir nichts aus. Ob ich heiraten werde und Kinder will, weiß ich wirklich nicht. Wichtiger ist es für mich, etwas zu bewegen.

Ich möchte als Hebamme arbeiten, es muss schön sein, dabei zu helfen, Kinder auf die Welt zu bringen. Selbstverständlich will ich später auch selbst eine Familie. Am liebsten würde ich mit meinem Mann und den Kindern in einem Häuschen auf dem Land leben. In der Freizeit fände ich es schön, mich in der Kirchengemeinde zu engagieren ...

Wenn es gut läuft, dann bin ich mit 40 ein bekannter Schauspieler, am liebsten an einem großen deutschen Theater mit ein paar Auftritten in TV-Produktionen im Jahr; wenn nicht, dann vielleicht an einem Theater. Mir ist es egal, ob ich dabei viel Geld verdiene, Hauptsache, ich schaffe es und kann auf der Bühne stehen.

Finn

Als Leichtathlet wäre es für mich das Größte, einmal an Europameisterschaften oder Weltmeisterschaften, am besten jedoch an Olympischen Spielen teilgenommen zu haben. Das wäre fantastisch. Klar möchte ich eine Familie und einen sicheren Beruf, der es mir aber zugleich erlaubt, meinen Sport auszuüben, in einer Bank zum Beispiel. Vielleicht arbeite ich dann auch als Trainer für Jugendliche.

Mustafa

M2 Orientierungshilfen im Leben

Geld

Erfolg

Berühmtsein

Familie

Leistung

Anerkennung

Verantwortung übernehmen

Religion

Hobbys

Arbeit

M3 Wo geht's lang?

Maria Sebald

Verantwortung
> Glossar

AUFGABEN

1 Vergleiche die Lebensentwürfe der fünf Schülerinnen und Schüler. Welche Lebensentwürfe kannst du dir auch für dich vorstellen, welche keinesfalls? Begründe deine Antwort. > M1

2 Die Schülerinnen und Schüler präsentieren unterschiedliche Erwartungen für ihr späteres Leben. Benenne Werte, die sich dahinter verbergen könnten. Du kannst dafür die Orientierungshilfen nutzen und/oder diese ergänzen. > M1/M2

3 Formuliere einen eigenen Entwurf „Wenn ich 40 bin, dann …". Welche Rolle spielen für dich dabei beruflicher Erfolg, Geld, Familie, Freunde? > M1

4 Überlege, woher deine Vorstellungen kommen und notiere die Ergebnisse in deinem Heft. Beispiele: „Wenn ich 40 bin, dann möchte ich als Krankenschwester arbeiten, weil mein großer Bruder Krankenpfleger ist und mir immer erzählt, wie toll dieser Beruf ist." – „Wenn ich 40 bin, dann möchte ich als Anwalt arbeiten wie der Typ aus meiner Lieblingsfernsehserie. Der trägt immer coole Anzüge und verteidigt die Unschuldigen." > M1/M2

5 Tragt eure Ergebnisse aus Aufgabe 4 in der Klasse zusammen. Diskutiert, ob alle gesammelten Orientierungen für jeden in Frage kommen. Bedenkt dabei auch Vor- und Nachteile der Orientierungshilfen. > M1/M2

6 Zeichne einen eigenen Wegweiser und beschrifte die Schilder mit den Orientierungshilfen, an denen du dich orientieren willst. > M2/M3

Werte
> Glossar

Wie kann ich mein Ich wahrnehmen und beschreiben?

Methodenkompetenz: Ein Ich-Haus erstellen

Jeder Mensch entwickelt und verändert sich, lernt neue Dinge und muss sich in neuen Situationen zurechtfinden. Dann fragt man sich vielleicht, wer man eigentlich ist und wofür man steht. Um dies zu erkennen, ist es wichtig, sich selbst wahrzunehmen und beschreiben zu können. Um das für dich zu klären, gehst du wir folgt vor:

1. Finde Eigenschaften, die dich beschreiben und/oder Dinge, die zu dir passen und dir wichtig sind (M1).
2. Begründe, warum dir diese Eigenschaften und/oder Dinge wichtig sind (M2).
3. Erstelle ein Ich-Haus, indem du mit allen für dich wichtigen Eigenschaften und/oder Dingen, die du erarbeitet hast, verschiedene Zimmer (d)eines Hauses gestaltest. Du kannst hierzu auch Bilder, Fotos oder Zeichnungen nutzen (M3).
4. Formuliere mit Hilfe der Ergebnisse aus den Zimmern deines Ich-Hauses eine Antwort auf die Frage, wer du bist und schreibe sie in das Dach des Ich-Hauses (M3).
5. Sei kreativ und gestalte dein Ich-Haus nach deinen Vorstellungen. Du kannst z. B. zum Haus auch einen Garten anlegen, in dem du deine Wünsche und Träume notierst oder eine Müllecke im Garten, in die du die Dinge schreibst, die du nicht so gerne magst.

M1 Eigenschaften finden mit dem Akrostichon

Bei einem Akrostichon handelt es sich um ein Schreibspiel, bei dem du die einzelnen Buchstaben eines Wortes – in diesem Fall deines Namens – senkrecht in Großbuchstaben untereinander schreibst. Jeder Buchstabe stellt dabei den Anfang eines neuen Wortes oder auch einer ganzen Zeile dar. Dabei ist es wichtig, dass die neuen Wörter oder die neuen Zeilen zusammengenommen inhaltlich auch zu dem Themenfeld des Akrostichons (d. h. in diesem Fall zu dir) passen. Die Methode des Akrostichons hilft dir also, erste Eigenschaften (beispielsweise für das Themenfeld Hobbys) zu finden, indem du überlegst, wie du dich selbst beschreiben würdest.

Beispiel Akrostichon „Thomas' Hobbys“:

T orwart
H andball
O ne Republic
M usik
A usruhen
S port

M2 Begründungen finden

Thomas hat ein Akrostichon zu seinen Hobbys angefertigt (M1). Nun überlegt er, warum ihm diese Dinge wichtig sind, schließlich will er seine Auswahl ja auch begründen können. Er fängt an:

- Ich habe Sport als eines meiner Hobbys gewählt, weil ich gerne Sport mache und ohne große Anstrengungen Erfolg habe. Zum Beispiel gehe ich dreimal in der Woche zum Handballtraining, weil es mir Spaß macht und ich dort mit meinem besten Freund Tom spielen kann.
- Ich habe Musik genannt, da ich zum einen den ganzen Tag Musik höre, um mich zu motivieren oder um mich zu entspannen. Musik gehört für mich dazu, weil ich mit Hilfe der Musik meine Stimmung ausdrücken kann. „One Republic“ ist eine Band, die ich gut finde.

M3 Das Ich-Haus erstellen

Das Ich-Haus besteht aus mehreren Zimmern, die das Dach des Hauses tragen. Sinnbildlich stehen die Zimmer für deine Erarbeitungen zu den verschiedenen Themen im Kapitel „Wer bin ich?". Das Dach steht für die Antwort auf die Frage, wer du bist. Thomas hat in seinem Akrostichon seine Hobbys aufgezählt und für sich erfahren, dass diese einen Teil seiner Identität ausmachen.

AUFGABEN

1 Erstelle ein Akrostichon mit deinem Namen zu dem Themenfeld Hobbys. > M1
2 Begründe die Auswahl der Unterbegriffe in deinem Akrostichon (Aufgabe 1). Orientiere dich dabei an den Hilfestellungen. > M2
3 Gestalte dein Hobbyzimmer. > M1/M3
4 Leite aus deinem gestalteten Hobbyraum Merkmale ab, die auf dich zutreffen und schreibe sie in das Dach deines Ich-Hauses. > M1-M3

Was wir wissen – was wir können

M Fragen und Antworten

Welche Merkmale der Identität stehen auf einem Ausweis?

Was ist der Unterschied zwischen einer Selbst- und einer Fremdwahrnehmung?

Was bedeutet der Begriff „soziale Rolle"?

Warum können „Rollenkonflikte" auftreten?

Welche Gründe gibt es, dass Jugendliche immer mehr Fotos und Videos von sich ins Netz stellen?

Was muss man bei der Selbstdarstellung im Netz beachten?

Welche Entwicklungsaufgaben haben Jugendliche?

Warum gibt es unterschiedliche Werte?

Welche Definitionen gibt es für den Begriff „Erwachsensein"?

Was bedeutet der Begriff „Initiation"?

Welche religiösen Initiationsriten kennst du?

Welche Orientierungshilfen im Leben kann es geben?

Was ist nach Aristoteles das letzte Ziel unseres Strebens?

...?

...?

AUFGABEN

Im Kapitel „Wer bin ich?" seid ihr zunächst der Frage nachgegangen, wer ihr seid, was euch ausmacht und wie ihr euch wahrnehmt, aber auch, wie andere euch wahrnehmen. Ihr habt herausgefunden, was euch wichtig ist, welche Ziele ihr im Leben habt und woran ihr euch im Leben orientieren könnt.

1 Entwickelt nun einzeln oder zu zweit mit einer Mitschülerin oder einem Mitschüler Fragekärtchen zu den Themen des Kapitels. Einige Beispiele findet ihr auf dieser Doppelseite. Achtet darauf, dass sowohl Fragen zur Lebensgestaltung als auch ethische und religionskundliche Fragen dabei sind. Schreibt dann auf die Rückseite eurer Fragekärtchen die entsprechenden Antworten.

2 Ihr könnt euch dann mit einer neuen Partnerin oder einem neuen Partner zusammenfinden und euch gegenseitig eure Fragen stellen und beantworten.

KOMPETENZ-CHECK

1 Übertrage die Tabelle in dein Heft und fülle sie aus. Wenn deine Antwort oder lautet, schlage die passende Schulbuchseite nach, die dir bei dem Thema weiterhelfen kann, und lies noch einmal nach.

2 Ergänzt im Anschluss die Tabelle zusammen: Was könnt ihr noch?

	Meine Einschätzung			
Ich kann …				
Merkmale der Identität nennen.				
den Unterschied zwischen der Selbst- und Fremdwahrnehmung erklären.				
meine Erwartungen an meine sozialen Rollen begründet darstellen.				
den sicheren Umgang mit der Selbstdarstellung im Netz und die Gründe dafür erklären.				
meine eigenen bereits bewältigten und noch vor mir liegenden Entwicklungsaufgaben benennen.				
begründet darstellen, welche Werte mir in meinem Leben wichtig sind.				
verschiedene Initiationsriten erklären.				
meine Ziele im Leben begründet darstellen.				
…				

Arbeitsblatt:
Kompetenz-Check „Wer bin ich?"

Mediencode: 20107-01

Eva Müller

Miteinander leben

> Zusammen leben
> Liebe und Partnerschaft
> Freundschaft und Konflikte

AUFGABEN

1 Was denken die beiden Comicfiguren in den einzelnen Bildern? Schreibe dazu Gedankenblasen, in denen es einmal um das Thema Liebe oder Freundschaft und einmal um das Thema Konflikte geht.

2 Gebt dem Comic in Gruppenarbeit einen Titel. Vergleicht eure Ergebnisse und begründet euch gegenseitig die Wahl eurer Titel.

3 Zeichne nun selbst einen Comic, der sich mit einem Konflikt beschäftigt. Alternativ dazu kannst du auch eine Geschichte verfassen, in der du einen solchen Konflikt darstellst.

Weshalb leben Menschen in Gemeinschaften?

M1 Welcher Gemeinschaft gehöre ich an?

M2 Ein schönes Leben

Du willst dir ein schönes Leben machen – wunderbar. Aber du willst auch, dass dieses schöne Leben nicht das eines Blumenkohls oder eines Käfers ist, bei allem Respekt für beide Arten, sondern ein schönes menschliches Leben. Das ist, was dir entspricht, glaube ich. Und ich bin sicher, dass du darauf für nichts auf der Welt verzichten würdest.

Mensch zu sein, das haben wir bereits erwähnt, besteht in erster Linie darin, mit den anderen Menschen Beziehungen zu haben. Wenn du einen Haufen Geld haben könntest, ein Haus, viel prächtiger als ein Palast aus Tausendundeiner Nacht, die besten Klamotten, das teuerste Essen [...], die modernste Elektronik, aber dies alles zu dem Preis, dass du niemals wieder Menschen siehst – wärst du dann glücklich? Wie lange könntest du so leben, ohne verrückt zu werden? Ist es nicht die größte Dummheit, Sachen haben zu wollen auf Kosten der Beziehung zu Menschen? Aber wenn genau der Vorzug all dieser Dinge darin besteht, dass sie dir zu erlauben scheinen, eine bessere Beziehung zu den anderen zu haben? Mit Hilfe des Geldes hofft man, die anderen blenden oder kaufen zu können; die Klamotten sollen helfen, dass wir ihnen gefallen oder dass sie uns beneiden; genauso ist es mit dem schönen Haus, den guten Weinen. [...] Das schöne Leben des Menschen ist ein schönes Leben unter Menschen – das Gegenteil könnte auch Leben sein, aber es wird weder schön noch menschlich sein.

Fernando Savater

M3 Wir brauchen einander

Der Mensch wird in eine Familie hineingeboren, im Unterschied zu vielen Mikroben, die sich durch Teilung vermehren, oder zu den Pflanzen, die aus Samenkörnern entstehen. [...] Für den Menschen ist die Familie die Kerngemeinschaft, in der er eine überaus wichtige Fähigkeit erwirbt – das Sprechen. Eine zweite Ebene ist die der Freundschaft. [...] Jetzt wollen wir uns [...] vor Augen führen, warum der Mensch die Gemeinschaft nötig hat, um glücklich zu sein: An erster Stelle deswegen, weil wir auf eine ganze Reihe von Zuwendungen und Hilfeleistungen angewiesen sind, die wir uns nicht selbst zuteil werden lassen können. Wer schwer krank ist, braucht jemanden, der ihm das Essen zubereitet; ein Baby braucht jemanden, der ihm die Windeln wechselt; und auch ein älterer Mensch braucht häufig jemanden, der sich um ihn kümmert. Sogar ein junger, kräftiger und gesunder Mensch wäre auf sich allein gestellt nicht in der Lage, all die Dinge zu erwerben, die ihm die Gemeinschaft zur Verfügung stellt. [...] Während ein Bär isoliert in einem Wald leben kann, ist der Mensch auch biologisch nur lebensfähig, wenn er in einer Gemeinschaft lebt; und Gemeinschaft unter Menschen gibt es nur dank der Sprache. [...] Auch Robinson Crusoe hätte ohne die Kenntnisse, die er zuvor in der Zivilisation erworben hatte, nicht sehr lange überleben können. [...] Wir kommen somit zu dem Ergebnis: Nur mit Hilfe anderer Menschen kann der Mensch seine Natur voll zur Entfaltung bringen; nur mit Hilfe anderer Menschen kann er ein echter Mensch werden.

Héctor Zagal / José Galindo

Robinson Crusoe: Hauptfigur im gleichnamigen Roman von Daniel Defoe (1660-1731). Robinson strandet darin als Schiffbrüchiger auf einer einsamen Insel und kämpft dort um sein Überleben.

M4 Der Ursprung der Gesellschaft

Die Neigungen der Menschen und ihre Bedürfnisse bringen sie dazu, sich zusammenzuschließen; ihr Verstand und ihre Erfahrung sagen ihnen, dass dieser Zusammenschluss unmöglich ist, wenn sich keiner einer Regel unterwirft und Rücksicht auf das Eigentum anderer nimmt: und aus der Verbindung dieser [...] Überlegungen hat sich [...] das Gefühl der Gerechtigkeit zu allen Zeiten unfehlbar und sicher, in einem stärkeren oder schwächeren Grad bei jedem menschlichen Individuum entwickelt.

David Hume

David Hume
> Glossar

AUFGABEN

1 Beschreibe die Bilder und erläutere, was die abgebildeten Personen miteinander verbindet. > M1

2 Was macht das schöne Leben des Menschen aus? Was gehört nicht dazu? Fasse die Kernaussage des Textes in eigenen Worten zusammen. > M2

3 Beantworte die Frage „Wie lange könntest du ohne Menschen leben, ohne verrückt zu werden?" > M2

4 Erläutere, warum der Mensch nur mit Hilfe anderer Menschen ein „echter" Mensch ist. Teilt David Hume die Auffassung von Héctor Zagal und José Galindo? Stelle Gemeinsamkeiten und Unterschiede heraus. > M3/M4

plus 5 Verfasse einen kurzen Artikel für die Schülerzeitung zum Thema „Brauchen Menschen die Gemeinschaft zu einem glücklichen Leben?" > M1-M4

Wie funktioniert Gemeinschaft?

Egoismus
> Glossar

M1 Egoist

Die ganze Welt dreht sich um mich
Denn ich bin nur ein Egoist
Der Mensch, der mir am nächsten ist
Bin ich, ich bin ein Egoist
Ein Egoist, ein Egoist...
Ganz oben auf der Liste, ja, da stehe ich
Du musst mir schon verzeih'n, aber ich liebe mich
Das obwohl ich überaus und durchaus kritisch bin
Hab ich den ganzen lieben langen Tag nur mich im Sinn
Ich habe über meinem Bett 'nen Spiegel angebracht
Damit mein eigenes Spiegelbild mir meinen Schlaf bewacht
Ich will niemanden wollen, nein, ich will, dass man mich will
Bis ich kriege, was ich brauche, halt ich niemals still
Die ganze Welt dreht sich um mich
Denn ich bin nur ein Egoist ...

Falco

M2 Auf Kosten der anderen?

Stell dir vor, du gehst mit Freunden in ein gutes Restaurant; bezahlt werden soll zu gleichen Teilen. Was würdest du bestellen? Das Tagesgericht zu 5 Euro oder das teure Gericht zu 15 Euro? Du könntest auf diese Weise ein tolles Essen fast geschenkt bekommen, wenn du als Einzige/r auf Kosten der anderen speist. Denkt aber jeder so in der Gruppe, gibt es am Ende für alle eine gepfefferte Rechnung. Diese in privater Runde noch relativ harmlose Zwickmühle steht für eine Reihe durchaus ernster und schwieriger Probleme, die immer dann auftauchen, wenn momentaner persönlicher Nutzen gegen dauerhaften sozialen steht.

M3 Wenn jeder an sich denkt ...

Vor einigen Jahren ereignete sich in den Vereinigten Staaten folgende Geschichte. Ein keineswegs wohlhabender Mann fand einen Sack voll Geld, der von einem Transportwagen der Firma Brinks gefallen war. Er brachte das Geld der Firma, die den Verlust noch gar nicht bemerkt hatte. Die Medien feierten ihn als Helden – aber er erhielt unzählige Briefe und Anrufe, in denen es hieß, er sei ein Narr und solle in Zukunft besser für sich selbst sorgen. Diese Geschichte zeigt, wie weit in unserer Gesellschaft die Vorstellung verbreitet ist, erst einmal für sich selbst zu sorgen, sei das einzig Vernünftige, und zu mehr Geld zu kommen, sei der Weg dahin. [...]

Das ethische Alltagsleben kennt unzählige kleinere Opfer für die Gemeinschaft, angefangen damit, dass wir den Abfall in den richtigen Behälter tun, bis zur Teilnahme an einer Arbeitsgruppe in der Schule. [...] Der Lohn ist immateriell: manchmal ist es das Gefühl der Kameradschaft bei gemeinsamer Arbeit für eine gute Sache [...]. Auf welche Weise diese Handlungen auch bestärkt werden, sie zeigen Interesse für andere.

Peter Singer

immateriell: unstofflich, unkörperlich; geistig

M4 Egoismus oder Solidarität?

Der schottische Philosoph David Hume zeigt, wie sich aus eigennütziger Motivation kooperatives Handeln entwickeln kann. Das Beispiel handelt von zwei Leuten, die sich entschlossen haben, zusammen zu rudern. Sie wollen ein gemeinsames Ziel erreichen.

Jeder der beiden versucht, den anderen mittels gewisser Vorleistungen zum Mitmachen zu animieren. Einer der beiden beginnt etwa mit einer Überlegung der folgenden Art: „Vielleicht wird der andere dann und nur dann rudern, wenn ich es tue. Es kann nicht von Nachteil sein, wenn ich dies herauszubekommen versuche." Also beginnt er ein bisschen zu rudern, ohne sich besonders anzustrengen. Der andere hat eine ähnliche Einstellung und beginnt ebenfalls, ein wenig zu rudern, wodurch er den Ersten ermutigt. In dem Maße, als jeder der beiden bemerkt, dass seine Leistung durch eine entsprechende Leistung des anderen belohnt wird, kommt es zu einer Stabilisierung der Kooperation zwischen den beiden.

Wolfgang Stegmüller

David Hume, Solidarität
> Glossar

kooperativ: gemeinsam, zusammenarbeitend

Stabilisierung der Kooperation: dauerhafte Zusammenarbeit

AUFGABEN

1 Erarbeite aus dem Falco-Song die Merkmale eines Egoisten und verfasse mit Hilfe der Information zum Begriff „Egoismus" einen kurzen Kommentar: „Ein Egoist ist ein Mensch, der ..." > M1

2 Entscheide, wie du selbst in der geschilderten Situation handeln würdest. Beschreibe die Vor- und Nachteile deiner Entscheidung für dich und für die Gemeinschaft und wäge sie gegeneinander ab. > M2

3 Bewerte die Folgen für die Gesellschaft, wenn jeder nur an sich selbst denkt. Begründe deine Antwort mit Beispielen. > M3

4 Zeige anhand des Beispiels, unter welchen Bedingungen Egoismus zwangsläufig zur Zusammenarbeit führen muss. > M4

plus 5 Teilt euch in zwei Gruppen und erarbeitet Argumente für die beiden Positionen „Handeln im Interesse anderer" – „Handeln im Eigeninteresse". Führt eine Pro-Kontra-Diskussion durch. > M1-M4

Gemeinsam leben und lernen

M1 Was ist Inklusion?

akzeptieren: annehmen

Das Wort Inklusion kommt aus dem Lateinischen („inclusio“: Einschluss) und bedeutet Einbeziehung, eingeschlossen sein und unbedingte Zugehörigkeit. Inklusion geht von einer vielfältigen Gesellschaft aus. Menschen unterscheiden sich voneinander – zum Beispiel in Herkunft, Aussehen, körperlicher Verfassung, Geschlecht oder Interessen. Inklusion will eine Gesellschaft, in der diese verschiedenen Menschen als gleichberechtigt miteinander leben können.

Voraussetzung ist, die unterschiedlichen Menschen mit ihren Bedürfnissen gar nicht erst auszugrenzen, sondern von Beginn an „mitzubedenken“. Menschen werden [...] in ihrer Unterschiedlichkeit akzeptiert. Bereits vorhandene Hindernisse müssen abgebaut werden. Bestehende Angebote werden für alle zugänglich gemacht, z. B. Schulen und Freizeiteinrichtungen. Inklusion bedeutet Nicht-Ausgrenzung. Wer von vornherein nicht ausgegrenzt wird, der muss nicht erst integriert werden. Inklusion ist ein sich entwickelnder, niemals endender Prozess.

nach Anja Dworski

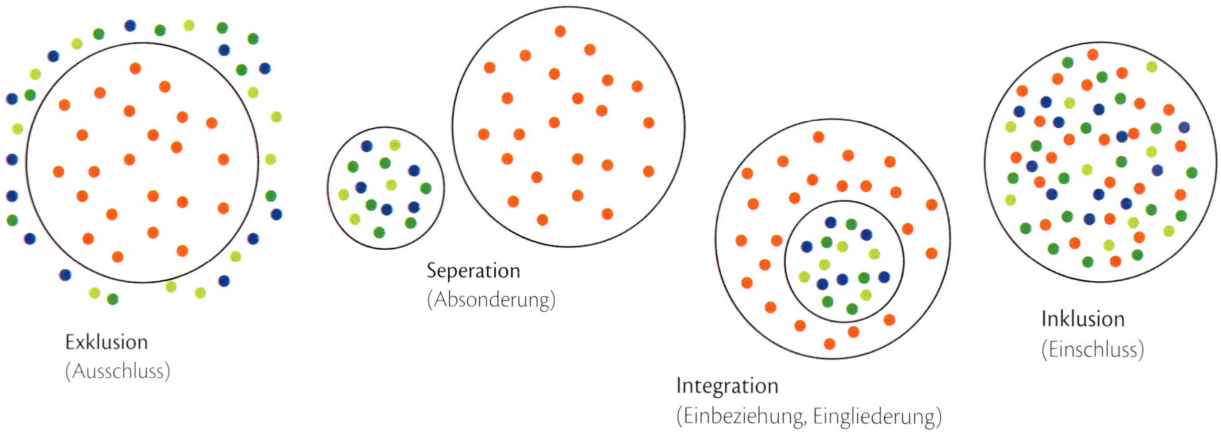

M2 Der Rollstuhl muss mit

Pia ist sieben Jahre alt und wohnt in Hamburg. Das erste Mal habe ich sie im Winter getroffen. Heute sind wir verabredet, um zusammen zur Schule und danach ins Schwimmbad zu gehen: Pia, ihr Vater Gerold und ich. Gehen stimmt allerdings nicht. Denn Pia wurde mit einer seltenen Krankheit geboren und sitzt deshalb im Rollstuhl. Durch die Krankheit fallen Pia viele Dinge sehr schwer, die für andere Kinder leicht sind. Und manches kann sie gar nicht lernen, zum Beispiel Gehen. Oder Sprechen. Man nennt diese Krankheit Rett-Syndrom. Leider kann man sie bislang nicht heilen. Deswegen fährt ihr Vater Pia morgens mit dem Rollstuhl zur Schule. Der Rollstuhl hat eine Bremse und eine Klingel. Wenn es einmal besonders schnell gehen soll, hängt Pias Vater oder Mutter den Rollstuhl an das Fahrrad – und saust los! Der Weg zur Schule dauert nur zehn Minuten. [...] Vor dem Klassenzimmer wartet Cihan. „Hallo Pia!“, ruft er, als wir hereinkommen. [...] Pia kann zwar nicht sprechen, das heißt aber noch lange nicht, dass sie nicht antworten könnte. Als Cihan sie begrüßt, legt Pia den Kopf zur Seite und grinst. Die beiden sind Freunde, im Stuhlkreis in der Klasse sitzen sie nebeneinander.

Mathias Krupa

M3 Inklusion in Brandenburg

Am 13. Dezember 2006 wurde durch die Generalversammlung der Vereinten Nationen die „UN-Konvention über die Rechte von Menschen mit Behinderungen" verabschiedet. Zur Umsetzung dieser UN-Konvention gehören auch der Ausbau und die fachliche Weiterentwicklung von Schulen für „Gemeinsames Lernen" oder auch „Schulen für alle". Im Land Brandenburg gibt es bereits viele Schulen, in denen schon jetzt Kinder und Jugendliche mit und ohne Behinderungen gemeinsam unterrichtet werden. Einige Zitate dazu aus Videoporträts zum Thema „Inklusion im Alltag" an brandenburgischen Schulen:

UN-Behindertenrechtskonvention: Vertrag der Vereinten Nationen, durch den alle Menschenrechte (> Glossar) ausdrücklich auch für behinderte Menschen gelten. Seit dem 26. März 2009 ist die Konvention auch in Deutschland geltendes Recht.

„Für mich bedeutet Inklusion einfach: Alle sind dabei. Wirklich alle Kinder, die in einem Ort leben, aufwachsen und zusammen am Nachmittag spielen, sollen auch an einem Ort gemeinsam lernen."

Heike Richter, Sonderpädagogin an einer Grundschule

„Inklusion bedeutet für mich, dass du gleich angenommen wirst. Wenn man auf eine inklusive Schule kommt, man selber inklusiv denkt, dann sollte man eigentlich gar nicht nachdenken. Das ist dann einfach der normale Mensch und fertig is."

Fabian Wagner, Schüler

„Die Schüler lernen alle voneinander. Es geht ja nicht nur um behinderte Kinder und die Kinder, die Schwierigkeiten haben, jeder hat seine Stärken und Schwächen, das müssen wir alle begreifen. Inklusion, da sind alle mittendrin."

Hartmut Friedrich, Schulleiter einer Grundschule

http://www.inklusion-brandenburg.de

AUFGABEN

1. Erläutere den Begriff „Inklusion" mit eigenen Worten. Ziehe dazu auch die Grafik heran. Wodurch unterscheidet sich Inklusion von Integration? > M1
2. Erläutert, warum es sinnvoll ist, eine Schule so umzubauen, dass auch Pia sie ohne Hindernisse besuchen kann. Welche positiven Auswirkungen kann ein solcher gemeinsamer Unterricht haben? Tragt eure Ergebnisse zusammen. > M2
3. In den Aussagen über Inklusion an Brandenburger Schulen (M3) wird vor allem das Positive hervorgehoben. Was kann gut an Inklusion sein? Und wo könnte es vielleicht Grenzen von Inklusion geben? Fertigt in Gruppenarbeit eine Liste mit Pros und Kontras zur Inklusion. Diskutiert anschließend in der Klasse darüber. > M2/M3
4. *plus* Projektvorschlag: Besucht eine Schule mit integrativem Unterricht in eurer Nähe. > M3
5. *plus* Informiert euch genauer über die „Inklusion im Land Brandenburg" im Internet: www.inklusion-brandenburg.de. > M3
6. Findet gemeinsam Beispiele für gelungene Inklusion (z. B. in der Schule, im Kindergarten) oder malt ein Bild zu gelungener Inklusion. > M1-M3

TIPP
Eine Broschüre zur Inklusion in Brandenburg in leichter Sprache findest du im Internet unter http://www.inklusion-brandenburg.de/entwicklung_in_brandenburg.html

Wann zeige ich Zivilcourage?

zivil: bürgerlich (im Gegensatz zu militärisch)

Verantwortung, Werte > Glossar

sozial: die menschliche Gemeinschaft betreffend

M1 Was ist Zivilcourage?

Zivilcourage kann mit „Bürgermut" übersetzt werden. Mit Zivilcourage bezeichnet man Mut in Alltagssituationen, im zivilen Leben. Heute wird unter Zivilcourage das Auftreten gegen die öffentliche Meinung verstanden, mit dem der Einzelne, ohne Rücksicht auf sich selbst, soziale Werte oder die Werte der Allgemeinheit vertritt, von denen er selbst überzeugt ist. Voraussetzungen für zivilcouragiertes Eingreifen sind soziale Feinfühligkeit und dass die Situation erkannt wird. Notwendig ist auch Empathie bzw. Mitgefühl zusammen mit einem Gefühl persönlicher Verantwortung.

M2 In der U-Bahn

Gewissen > Glossar

„Ich habe mal in der U-Bahn gesehen, wie eine Gruppe von Jugendlichen einen Schwarzen belästigt hat. […] Keiner der anderen Fahrgäste hat etwas gesagt. Als dann der nächste Halt kam, wollte der Mann aussteigen. Die Jugendlichen haben ihn aber nicht gelassen und immer wieder auf den Sitz zurückgeschubst. Ich musste dann auch aussteigen und bin schnell weggegangen, aber ich hatte ein total schlechtes Gewissen. […] Beim nächsten Mal mische ich mich ein. Das habe ich mir geschworen."

Christian, 16 Jahre

Katrin Minarek

M3 Was tust du?

Rassismus auf dem Rasen

In deiner Fußballmannschaft ist seit kurzem ein Spieler mit schwarzer Hautfarbe aktiv. Immer wenn ihr ein Spiel habt und Anthony am Ball ist, buht das gegnerische Publikum.

Schikane auf dem Schulhof

Dein Schulfreund Christoph hat einem jüngeren Schüler unbemerkt einen Zettel auf den Rücken geklebt. Darauf steht: „Ich piss mir in die Hosen".

Prügelnde Partygänger

Auf einer Party fangen zwei ziemlich besoffene Jungs an, sich zu prügeln. Erst sieht es aus wie Spaßkloppe, doch dann fällt einer von ihnen gegen die Kante eines Tisches. Es fließt Blut.

M4 Was kann jeder tun?

- **Ich helfe, ohne mich selbst in Gefahr zu bringen.** Es gibt Situationen, in denen die Täter offensichtlich stärker und zu jeder Art von Gewalt bereit sind. Wegsehen oder weglaufen aber ist keine Lösung: Suche Mitstreiter und verständige umgehend die Polizei. Achte auf räumliche Distanz zum Täter und sprich das Opfer an: „Kommen Sie her zu uns, wir helfen Ihnen!" Greife ein und mache klar, dass Gewalt keine Privatangelegenheit ist. Wichtig: „Duze" den Täter nicht, denn sonst könnten andere einen rein persönlichen Konflikt vermuten. Vermeide es auch, den Täter zu provozieren oder dich provozieren zu lassen!

- **Ich fordere andere zur Mithilfe auf.** Appelliere laut und deutlich an die umstehenden Personen: „Sie, die Dame mit dem Hut: Holen Sie die Polizei." Wende dich an das Personal in öffentlichen Verkehrsmitteln.

- **Ich beobachte genau, präge mir die Täter-Merkmale ein.** Oft sind es vermeintliche Nebensächlichkeiten, die am Ende den Ausschlag geben, dass der Täter überführt werden kann. Dabei ist die Polizei auf Unterstützung angewiesen: Melde der Polizei deshalb alles, was du gesehen hast – möglichst genau.

- **Ich organisiere Hilfe unter dem Notruf 110.** Bei diesem Anruf kommt es darauf an, dass der Polizei das Geschehen in wenigen Worten, aber dennoch umfassend geschildert wird („Wer?", „Was?", „Wo?", „Wann?"); bedenke: Auch Vermutungen helfen bei der Ermittlungsarbeit oft einen großen Schritt weiter.

- **Ich kümmere mich um Opfer.** Helfen kann jeder – auch wenn du es dir im ersten Augenblick womöglich nicht zutraust. Wer allerdings nicht aktiv bei der Versorgung des Opfers tätig ist, sollte die Unfallstelle oder den Tatort meiden: Rettungsdienste und Polizei verlieren nicht selten wertvolle Minuten, weil Schaulustige die Zufahrtswege blockieren.

- **Ich stelle mich als Zeuge zur Verfügung.** Denke daran: Auch du könntest einmal in die Situation kommen, dass du auf die beherzte Unterstützung von Helfern und Zeugen angewiesen bist. Sorge mit einer Aussage dafür, dass Straftaten aufgeklärt werden können.

nach www.aktion-tu-was.de

Moral, Verantwortung > Glossar

Distanz: Abstand, Entfernung

Konflikt: Streit, Auseinandersetzung

provozieren: herausfordern, reizen

appellieren: jemanden auffordern

AUFGABEN

1 Erkläre den Begriff Zivilcourage. Schlage ihn gegebenenfalls auch in einem Wörterbuch nach. > M1

2 Beurteile, ob der geschilderte Fall ein Beispiel für Zivilcourage darstellt. Begründe deine Meinung anhand deiner Definition der Zivilcourage aus Aufgabe 1. > M2

3 Beschreibe, wie du in den gegebenen Situationen handeln würdest. Stelle guten Gründen, nichts zu tun, gute Gründe, etwas zu tun, gegenüber. > M2/M3

4 Vergleicht eure Ergebnisse aus Aufgabe 3 mit den Ratschlägen der Polizei. Ergänzt und verbessert eure Handlungsratschläge. > M2/M3

5 Sammelt in Gruppen Reaktionen auf den Fall von Christian sowie weitere Beispiele für Zivilcourage. Vergleicht eure Ergebnisse und beurteilt sie, indem ihr überlegt, welche Folgen das Helfen oder Nicht-Helfen jeweils für unser gesellschaftliches Zusammenleben hätte. > M2/M3

Definition: genaue Bestimmung eine Begriffs, indem sein Inhalt erklärt wird

Mein Gefühl für dich

M1 Test für Verliebte

	Ja	Nein
Denkst du fast die ganze Zeit an ein bestimmtes Mädchen oder einen bestimmten Jungen?		
Läufst du an seiner oder ihrer Wohnung vorbei, um ihn oder sie „zufällig“ zu treffen?		
Interessierst du dich plötzlich für Fußball (Reiten …), weil er oder sie sich dafür interessiert?		
Ist es dir in seiner oder ihrer Gegenwart peinlicher als sonst, wenn du dich mal ungeschickt verhältst?		
Wirst du eifersüchtig oder traurig, wenn er oder sie Spaß mit anderen hat und dich gar nicht beachtet?		
Bist du total cool zu ihm / ihr und ärgerst dich dann später darüber?		
Fängt dein Herz an zu rasen oder wirst du rot, wenn er oder sie dich anschaut?		
Bist du total verlegen, wenn du mit ihm oder ihr allein bist?		
Würdest du ihn oder sie gerne berühren?		
Könntest du dir vorstellen, ihn oder sie zu küssen?		

Sabine Thor-Wiedemann

M2 Willkommen im Club der Verliebten!

Alles ist auf einmal ganz anders. Bis vor kurzem war es für dich das Wichtigste mit deinen Freunden loszuziehen. Ganze Nachmittage hast du beim Shoppen mit deiner besten Freundin verbracht oder mit deinem besten Freund vor dem Computer gesessen. Doch jetzt drehen sich deine Gedanken nur noch um den coolen Typ aus der zehnten Klasse oder das Mädchen mit den langen schwarzen Haaren, das du immer morgens in der S-Bahn siehst. Du benimmst dich wie ein Trottel. Du lässt zwei Bahnen fahren, nur um schließlich in ihre einsteigen zu können. Dass du deshalb zu spät zur Schule kommst, ist dir auf einmal egal. Oder dein Blick fällt, wenn du in der Pause auf den Schulhof kommst, sofort in Richtung Schultor, wo er sich immer aufhält. Natürlich darf das keiner merken, wenn du dann ganz zufällig mit deiner Freundin in diese Richtung schlenderst. Du wartest sehnsüchtig auf einen Blick, ein Lächeln, ein noch so kleines Zeichen dafür, dass du ihm auch gefällst. Und wenn du dann zu Hause bist, musst du immer an ihn denken. Du malst Herzen in dein Schulheft, wo eigentlich die Mathehausaufgaben stehen müssten oder du wirst auf einmal rot – wie uncool! –, wenn du ihr nachmittags durch Zufall begegnest. Du hast dich verliebt!

M3 Erwischt

Ich weiß, dass dich der Himmel schickt
holdes Gesicht
ich glaub, ich werd total verrückt
hoffentlich

Ich starr dich stundenlang nur an
stur, unbeirrt
hab nicht mehr alle beisammen
schwer verwirrt

Weck mich nicht auf
es ist so traumhaft mit dir

Es hat mich wieder erwischt
wieder erwischt
endlich wieder erwischt
ich sag nie mehr nie wieder

Du hast mich restlos aufgetaut
ich schmelz dahin
machst mir ständig eine Gänsehaut
völlig von Sinnen

Sternschnuppen sausen um mich rum
alles vibriert
du treibst mich ins Delirium
narkotisiert

Weck mich nicht auf
es ist so traumhaft mit dir

Es hat mich wieder erwischt ...
wieder erwischt
endlich wieder erwischt
ich sag nie mehr nie wieder

Herbert Grönemeyer

Delirium: Bewusstseinsstörung, Verwirrtheit

M4 Berühmte Liebespaare

AUFGABEN

1 Führe den Test durch. Die Auswertung findest du auf Seite 223. > M1
2 Beurteilt den Test. Ist er aussagekräftig? > M1
3 Erarbeitet in Gruppen, wie sich das Verliebtsein in M2 und M3 bemerkbar macht. > M2/M3
4 Sammelt weitere „seltsame" Verhaltensweisen, die man hat, wenn man verliebt ist. Gibt es dabei Unterschiede zwischen Jungen und Mädchen? Wenn ja, welche? > M2/M3
5 Was wisst ihr über diese Liebespaare? Erzählt euch ihre jeweilige Geschichte und stellt gegebenenfalls Recherchen an. Präsentiert eure Ergebnisse anschaulich. > M4
6 Erkläre den Unterschied zwischen Verliebtsein und Liebe. > M1-M4

Formen der Liebe

M1 Liebe ist ...

Liebe ist ...

„... wie ein Sechser im Lotto."

„... wenn aus einem „Du" und „Ich" ein „WIR" wird."

„... wie der Geschmack von Wasser. Das kann man nicht erklären."

„... füreinander da zu sein."

http://liebe-ist.net

M2 Zwei Grundformen der Liebe

Erich Fromm, Verantwortung
> Glossar

Aspekt: Gesichtspunkt

Erich Fromm hat sich in seinem Buch „Die Kunst des Liebens" mit den unterschiedlichen Formen der Liebe beschäftigt. Nächstenliebe (griechisch: „agape"; bei den Christen „caritas" genannt) und Mutterliebe erläutert er wie folgt:

Nächstenliebe

Die fundamentalste Art von Liebe, die allen anderen Formen zugrunde liegt, ist die Nächstenliebe. Damit meine ich ein Gespür für Verantwortlichkeit, Fürsorge, Achtung und „Erkenntnis", das jedem anderen Wesen gilt, sowie den Wunsch, dessen Leben zu fördern. Es ist jene Art der Liebe, von der die Bibel spricht, wenn sie sagt: „Liebe deinen Nächsten wie dich selbst" (Lev 19,18). Nächstenliebe ist Liebe zu allen menschlichen Wesen.

Mütterliche Liebe

Die Mutterliebe ist [...] die bedingungslose Bejahung des Lebens und der Bedürfnisse des Kindes. Aber hier ist noch etwas Wichtiges hinzuzufügen. Die Bejahung des Lebens des Kindes hat zwei Aspekte: der eine besteht in der Fürsorge und dem Verantwortungsgefühl, die zur Erhaltung und Entfaltung des Lebens des Kindes unbedingt notwendig sind. Der andere Aspekt geht über die bloße Lebenserhaltung hinaus. Es ist die Haltung, die dem Kind jene Liebe zum Leben vermittelt, die ihm das Gefühl gibt: Es ist gut zu leben, es ist gut, ein kleiner Junge oder ein kleines Mädchen zu sein; es ist gut, auf dieser Welt zu sein!

Erich Fromm

M3 Mehr als ein Gefühl

Liebe und Sexualität sollten nicht miteinander verwechselt werden. Zwar ist Liebe oftmals mit dem Verlangen verbunden, sich auch körperlich zu besitzen und zu vereinigen. Doch ist Liebe weit mehr als dieses Gefühl.

Wenn Liebe mit Sexualität verwechselt wird, wird letztlich ein Mensch vom anderen zur Befriedigung seines sexuellen Begehrens benutzt. Es geht nicht um den anderen, sondern um das eigene Befinden. Das ist auch der Fall, wenn jemand einen anderen Menschen ganz „besitzen" will, wenn er will, dass der andere ausschließlich für ihn da ist.
Seneca hat einst Folgendes vorgeschlagen: „Wenn du geliebt werden willst, liebe." Jeder will wohl geliebt werden. Doch selbst zu lieben, ist durchaus anstrengend. Es macht erforderlich, das eigene Ich auch zurückstellen zu können, sich stattdessen zu fragen, was der andere braucht, was ich dem anderen geben kann. Menschen können sich mit ihren Gefühlen der Zuwendung und Zuneigung wechselseitig Energie zur Verfügung stellen, betont der Philosoph Wilhelm Schmid – und diese Erfahrung einer gegenseitigen Bereicherung stellt die Glückserfahrung der Liebe dar. Liebe ist also ein gegenseitiges Geben und Nehmen. Wahre Liebe beruht dabei auf gegenseitiger Freiheit. Man geht aus freien Stücken eine Bindung ein. Liebe ist damit nicht nur ein Gefühl, sondern auch eine Entscheidung.

Seneca, Wilhelm Schmid
> Glossar

M4 An die Eltern

Liebe Eltern!
Ich bin homosexuell. Nehmt es hin, nehmt mich hin, wie ich bin. Lasst mir meine Sexualität, meine Gefühle, meine Liebe. Und seht auch alles andere an mir, denn ich bin ein Mensch mit vielen Seiten. Versteht mich nicht falsch, ich will euch nicht drängen, etwas gutzuheißen, das ihr noch nicht gutheißen könnt. Ich bitte euch nur, nicht die Augen zu verschließen und mir zuzuhören. Wir haben Zeit, uns einander zu nähern. Ich möchte, dass wir uns besser verstehen lernen und nicht unnötig wehtun. Es gibt so viel für uns aneinander zu entdecken, voneinander zu lernen, miteinander zu erleben und miteinander zu teilen. Ich freue mich auf ein Leben in eurer Nähe. *Euer Kind*

nach Bundeszentrale für gesundheitliche Aufklärung (Hg.)

homosexuell
> Glossar

AUFGABEN

1 „Liebe ist ..." Verfasse selber Sprüche über die Liebe. > M1
2 Welche Arten von Liebe werden in den Texten genannt? Wie unterscheiden sie sich? Ergänze die Tabelle in deinem Heft. > M2/M3

Art der Liebe	Unterschied zu den anderen

3 Nimm Stellung zu den Definitionen von Liebe. > M2/M3
4 Beschreibe, was sich das Kind von seinen Eltern wünscht. > M2
5 Erläutere die Schwierigkeiten, unter denen Homosexuelle in unserer Gesellschaft zu leiden haben. > M4
6 Stell dir vor, ein Klassenkamerad oder eine Klassenkameradin hätte ein „Coming-out". Wie würdest du dich verhalten? Und wie würdest du dir wünschen, dass andere reagieren, wenn du selbst ein „Coming-out" hättest? Begründe deine Antwort. > M4

Definition: genaue Bestimmung eine Begriffs, indem sein Inhalt erklärt wird

Coming-out
> Glossar

Wenn die Liebe Kummer macht

M1 Aus und vorbei ...

M2 Liebeskummer

Dass Mareike mich verlassen hat, ist für mich schlimmer, als wenn sie gestorben wäre. Sie ist noch da, bloß nicht mehr für mich.

Boris, 14

Ohne ihn kann ich nicht leben. Wenn er sich von mir trennt, weiß ich nicht, was ich tue.

Philipp, 16

Es ist ein Gefühl, als ob es einem das Herz zerreißt.

Judith, 15

Als er mir gesagt hat, dass er sich in Nadine verliebt hat, bin ich zuerst total ausgeflippt. Dann habe ich stundenlang nur noch geheult.

Anna, 14

Das Schlimmste am Liebeskummer ist, dass er einen total beherrscht. Man kann an nichts anderes mehr denken.

Max, 15

Seit Daniel Schluss gemacht hat, kann ich fast nichts mehr essen und habe auf gar nichts mehr Lust.

Simone, 13

M3 Symphonie

Sag mir, was ist bloß um uns geschehen
Du scheinst mir auf einmal völlig fremd zu sein
Warum geht's mir nicht mehr gut
Wenn ich in deinen Armen liege
Es ist egal geworden, was mit uns passiert
Wo willst du hin, ich kann dich kaum noch sehen
Unsere Eitelkeit stellt sich uns in den Weg
Wollten wir nicht alles wagen
Haben wir uns vielleicht verraten
Ich hab geglaubt, wir könnten echt alles ertragen
Symphonie
Und jetzt wird es still um uns
Denn wir stehen hier im Regen
Haben uns nichts mehr zu geben
Und es ist besser, wenn du gehst
Denn es ist Zeit
Sich einzugestehen, dass es nicht geht
Es gibt nichts mehr zu reden
Denn wenn´s nur regnet
Ist es besser aufzugeben
Und es verdichtet sich die Stille über uns
Ich versteh nicht ein Wort mehr aus deinem Mund
Haben wir zu viel versucht
Warum konnten wir's nicht ahnen
Es wird nicht leicht sein, das alles einzusehen
Symphonie
Und jetzt wird es still um uns
Denn wir stehen hier im Regen
Haben uns nichts mehr zu geben
Und es ist besser, wenn du gehst
Irgendwo sind wir gescheitert
Und so, wie's ist, so geht's nicht weiter
Das Ende ist schon lang geschrieben
Und das war unsere ...
Symphonie
Und jetzt wird es still um uns
Denn wir stehen hier im Regen
Haben uns nichts mehr zu geben
Und es ist besser, wenn du gehst
Denn es ist Zeit
Sich einzugestehen, dass es nicht geht
Es gibt nichts mehr zu reden
Denn wenn's nur regnet
Ist es besser aufzugeben

Silbermond

M4 Ist es unmoralisch, den Partner zu verlassen?

Professor Lenzen, Sie haben sich in Ihren Veröffentlichungen auch Gedanken zur Liebe gemacht. Eine Trennung ist ja für den Verlassenen immer schmerzlich. Ist es dann nicht unmoralisch, ihm diesen Kummer zu bereiten?

Professor Lenzen: In gewisser Weise ja, denn es wäre auf jeden Fall moralisch besser, dem anderen den Kummer zu ersparen und zu bleiben. Andererseits lässt sich der Schmerz und die Trauer über die zu Ende gegangene Beziehung aber auch als unvermeidliches Risiko im Spiel der Liebe ansehen, das man in Kauf nehmen musste, als man sich entschloss, mit seinem Partner die Freuden der Liebe zu genießen. Für eine Niederlage in diesem Spiel darf man den Partner deshalb moralisch ebenso wenig verantwortlich machen wie den Sieger eines sportlichen Zweikampfes.

Das Spiel der Liebe scheint aber sehr unfair zu sein …

Professor Lenzen: Nein, das Spiel der Liebe ist durchaus fair, weil man ja nicht von vornherein die Verlierer-Rolle des Verlassenen zugeteilt bekommt, sondern mit gleicher Wahrscheinlichkeit derjenige sein kann, der bei nachlassender Liebe den anderen verlässt, um mit einem neuen Partner glücklicher zu werden. Außerdem lohnt es sich für den Einzelnen auch deshalb schon mitzuspielen, weil die Freuden der Liebe den eventuellen Trennungsschmerz normalerweise bei weitem überwiegen.

Ist das wirklich so? Es gibt doch das alte Sprichwort, das besagt, dass die Freuden der Liebe nur einen Moment dauern, während der Liebeskummer ein ganzes Leben lang anhält.

Professor Lenzen: Davon kann in unserer Zeit wohl kaum noch die Rede sein. Wenn beide Partner ihre Liebesbeziehung unter der Voraussetzung begonnen haben, die Freuden des gemeinsamen Zusammenlebens so lange auszukosten, wie ihre gegenseitige Liebe anhält, dann scheint es moralisch durchaus in Ordnung zu sein, wenn einer der Partner den anderen letztendlich verlässt.

nach Wolfgang Lenzen

Wolfgang Lenzen: deutscher Philosoph und Hochschullehrer (*1946)

AUFGABEN

1 Beschreibe das Foto. Was ist wohl zwischen dem jungen Paar passiert? > M1

2 Versetze dich in die Lage von Philipp, Max und Boris bzw. Anna, Judith und Simone. Wie macht sich der Liebeskummer bemerkbar? Kannst du ihre Aussagen bzw. Reaktionen nachvollziehen? Begründe deine Antwort. > M2

3 Stellt dar, was mit dem Liebespaar im Einzelnen geschehen ist und mit welchen (sprachlichen) Bildern dies zum Ausdruck gebracht wird. > M3

4 Fasse die wesentlichen Aussagen des fiktiven Interviews mit Professor Lenzen zusammen und schreibe deine Meinung dazu auf. > M4
Benutze dabei folgende Satzanfänge: Professor Lenzen ist der Meinung, dass … – Er vergleicht die Liebesbeziehung mit … – Weiterhin ist er der Meinung, dass … – Seinen Standpunkt kann ich nachvollziehen, denn … – oder: Seinen Standpunkt teile ich nicht, denn …

plus 5 Wie könnte man eine Beziehung, die in die Brüche zu gehen droht, retten? Schreibt dazu ein kurzes Gespräch zwischen dem Paar, in dem die beiden Partner Gründe dafür finden, dass es „noch nicht zu spät ist“. > M1-M4

Für ein Leben lang?

M1 Lebensläufe der Liebe

Marianne und Stefan sind seit 29 Jahren verheiratet. Im Alltag gab es immer wieder Streitereien, z. B. über die Frage der Erziehung der Kinder, über ... Trotzdem haben sie sich immer wieder zusammengerauft, auch dank gemeinsamer Interessen. Beide hören gerne Musik, gehen gern aus, essen und reisen gern. Sie freuen sich schon auf ihren 30. Hochzeitstag, die sogenannte Perlenhochzeit, die sie mit allen Verwandten groß feiern wollen.

nach Ursula Nuber

21 Jahre hat die Ehe von **Natalia und Richard** gehalten, dann haben sie sich scheiden lassen. Nach der Geburt hat sich Natalia hauptsächlich um die Kinder gekümmert, Richard ist seinen eigenen Interessen nachgegangen. Als ihm von seiner Firma gekündigt wurde und er eine Stelle in einer anderen Stadt annehmen musste, wollte seine Frau nicht umziehen. So kam er nur noch am Wochenende nach Hause und die Beziehung zwischen ihnen kühlte vollends ab. Er verliebte sich in eine andere Frau und Natalia reichte die Scheidung ein.

nach Ursula Nuber

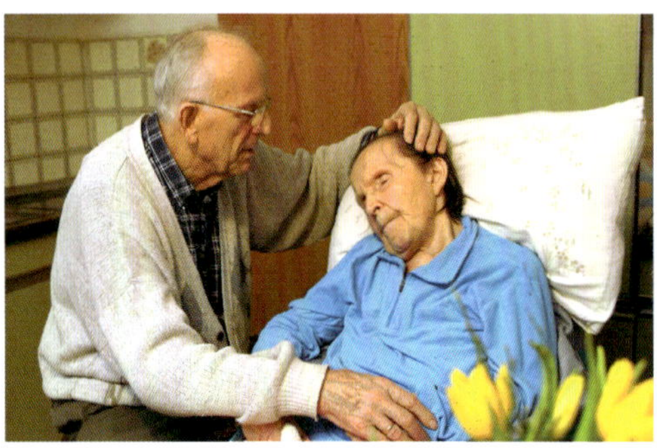

Bernhard und Josie haben alle Klippen des Lebens miteinander umschifft und sind sich seit 53 Jahren treu. Nach dem Krieg hatten sie wenig zu essen, und es war nicht immer leicht, ihre fünf Kinder groß zu ziehen. Seit Josie im Alter von 70 Jahren an Demenz erkrankt ist, pflegt Bernhard sie aufopferungsvoll.

nach Henning Engelen

Mariannes und Heinrichs Liebe hat sich verbraucht und ist einem Zustand gewichen, in dem sie sich nichts mehr zu sagen haben. Sie bleiben trotzdem zusammen. Sie möchte sich nicht von ihm trennen, weil sie sonst wirtschaftlich nicht abgesichert wäre. Er hält aus Gewohnheit und Bequemlichkeit an der Ehe fest – wer würde sonst für ihn kochen und die Wäsche waschen?

nach Henning Engelen

M2 Eine Partnerschaft muss keine Lotterie sein

„Es fällt niemandem ein, von einem Einzelnen zu verlangen, dass er glücklich sei – heiratet aber einer, so ist man sehr erstaunt, wenn er es nicht ist!"

Rainer Maria Rilke

Rainer Maria Rilke: österreichischer Dichter (1875-1926)

[Rilke hat recht.] Viele von uns haben mit sich selbst große Probleme, wieso sollten sie dann in einer Beziehung mit einem anderen Menschen, der auch seine Probleme mit in die Partnerschaft bringt, glücklich sein? Beziehungsprobleme sind unausweichlich. Und dennoch: Eine Partnerschaft muss keine Lotterie sein, in der Männer ihre Freiheit und Frauen ihr Glück aufs Spiel setzen [...].

In einer Beziehung gibt es [jedoch] Spielregeln wie in einem Fußballspiel. Wenn Sie gegen diese Regeln verstoßen, zeigt Ihnen Ihr Partner die rote Karte. Es ist möglich, eine dauerhafte und befriedigende Beziehung zu führen und ernsthafte Partnerschaftsprobleme zu vermeiden, wenn es uns gelingt, den richtigen Partner zu finden und wir der richtige Partner sind. Damit will ich sagen: Jeder der beiden hat zu gleichen Teilen die Verantwortung für die Partnerschaft und etwaige Beziehungsprobleme und jeder muss seinen Teil für das Gelingen der Beziehung beitragen.

Eine Partnerschaft ist wie eine Pflanze: Sie will gepflegt und gehegt werden. Überlässt man die Beziehung sich selbst, vergisst man, sie zu wässern und mit liebevollen Worten und Gesten zu düngen, dann geht sie ein. [...]

Wenn Ihre Partnerschaft gedeihen soll, dann müssen Sie und Ihr Partner sich darum kümmern. Sich darum zu kümmern bedeutet nicht, jeden Tag endlose Gespräche zu führen und alles auszudiskutieren. Es geht vielmehr darum, immer mal wieder zu prüfen, ob man etwas vermisst oder ob es Gewohnheiten am anderen gibt, die einen stören.

Gelegentliche Beziehungsprobleme und Streitereien sowie daraus resultierende Beziehungskrisen sind normal und gehören zum Beziehungsalltag. In Gefahr ist eine Beziehung und Liebe nur dann, wenn man permanent das Gefühl hat, mehr zu geben, als zu bekommen. Dann ist der Zeitpunkt für ein klärendes Gespräch oder gar für eine Trennung gekommen.

Doris Wolf

resultierende: (hier) entstehende

permanent: dauernd

Verantwortung > Glossar

AUFGABEN

1 Bildet Vierergruppen. Jedes Mitglied befasst sich mit einer Geschichte der vier Paare und erzählt sie den anderen. Arbeitet dabei heraus, welche Schwierigkeiten in einer Partnerschaft auftreten können und wie die einzelnen Paare mit den Schwierigkeiten umgegangen sind. > M1

2 Erläutere, wie du die Aussage von Rilke verstehst. > M2

3 Fasse Doris Wolfs Ratschläge für eine gelingende Partnerschaft zusammen. > M2

plus 4 Vergleicht Freundschaft, Liebe und Partnerschaft. Welche Gemeinsamkeiten und Unterschiede lassen sich feststellen?

Freundschaft ist wichtig

M1 Freundschaftspuzzle

„Ohne meine Freundin könnte ich nicht leben. Sie **kümmert sich** um meine Gefühle und ist immer für mich da.“

„Durch meine Freunde habe ich das Gefühl, gebraucht und **anerkannt** zu werden.“

„Durch meine Freundin finde ich heraus, was **alles in mir** und was in ihr steckt. Ich messe mich mit ihr.“

„In meiner Clique fühle ich mich geborgen. Dort wirst du von den anderen **angenommen**. Sie denken oft genauso wie du und beschäftigen sich mit den gleichen Problemen. Außerdem gibt mir die Clique Sicherheit.“

„Mein Kumpel und ich **halten zusammen**. Mit dem verstehe ich mich manchmal besser als mit meinen Eltern.“

„Unseren Freundschaftsbund haben wir besiegelt. Wir hoffen, er hält **ein Leben** lang.“

M2 Freundschaft ist ...

... wenn man die andere durchs Brennnesselfeld trägt, weil sie kurze Hosen anhat. *Margret, 14*
... unbezahlbar. *Yvonne, 15*
... ganz viel über den anderen zu wissen. *Deborah, 15*
... wenn man einander alles anvertrauen kann ohne Angst haben zu müssen, dass das gleich ausposaunt wird. *Ferdinand, 13*
... wenn man ganz man selbst sein kann. *Ursula, 16*
... wenn man dem anderen nichts Schlechteres wünscht als sich selber. *Alexander, 16*
... wenn man stundenlang miteinander lästern kann. *Jasper, 14*
... wenn man miteinander schweigen kann. *Nikita, 16*
... nicht möglich ohne Ehrlichkeit. *Florian, 13*
... wenn man auch mal peinliche Sachen berichten kann. *Ramon, 13*

M3 Zur Freundschaft gehört ...

Freundschaft kennt keine Grenzen, was Alter, Geschlecht, Nationalität, Religion und Wohnort anbelangt. Wie sie aussieht, wie sie sich anfühlt, regeln Freunde untereinander ganz individuell. Es gibt keinen Freundschaftsführerschein und auch keinen Mitgliedsausweis.
Alles ist offen, dennoch existieren ein paar Musts:

- Zur Freundschaft gehören mindestens zwei.
- Freundschaft beruht auf Gegenseitigkeit.
- Freundschaft ist von Anfang bis Ende etwas ganz und gar Freiwilliges.
- Freundschaft entwickelt sich erst nach und nach.
- Die Voraussetzungen für Freundschaft sind Sympathie und Zuneigung.
- Damit Freundschaft funktioniert, braucht es Verstehen, Verständnis und Verlässlichkeit.
- Freunde respektieren und helfen sich.
- Freunde sind sich nah, können den anderen aber genauso gut in Ruhe lassen.
- Streit muss in einer Freundschaft möglich sein.
- Freundschaft will gepflegt und gelebt sein.
- Im Unterschied zu Liebe gibt es in der Freundschaft keinen Sex.

M2/M3: Beate Herkendell / Christine Knödler

AUFGABEN

1 Ordnet die Texte den Bildern zu. Gibt es eine eindeutige Zuordnung? Begründet eure Auffassung. > M1

2 Sammelt in der Klasse eure persönlichen „Freundschaftsbilder". Schreibt dazu, warum gerade diese Bilder für euch Freundschaft so gut symbolisieren. Ihr könnt hiermit den Anfang einer Wandzeitung zum Thema Freundschaft machen. > M1

3 Sucht die für euch wichtigsten Aussagen heraus und begründet, warum sie es sind. Ergänzt sie durch weitere „Freundschaft ist"-Sätze. > M2

4 Findest du die Aussagen zutreffend? Erstelle folgende Tabelle zu den „Musts" und begründe. Tauscht euch in der Klasse über die Ergebnisse aus und ergänzt gegebenenfalls. > M3

„Musts" in einer Freundschaft	stimme zu (ja/nein)	stimme nicht zu (ja/nein)	Begründung
...			

5 Welche „No-Goes" („Das geht auf keinen Fall in einer Freundschaft") würdest du demgegenüber aufstellen? Ergänze die Tabelle entsprechend. > M3

symbolisieren: sinnbildlich darstellen

Was macht eine Freundschaft aus?

M1 Schachmenschen

Harry, Ron und Hermine wollen zum Stein der Weisen vordringen, um ihn zu beschützen. Sie glauben, dass ihr Lehrer Snape ihn für den bösen Zauberer Voldemort stehlen will. Kurz vor dem Ziel müssen sie schwere Prüfungen bestehen, darunter ein Schachspiel, bei dem sie selbst zu Spielfiguren werden müssen.

„Gut. Harry, du nimmst den Platz dieses Läufers ein, und Hermine, du stellst dich neben ihn an die Stelle dieses Turms."

„Was ist mit dir?"

„Ich bin ein Springer", sagte Ron.

Die Schachfiguren hatten offenbar zugehört, denn in diesem Augenblick kehrten ein Springer, ein Läufer und ein Turm den weißen Figuren den Rücken und schritten vom Platz. Sie ließen drei leere Quadrate zurück, auf denen Harry, Ron und Hermine ihre Plätze einnahmen.

„Weiß zieht im Schach immer zuerst", sagte Ron und spähte über das Brett. „Ja ... schaut ..."

Ein weißer Bauer war zwei Felder vorgerückt. Ron begann die schwarzen Figuren zu führen. Wo immer er sie hinschickte, sie rückten schweigend auf ihre Plätze. Harry zitterten die Knie. Was, wenn sie verloren?

„Harry, rück vier Felder schräg nach rechts."

Richtig mit der Angst zu tun bekamen sie es erst, als der andere Springer geschlagen wurde. Die weiße Dame schlug ihn zu Boden und schleifte ihn vom Brett, wo er mit dem Gesicht nach unten bewegungslos liegen blieb.

„Ich musste das zulassen", sagte Ron erschüttert. „Deshalb kannst du jetzt diesen Läufer schlagen, Hermine, geh los."

Wenn die Weißen eine ihrer Figuren schlagen konnten, zeigten sie niemals Gnade. Nach kurzer Zeit lagen haufenweise übereinander gekrümmte schwarze Spieler entlang der Wand. Zweimal bemerkte Ron gerade noch rechtzeitig, dass Harry und Hermine in Gefahr waren. Er selbst jagte auf dem Brett umher und schlug fast so viele weiße Figuren, wie sie schwarze verloren hatten.

„Wir haben es gleich geschafft", murmelte er plötzlich. „Lasst mich nachdenken ... lasst mich nachdenken ..." Die weiße Königin wandte ihm ihr leeres Gesicht zu.

„Ja ...", sagte Ron leise, „das ist die einzige Chance ... Ich muss geschlagen werden."

„NEIN!", riefen Harry und Hermine.

„So ist es eben im Schach!", herrschte sie Ron an. „Manchmal muss man Figuren opfern! Ich springe vor und sie schlägt mich, dann könnt ihr den König schachmatt setzen. Harry!"

„Aber –"

„Willst du Snape aufhalten oder nicht?"

„Ron –"

„Hör zu, wenn du dich nicht beeilst, dann ist er mit dem Stein auf und davon!"

Darauf gab es nichts mehr zu sagen.

„Fertig?", rief Ron mit blassem Gesicht, aber entschlossen. „Ich springe, und trödelt nicht, wenn ihr gewonnen habt."

Er sprang vor und die weiße Dame stürzte sich auf ihn. Mit ihrem steinernen Arm schlug sie Ron heftig gegen den Kopf und er brach auf dem Boden zusammen. Hermine schrie, blieb aber auf ihrem Feld. Die weiße Dame schleifte Ron zur Seite. Offenbar hatte sie ihn bewusstlos geschlagen. Harry ging mit zitternden Knien drei Felder nach links. Der weiße König nahm seine Krone ab und warf sie Harry zu Füßen. Sie hatten gewonnen. Die Schachfiguren verbeugten sich zum Abschied und gaben die Tür auf ihrer Seite frei. Mit einem letzten verzweifelten Blick zurück auf Ron stürmten Harry und Hermine durch die Tür und rannten den nächsten Gang entlang.

„Was, wenn er –?" [fragte Hermine.]

Joanne K. Rowling

M2 Wahre Freundschaft

Marcus Tullius Cicero

Wie kann überhaupt „ein Leben lebenswert" sein, [...] welches nicht auf wechselseitiger Freundesliebe ruht? Was gibt es Schöneres, als einen Menschen zu haben, mit dem du dich alles so zu reden traust wie mit deinem eigenen Ich? Gäbe es einen so schönen Ertrag in Stunden des Glücks, wenn du nicht einen Menschen hättest, der sich in gleicher Weise wie du selbst darüber freuen kann? Unglück aber zu ertragen wäre schwierig ohne einen, der so geartet ist, dass er es sogar noch schwerer nimmt als du. [...] Die Freundschaft [...] umfasst die meisten Lebensbereiche; wohin du dich auch wendest: sie ist zugegen; kein Ort verschließt sich ihr; niemals kommt sie ungelegen, nie fällt sie zur Last.

Ohne Freunde möchte niemand leben, auch wenn er die übrigen Güter alle zusammen besäße. Wo Nutzen das Motiv der Freundschaft bildet, da lieben sich die Menschen, weil sie für sich einen Vorteil erstreben. Solche Freundschaften gehen leicht auseinander. Denn wenn der eine Partner nicht mehr nützlich ist, so hört man auf, ihn zu lieben. Nun sind aber Menschen, die dem Freunde um des Freundes willen das Gute wünschen, die echtesten Freunde, weil jeder des anderen Wesensart liebt. Freundschaft dieser Art ist ein Wert, der dauert. Solche Freundschaft ist natürlich selten, denn Menschen dieser Art gibt es nur wenige.

Aristoteles

Michel de Montaigne

Was wir gewöhnlich Freunde und Freundschaften nennen, ist weiter nichts als eine durch Zufall zustande gekommene nähere Bekanntschaft, an die man sich gewöhnt hat und durch die ein gewisser geistiger Austausch erleichtert wird. Aber in einer Freundschaft, wie ich sie meine, geht eine so vollständige Verschmelzung der zwei Seelen miteinander vor sich, dass an dem Punkte, wo sie sich treffen, keine Naht mehr zu entdecken ist. Die Zweiheit ist verschwunden. Wenn ich sagen soll, warum ich ihn so liebhatte, kann ich mein Gefühl nur in die Worte kleiden: „Weil er es war; weil ich es war."

Aristoteles, Marcus Tullius Cicero, Michel de Montaigne > Glossar

AUFGABEN

1 Wie beweist Ron Harry seine Freundschaft? Beschreibt Situationen, in denen Freunde füreinander da sind. Ihr könnt dabei auf Bücher, Filme oder auch auf eigene Erfahrungen zurückgreifen. > M1

2 Gruppenpuzzle: Erarbeitet in den Expertengruppen die Auffassung von Cicero, Aristoteles und Montaigne über die Freundschaft und stellt sie in den Stammgruppen vor. Nehmt anschließend zu ihren Freundschaftsbegriffen Stellung. > M2

Kontakte im Netz: alle meine Freunde?

M1 Freunde aus aller Welt

Ich heiße Angelica und ich lebe in Australien.
Meine Hobbys sind Schwimmen gehen, essen und tanzen. Gar nicht mag ich Mode aus den achtziger Jahren und schlechte Filme …
Wenn ich genug Geld hätte, würde ich mir eine Insel kaufen. Ich wäre gerne schon etwas älter – so 21, dann könnte ich eine Riesen-Party machen. Ach ja, ich mag fröhliche Musik, Salsa, Pop oder Musik aus den sechziger Jahren.

Hi, ich bin Jake. Ich wohne in Queenstown,
das ist in Neuseeland. Am schönsten ist es, dort in der Glendhy-Bucht Wasserski zu fahren! Echt cool! Mein größtes Hobby ist Rugby spielen. Ich höre auch gerne Musik – am liebsten Eminem. Und ich esse gerne Pizza. Was ich gar nicht mag ist Snowboarden.

Ich bin Emmanuel aus Angola.
Ich stelle mich mal kurz vor: Am liebsten höre ich Hip Hop und unterhalte mich über lustige Sachen. Richtig toll war, als wir kürzlich in unserer Schule Musik gemacht haben – denn vielleicht nehmen wir das mal auf einer CD auf! Mein größter Wunsch wäre es, in Europa oder Amerika studieren zu können.

nach Beatrix Schnippenkoetter

M2 Freunde und soziale Netzwerke

Alternative: andere Möglichkeit

sich die Blöße geben: eine Schwäche zeigen

Cybermobbing, Mobbing: Mobbing ist das gezielte Schikanieren und Ausgrenzen von Einzelnen aus einer Gemeinschaft (englisch „to mob": anpöbeln). Beim Cybermobbing wird mit Hilfe neuer Techniken (Chatrooms, Internet usw.) schikaniert.

Sogenannte soziale Netzwerke sind heute sehr beliebt: Online-Plattformen, auf denen man Schulfreunde oder Gleichgesinnte trifft, sich über Hobbys, Spiele, Musik und Filme austauscht oder sich verabredet. Doch WhatsApp, Facebook, Twitter & Co. haben auch ihre Schattenseiten.

Nachrichten per SMS zu verschicken ist fast schon out – heute verschickt man seine Nachrichten über Messenger-Apps wie „WhatsApp". […] Gründe für die Beliebtheit der Messenger-App gibt es einige. Es ist eine günstige und komfortable Alternative zu SMS und MMS, bei der Nachrichten beliebig lang sein können und Unterhaltungen in Gruppenchats möglich sind. Es ist bequem, dass die Einrichtung der Kontakte automatisch geschieht (was sich gleichzeitig als problematisch für Datenschutz und Sicherheit darstellt!). In den Gruppenchats ist man – anders als bei Facebook – eher unter sich. Der Zugang durch ungebetene Erwachsene, durch Eltern oder Lehrer, ist eingeschränkt.
Auch ein gewisser Gruppendruck trägt zu den hohen Nutzerzahlen bei: Wenn der gesamte Freundeskreis über das Programm kommuniziert, bleibt einem kaum eine andere Wahl, um „dabei" zu sein. […] Gerade Jugendliche möchten nichts verpassen, beliebt und „in" sein. Da fällt es schwer sich auszuklinken, das Handy abzuschalten oder sich die Blöße zu geben, nicht immer sofort auf Nachrichten zu reagieren. Man ist ständig verfügbar und hat das Gefühl, auf jede Nachricht sofort reagieren zu müssen. […] Insbesondere in den Gruppenchats kommt es [auch] zu Beleidigungen, Übergriffen und Mobbingattacken. […] Selbst „Hass-Gruppen" werden gegründet, deren Zweck darin besteht, andere fertig zu machen.

Internet-ABC e.V.

M3 Mach' doch mal was mit deinen Freunden!

Sepp Buchegger

M4 Online-Freunde besuchen

Die US-Amerikanerin Tanja Hollander hat hunderte Freunde auf Facebook. Sie hat sich zum Ziel gesetzt, jeden von ihnen rund um die Welt zu besuchen und zu fotografieren. […] Besonders begeistert ist sie von der Großzügigkeit der Leute, die sie besucht. Weil sie wenig Geld hat, verbringt sie die Nächte bei ihren Facebook-Freunden, die ihr gerne einen Schlafplatz anbieten. […] Macht es bei über 600 Freunden auf Facebook für sie einen Unterschied, ob sie im „echten Leben" oder auf Facebook mit ihnen Kontakt hat? Die klare Antwort: „Nein." Facebook sei für sie in erster Linie ein Mittel zur Kommunikation mit ihren Freunden, sagt Hollander. Sie habe Freunde, mit denen sie sich sehr viel schreibe, allerdings noch nie telefoniert habe. […]

Sie behält auch nicht jeden in ihrer Freundesliste: „Antwortet mir jemand nicht auf Nachrichten oder verärgert mich, fliegt er sofort raus."

Gideon Ötinger

Blog: Internet-Tagebuch, das öffentlich zugänglich ist

AUFGABEN

1 Recherchiere im Internet Informationen zu den Ländern, aus denen die Jungen und Mädchen kommen. > M1

2 Wähle ein Mädchen oder einen Jungen aus und verfasse eine WhatsApp-Nachricht, in der du dich ihm/ihr vorstellst. Formuliere weitere Fragen, die du ihm/ihr in der WhatsApp-Nachricht stellen würdest. > M1

3 Erarbeitet in Kleingruppen die Vor- und Nachteile von Freundschaften in sozialen Netzwerken. > M2-M4

4 Schreibe das Gespräch zwischen Mutter und Sohn weiter und arbeite in den Dialog deine eigene Sichtweise mit ein. > M3

5 Tanja Hollander hat hunderte Freunde auf Facebook. Diskutiert, ob man so viele Freundschaften überhaupt pflegen kann. > M4

plus 6 Schreibe einen Blog-Eintrag aus der Sicht von Tanja Hollander. Berichte darin über die Erlebnisse und Erfahrungen während des Besuchs bei einer früheren Schulfreundin, mit der nur noch über Facebook Kontakt bestand. > M4

Freundschaft und Konflikte – geht das?

M1 So ein Ärger!

gefragt von bienchen93 am 08.12.2009 um 19:00 Uhr

Meine Freundin Britta und ich waren heute in einer echt tollen Boutique mit vielen Schnäppchenpreisen. Sie hat Größe 38, ich 42. Sie zieht eine Röhrenjeans raus und sagt zu mir „Wie schade, dass DU so was nicht tragen kannst!" Wie findet ihr das? Okay, weil ehrlich? Total daneben? Weder noch? Sonst was? Würde mich über eure Einschätzung freuen ;-)!! Danke!

beantwortet von jojo am 08.12.2009 um 19:04 Uhr

Klingt arrogant und so, als ob sie sich über dich stellen möchte.

beantwortet von Leon17 am 08.12.2009 um 20:01 Uhr

Klingt wie der ganz normale Zickenkrieg unter 14-Jährigen. Nichts Besonderes.

beantwortet von Julia94 am 08.12.2009 um 20:02 Uhr

Schon ein bisschen daneben. Sie hätte ja auch einfach die Klappe halten können. Obwohl ich schon dafür bin, dass man ehrlich zueinander ist. Aber verletzend braucht niemand zu sein. Vielleicht hat sie aber auch einfach nicht nachgedacht und es ist ihr so rausgerutscht.

Lukas ist sauer.
Immer wieder hat er seinem Freund Till angeboten, mit ihm für die Mathearbeit zu lernen, doch der hatte angeblich nie Zeit. „Du musst mir unbedingt helfen, sonst vermassele ich auch diese Arbeit", hat Till heute gesagt und angekündigt, sich morgen in der Mathearbeit auf den freien Platz neben Lukas zu setzen, damit der ihm helfen kann. Dabei weiß Till genau, dass Herr Tewes aufpasst wie ein Wachhund, und er weiß auch, wie wichtig für Lukas seine Mathenote ist.

Hilal ist stocksauer.
Gestern hat sie auf Drängen ihrer Freundin Laura zugegeben, dass sie den Neuen in der 8B süß findet, und heute weiß es die ganze Klasse. Am liebsten würde sie Laura sofort zur Rede stellen.

M2 Umgang mit Konflikten

Es gibt verschiedene Möglichkeiten, mit Konflikten umzugehen:

1. Flucht (z. B. freiwilliges Nachgeben, Verlassen des „Kampfplatzes", manchmal auch das Nicht-Wahrnehmen-Wollen)
2. Kampf (Unterwerfung des Gegners oder beider Parteien, Niederschreien usw.)
3. Aushandeln/Finden von Lösungen (Kompromisse, Übereinkunft usw.)
4. Regeln, Gesetze, Delegation der Lösung (Schiedsrichterin, Schlichter usw.)

Delegation: (hier) Abgabe, Übertragung

M3 Einen Streit schlichten

An vielen Schulen gibt es Schüler und Schülerinnen, die zu Streitschlichtern ausgebildet wurden. Oftmals sind es z. B. Schüler oder Schülerinnen der 10. Klassen, die Streitfälle in den unteren Jahrgangsstufen schlichten. Voraussetzung für eine Schlichtung ist, dass die streitenden Parteien bereit sind, ihren Streit zu beenden. Die Streitschlichtung folgt dann einem festgelegten Verfahren.

Schritt 1: Vertrauen herstellen

Zunächst wird geklärt, wie man im Schlichtungsgespräch miteinander umgehen will. Wenn alle bereit sind, eine Lösung zu suchen, einander dafür ruhig zuzuhören und sich auf die Hilfen des Schlichters einzulassen, und wenn der Schlichter verspricht, nichts weiterzuerzählen und nicht für eine Seite Partei zu ergreifen, kann es losgehen.

Schritt 2: Standpunkte im Streit klären

Nun erzählt jede/r der Streitenden – während der/die andere ruhig bleibt – dem Schlichter ihre/seine Sicht des Streites. Der Schlichter hört zu und fragt nach, wo etwas unklar ist.

Schritt 3: Motive und Gefühle klären

Als Nächstes wird geklärt, warum etwas „schlimm“ für den anderen war, warum ihn etwas verletzt hat. Jeder der Streitenden soll den anderen so gut wie möglich verstehen.

Schritt 4: Lösungen suchen

Gesucht wird eine Lösung, die von beiden Streitenden angenommen werden kann. Manchmal ist es nach dem vorangegangenen Gespräch ganz klar, wie der Streit zu lösen ist. Manchmal hilft es, wenn jede/r der Streitenden auf Karten schreibt, was er bzw. sie bereit wäre zur Lösung beizutragen und was er bzw. sie dafür vom anderen erwarten würde.

Schritt 5: eine Vereinbarung treffen

Wenn man eine Lösungsidee hat, wird sie aufgeschrieben – wie ein Vertrag. In schwierigen Fällen treffen sich Schlichter und Streitende noch einmal nach einer Woche, damit sie schauen können, ob die Lösung funktioniert hat.

AUFGABEN

1 Beschreibt die Probleme, die die Jugendlichen haben. > M1
2 Findet in Gruppen jeweils eine Lösungsmöglichkeit für die Fallbeispiele. > M1
3 Führt in Gruppen Rollenspiele entweder zu dem Fall Lukas oder Hilal durch. Überlegt anschließend vor allem, welche Konfliktlösung jeweils gefunden wurde und warum es dazu kam. > M1
4 Erarbeitet in Gruppen einen Dialog zwischen bienchen93 und Britta, in dem sich beide über das Problem verständigen. Nutzt dazu die Methodenseite „Wie kann ich mich im Dialog verständigen?“. > M1
5 In welchen Situationen kann die genannte Fluchtreaktion sinnvoll sein? Begründe deine Antwort. > M2
6 Sucht Beispiele für Konfliktsituationen, die durch die Verhaltensmöglichkeiten 3 und 4 gelöst werden oder wurden. > M2
7 Habt ihr Schülerinnen oder Schüler als Streitschlichter an eurer Schule? Dann ladet sie ein, euch zu berichten. Sonst macht euch anhand des Textes klar, wie bei einer Streitschlichtung verfahren wird. > M3
8 Wendet das Streitschlichterverfahren auf eines der Fallbeispiele in M1 an. > M1/M3

Einen Dialog führen
> S. 64f.

Wie kann ich mich im Dialog verständigen?

Dialog: Gespräch oder Unterredung zwischen zwei oder mehreren Personen

Werte, Normen, Vorurteil
> Glossar

TIPP
Folgende Methoden helfen dir, einen Dialog vorzubereiten:
> Brainstorming zu einem Problem
> Rollenspiel
> Schreibgespräch

Methodenkompetenz: Einen Dialog führen

Durch die Teilnahme an einem achtungsvollen Dialog können sich dir die Gedanken und Gefühle anderer erschließen. Aber auch die Werte und Normen, die das Handeln deines Dialogpartners oder deiner Dialogpartnerin beeinflussen, werden erfahrbar. Umgekehrt gibt dir der Dialog die Möglichkeit, deine Gedanken, Gefühle und Argumente zugänglich zu machen. Ein Dialog kann gelingen, wenn

1. jeder dem anderen zuhört und bereit ist, verstehen zu wollen,
2. alle einander respektieren und jeder ohne Vorurteile die Meinung des anderen achtet,
3. jeder in der Lage ist, das Gehörte mit eigenen Worten verständlich wiederzugeben,
4. jeder sich bemüht, die Ansichten des anderen in seine Argumentation mit einzubeziehen,
5. eigene Gefühle und Gedanken ehrlich und verständlich ausgesprochen werden und Kritik sachlich geäußert wird.

M1 Ärger in der Projektgruppe

Die Klasse 8d wertet im L-E-R-Unterricht mit ihrer Lehrerin den letzten Projekttag aus. Es ist alles prima gelaufen. Die Schulleitung lobt die ganze Klasse überschwänglich und verspricht allen eine kleine Belohnung. Aber Kevin, Achmed und Jördis, die das Projekt geleitet haben, freuen sich nicht so richtig mit den anderen. Jördis spricht das Problem der drei Projektleiter aus: „Wir fühlen uns ungerecht behandelt, denn wir hatten viel mehr zu tun als die anderen." Die Projektgruppe ist ratlos und Maria will wie immer sofort dagegenreden. Paul versucht jedoch, den Dialog zu unterstützen:

„Übliche" Kommunikation (Maria)	Dialog (Paul)
Das stimmt doch gar nicht. Wir haben genauso viel gemacht!	Das tut mir leid. Wann genau habt ihr euch ungerecht behandelt gefühlt?
Das bildet ihr euch nur ein.	Was meinst du mit „ungerecht"?
Das sagt ihr, weil ihr immer von den Lehrern gelobt werden wollt und diesmal wurden alle gelobt.	Habe ich dich richtig verstanden, dass du traurig bist, weil ihr als Projektleiter nicht besonders gelobt worden seid?
Ihr seid selber ungerecht. Ständig habt ihr gemeckert.	Ich dachte, ihr braucht unsere Hilfe nicht und, dass du traurig bist, habe ich nicht gemerkt.
Ihr habt uns nicht gesagt, was zu tun ist und wolltet am liebsten alles alleine machen.	Wenn mir das so gegangen wäre, hätte ich die Gruppe angesprochen.

M2 Ein Chat unter Freundinnen

Blümchen<3: Du hast dich heute in der Schule wieder nur mit den anderen unterhalten. Immer muss ich zu dir kommen, nie kommst du zu mir.

Blackgirl: Du spinnst doch.

Blümchen<3: Deine Freundschaft will ich nicht mehr, du verstehst ja nicht mal mein Problem.

Blackgirl: Da ist kein Problem, du redest dir was ein. Wenn du meinst, dass du unsere Freundschaft nicht mehr brauchst, lass mich doch in Ruhe.

Blümchen<3: Jetzt bist du wirklich gemein.

M3 Dialoge im Internet

Mimik, Gestik und der Ton sollten im Dialog deine Offenheit, Achtung und Zugewandtheit unterstreichen. Im Internet ist das schwieriger, denn diese Hilfsmittel entfallen beim Chatten. Smileys sollen diese Lücke schließen.

lachen	:)	so lala	:/
glücklich	:D	Kuss	:*
zwinkern	;)	weinen	:'(
zufrieden	^_^	geschockt	:o
genervt	>:o	naseweis	8)
beleidigt	>:-(	cool	8-I
traurig	:(	ätschbätsch	:p
verdutzt	O.o	Liebe	<3

Mimik: Gesichtsausdruck (vermittelt Gefühle und Stimmungen)

Gestik: Bewegungen z. B. mit den Armen, mit denen viele Menschen bewusst oder unbewusst ihre mündlichen Äußerungen begleiten und verstärken

AUFGABEN

1 Nenne Gründe, warum die genannten Punkte zum Gelingen eines Dialogs beitragen können. > Methodenkompetenz

2 Vergleiche die Sätze von Maria mit denen von Paul. Beschreibe, welche Ergebnisse die jeweilige Kommunikation bringen könnte. Bewerte das vermutete Ergebnis. > M1

3 Schreibe einen Dialog für den Chat von Blümchen<3 und Blackgirl mit dem Ziel, dass Blackgirl ihre beste Freundin behält. > M2/M3

4 Erkläre die Bedeutung von Smileys für einen schriftlichen Dialog im Internet. > M3

plus 5 Beschreibe Situationen aus deinem Alltag oder des Weltgeschehens, in denen ein Dialog diese Situationen verbessert hat.

Was wir wissen – was wir können

M Fragen und Antworten

Welche Formen von Gemeinschaft gibt es?

Was unterscheidet Liebe von Sexualität?

Welche Folgen hat es für eine Gesellschaft, wenn jeder nur an sich denkt?

Was ist Inklusion?

Welche Vorteile kann ein gemeinsames Lernen in der Schule haben?

Was bedeutet „Zivilcourage“?

Was bedeutet der Begriff „Egoismus“?

Wie funktioniert das Streitschlichterkonzept?

Was gehört zu einer echten Freundschaft?

Wie können behinderte und nicht behinderte Kinder in einer Schule gemeinsam lernen?

Was sind nach Aristoteles die „echtesten Freunde“?

…?

Welche Formen oder Arten der Liebe gibt es?

…?

AUFGABEN

Im Kapitel „Miteinander leben" habt ihr zunächst erfahren, was Gemeinschaft ist, wozu Menschen Gemeinschaft brauchen und wann es sinnvoll sein kann, mit anderen zusammen zu arbeiten. Ihr habt erfahren, was Freundschaft, Liebe und Sexualität sind, und diskutiert, wie man Konflikte friedlich lösen kann. Auch konntet ihr lernen, was man dafür tun kann, dass Menschen mit und ohne Behinderung ihr Leben gemeinsam gestalten können (Stichwort: Inklusion).

1 Entwickelt nun einzeln oder zu zweit mit einer Mitschülerin oder einem Mitschüler Fragekärtchen zu den Themen des Kapitels. Einige Beispiele findet ihr auf dieser Doppelseite. Berücksichtigt dabei nach Möglichkeit Fragen zur Lebensgestaltung als auch ethische und religionskundliche Fragen. Schreibt dann auf die Rückseite eurer Fragekärtchen die entsprechenden Antworten.

2 Ihr könnt euch dann auch mit einer neuen Partnerin oder einem neuen Partner zusammenfinden und euch gegenseitig eure Fragen stellen und beantworten.

KOMPETENZ-CHECK

1 Übertrage die Tabelle in dein Heft und fülle sie aus. Wenn deine Antwort 😮 oder 😐 lautet, schlage die passende Schulbuchseite nach, die dir bei dem Thema weiterhelfen kann, und lies noch einmal nach.

2 Ergänzt im Anschluss die Tabelle zusammen: Was könnt ihr noch?

Ich kann …	Meine Einschätzung 😄	🙂	😮	😐
den Begriff „Gemeinschaft" erklären.				
die Vor- und Nachteile eines Lebens in einer Gemeinschaft benennen.				
zwischen den Begriffen „Egoismus" und „Solidarität" unterscheiden.				
begründen, warum Zivilcourage wichtig für das gute Zusammenleben von Menschen ist.				
den Begriff „Inklusion" definieren.				
meine Meinung zur Inklusion mit nachvollziehbaren Gründen darstellen.				
Strategien anwenden, mit denen ich zukünftig Konflikte in meinen Freundschaften lösen kann.				
zwischen den verschiedenen Arten von Liebe unterscheiden.				
…				

Arbeitsblatt:
Kompetenz-Check „Miteinander leben"

Mediencode: 20107-02

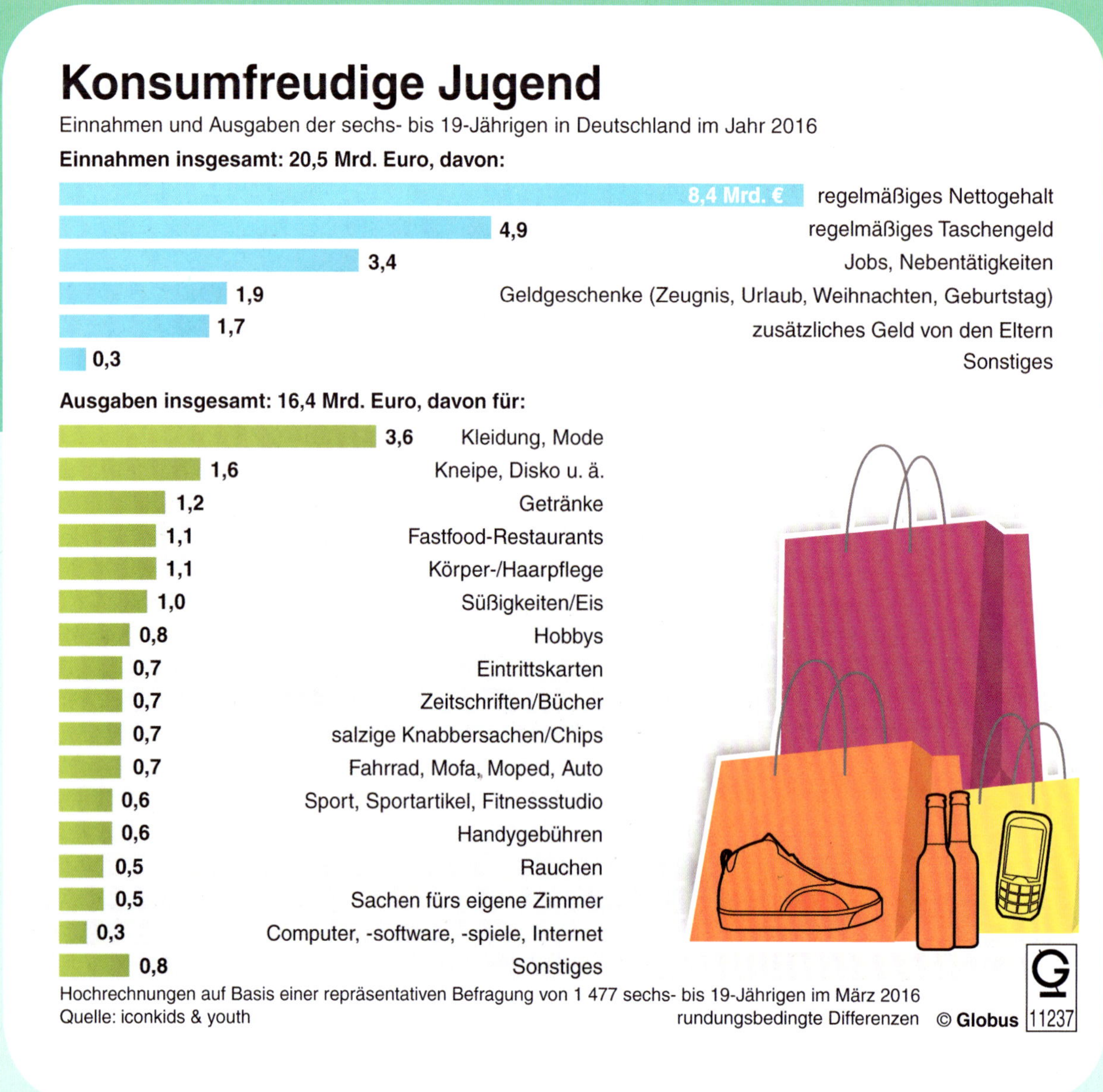
Konsumfreudige Jugend
Einnahmen und Ausgaben der sechs- bis 19-Jährigen in Deutschland im Jahr 2016
Einnahmen insgesamt: 20,5 Mrd. Euro, davon:
8,4 Mrd. € regelmäßiges Nettogehalt
4,9 regelmäßiges Taschengeld
3,4 Jobs, Nebentätigkeiten
1,9 Geldgeschenke (Zeugnis, Urlaub, Weihnachten, Geburtstag)
1,7 zusätzliches Geld von den Eltern
0,3 Sonstiges
Ausgaben insgesamt: 16,4 Mrd. Euro, davon für:
3,6 Kleidung, Mode
1,6 Kneipe, Disko u. ä.
1,2 Getränke
1,1 Fastfood-Restaurants
1,1 Körper-/Haarpflege
1,0 Süßigkeiten/Eis
0,8 Hobbys
0,7 Eintrittskarten
0,7 Zeitschriften/Bücher
0,7 salzige Knabbersachen/Chips
0,7 Fahrrad, Mofa, Moped, Auto
0,6 Sport, Sportartikel, Fitnessstudio
0,6 Handygebühren
0,5 Rauchen
0,5 Sachen fürs eigene Zimmer
0,3 Computer, -software, -spiele, Internet
0,8 Sonstiges
Hochrechnungen auf Basis einer repräsentativen Befragung von 1 477 sechs- bis 19-Jährigen im März 2016
Quelle: iconkids & youth
rundungsbedingte Differenzen
© Globus 11237

Menschsein

> Konsum, Bedürfnisse und Sucht
> Gewissen und Moral des Menschen

AUFGABEN

1 Wofür gebt ihr euer Taschengeld aus? Stellt eine Hitliste zusammen und vergleicht eure Liste mit der Statistik.

2 Wertet die Statistik in Gruppenarbeit aus.

3 Schreibe einen kurzen Artikel für die Schülerzeitung, in dem du die Ergebnisse der Statistik darstellst.

4 Darfst du allein darüber bestimmen, was du mit deinem Taschengeld machst? Oder musst zu immer zuerst deine Eltern um Erlaubnis fragen, wenn du es ausgeben möchtest? Recherchiere im Internet, welche Bestimmungen und Regelungen das Gesetz dafür aufgestellt hat.
Tipp: Suche zum Beispiel nach dem Stichwort „Taschengeldparagraph".

Was Menschen brauchen

M1 Familie Bainton aus England

Mark und Deb Bainton, ihre Söhne Josh und Tadd und ihr Hund Polo mit dem, was sie in einer Woche verzehren (Wert: umgerechnet 188 Euro). Die Familie bereitet ihr Essen auf einem Elektroherd und in einem Mikrowellenofen zu und hat zwei Kühl-Gefrierschränke zur Aufbewahrung verderblicher Lebensmittel. Lieblingsgerichte: Avocado (Mark), Krabben-Sandwich (Deb), Krabbencocktail (Josh), Schokoladenkuchen mit Sahne (Tadd).

Das monatliche Einkommen einer durchschnittlichen Familie wie der Baintons beträgt umgerechnet etwa 3000 Euro.

M2 Notwendige und entbehrliche Dinge

Handy
Wohnung
fließendes Wasser
Heizung
Stromanschluss
Schmuck
Internet-anschluss
gesundheitliche Versorgung
Notebook
Waschmaschine
Telefon
Schulbildung
eigenes Kinderzimmer
Bücher
eigenes Haus
CD-Spieler
Uhr
WC in der Wohnung
ausreichend Taschengeld
Fernseher
Zeitschriften
Spülmaschine
Computer
Haar-trockner
modisch gekleidet sein

M3 Familie Natomo aus Mali

Die Natomos aus Mali (Afrika) mit ihrem Nahrungsvorrat für eine Woche: Weizen, Reis, Hirse, Sauermilch, Fisch, Tomaten, Okraschoten, Zwiebeln, Pfeffer, Tamarinde, Zucker, Salz (Wert: umgerechnet 20 Euro). Die Familie kocht auf einem Holzfeuer. Die Nahrungsmittel werden durch Trocknung haltbar gemacht.

Das Wort „Lieblingsgericht" kennen die Natomos nicht. Zu essen gibt es meistens entweder Getreidebrei oder Pfannkuchen, dazu eine Sauce, z. B. aus Öl und Tamarinde.
Das monatliche Einkommen der Familie beträgt umgerechnet etwa 260 Euro.

M1/M3: Peter Menzel/Faith D'Aluisio

AUFGABEN

1 Beschreibe im Einzelnen, was auf den Bildern zu sehen ist. > M1/M3
2 Fertige eine Liste an mit dem, was Familie Bainton in einer Woche an Nahrungsmitteln braucht, und eine Liste mit dem, was Familie Natomo braucht. Vergleiche beide Listen. > M1/M3
3 Erarbeite, wie dein Speisezettel aussähe, wenn du eine Woche mit dem auskommen müsstest, was auf dem Bild der Familie Natomo zu sehen ist. > M3
4 Menschen brauchen mehr als Essen und Trinken. Welche der Dinge, die auf den Zetteln (M2) zu lesen sind, kann sich deiner Meinung nach die Familie Bainton leisten, welche die Familie Natomo? Berücksichtige dabei die Angaben über das durchschnittliche Monatseinkommen der Familien in England und Mali. > M1-M3
5 Stelle mit den Begriffen von den Zetteln zusammen, was du für notwendig und was du für entbehrlich hältst. Vergleicht eure Aufstellungen und diskutiert über die Unterschiede. Einigt euch auf eine gemeinsame Liste mit den wirklich notwendigen Dingen. > M2

Unsere Bedürfnisse

M1 Ein Problem ...

Gerhard Mester / Baaske Cartoons

M2 Machen Dinge glücklich?

Täusch dich nicht: Von einer Sache – mag sie auch die beste der Welt sein – kann man nur Sachen erhalten. Niemand kann etwas geben, das er nicht hat, nicht wahr? Noch viel weniger kann eine Sache mehr geben, als sie ist. [...] Das Geld ist für fast alles nützlich, aber dennoch kann man mit ihm keine echte Freundschaft kaufen (für viel Geld bekommt man Unterwürfigkeit, Schmarotzer als Freunde oder käuflichen Sex, aber nicht mehr). Also, ein Videogerät kann einem anderen ein Ersatzteil geben, aber keinen Kuss. Wenn wir Menschen einfache Sachen wären, würde uns das genügen, was uns die Sachen geben können. Aber das ist die Komplikation, von der ich gesprochen habe: Weil wir keine reinen Sachen sind, brauchen wir „Dinge", die die Sachen nicht haben. Wenn wir die anderen wie Sachen behandeln, [...] erhalten wir von ihnen ebenfalls nur Sachen: Auf Druck geben sie Geld heraus, dienen uns (wie Automaten), gehen weg, kommen herein, berühren uns oder lachen, wenn wir den richtigen Knopf drücken. Aber auf diese Weise geben sie uns niemals die [...] Güter, die nur Menschen geben können. So erhalten wir keine Freundschaft, keinen Respekt und noch viel weniger Liebe. Keine Sache (auch kein Tier, weil dessen und unser Charakter zu verschieden sind) kann uns diese Freundschaft, Achtung, Liebe, mit einem Wort, diese fundamentale Anteilnahme geben, die man sich nur unter Gleichen gewährt und die uns – [...] die wir Menschen sind – nur die Menschen geben können, die wir als solche behandeln. Das Letztere ist wichtig, weil das bedeutet, dass wir Menschen uns gegenseitig zu Menschen machen.

nach Fernando Savater

M3 Bedürfnispyramide

Der amerikanische Forscher Abraham Maslow hat schon vor 50 Jahren untersucht, wie die menschlichen Bedürfnisse zusammenhängen. Bestimmte Bedürfnisse, so hat er herausgefunden, entstehen erst dann, wenn andere befriedigt sind. Wenn beispielsweise das grundlegende Bedürfnis nach Sicherheit nicht befriedigt wird, werden andere Bedürfnisse plötzlich unwichtig.

HÖHERE BEDÜRFNISSE

Selbstverwirklichung
Ich will meine Möglichkeiten ausschöpfen, Wissen erwerben, Wertschätzung erfahren.

Soziale Bedürfnisse
Ich will einer Gruppe angehören, verbunden sein mit anderen, zugehörig sein.

Sicherheitsbedürfnisse
Ich will Sicherheit, Behaglichkeit, Ruhe, Angstfreiheit, Vorhersagbarkeit.

Grundbedürfnisse
Ich will überleben (Essen und Trinken, Atmen, Sexualität, Schlaf und Entspannung, ...).

NIEDERE BEDÜRFNISSE

Abraham Maslow: amerikanischer Psychologe (1908-1970)

AUFGABEN

1 Beschreibe die Karikatur. Welches Problem hat der Junge? Formuliere eine kurze Antwort, die du ihm geben würdest. > M1

2 In deinem Zimmer ist eine Inventur fällig. Liste alle Gegenstände auf, die du dir gekauft oder hast schenken lassen und die du jetzt nicht mehr brauchst und wahrscheinlich nie mehr brauchen wirst. Versuche dich zu erinnern, warum du sie wolltest. Warum brauchst du sie jetzt nicht mehr, hast du sie jemals gebraucht? > M1

3 Teile den Text in Abschnitte und fasse jeden Abschnitt in eigenen Worten zusammen. > M2

4 Finde heraus, was den Menschen von einem Ding unterscheidet (siehe auch die Doppelseite „Was ist der Mensch?", S. 100f.). >M2

5 Finde Beispiele für die einzelnen Bedürfnisse in der Pyramide. > M3

6 Diskutiert in Gruppen, ob ihr die Bedürfnisse in der gleichen Reihenfolge anordnen würdet, und begründet eure Reihenfolge. Vergleicht eure Ergebnisse. > M3

Karikaturen analysieren > S.154f.

Inventur: Prüfung und Erfassung vorhandener Bestände (z. B. in einem Lager)

Der Sucht verfallen

M1 Veränderungen

1

2

3

M2 Abstürze

Exzesse: Grenzüberschreitungen, Ausschweifungen

Crack: aus Kokain gewonnene Droge mit sehr hohem Risiko einer Abhängigkeit

A

In dem Jahr vor ihrem Tod fällt die **fünffache Grammy-Gewinnerin** nicht mehr durch ihre künstlerischen Darbietungen, sondern nur noch durch ihre Alkohol-Exzesse auf. Immer wieder liest man, dass die Soul-Sängerin erneut in eine Entziehungsklinik eingeliefert worden ist – und die Abstände werden jedes Mal kürzer. Das kann einerseits bedeuten, dass sie wirklich versucht, ihre Sucht in den Griff zu bekommen; es kann andererseits aber auch heißen, dass sie keine andere Chance hat, als sich so häufig wie möglich zu entgiften, wenn sie noch einige Jahre leben will. Am 23. Juli 2011 stirbt die Sängerin an einer Alkoholvergiftung.

B

Die Karriere des **Weltmeisters** beginnt mit seinem Eintritt in die Jugendmannschaft seiner Heimatstadt. In den 1980er Jahren verdient er dann viel Geld in Neapel und kommt dort auch mit Kokain in Berührung, das er fortan 15 Jahre lang konsumieren wird. Nach einer ersten Entziehungskur wird er wieder rückfällig. Anfang 2004 melden Radiostationen innerhalb kürzester Zeit dreimal seinen Tod. Alle Nachrichten erweisen sich als unrichtig. Ob die Zusammenbrüche auf die Einnahme von Kokain oder die mittlerweile eingetretene Fettleibigkeit zurückzuführen sind, ist bis heute nicht klar.

C

Sie war **eine der größten R&B Divas** und hatte unzählige Nr. 1-Hits am Ende der 1980er Jahre. Doch dann heiratete sie den „bösen Buben" Bobby Brown, der wohl dafür mitverantwortlich sein dürfte, dass die Sängerin mit dem Rauchen von Crack begonnen hat. Im Jahre 2006 war sie pleite und vor aller Augen wurden ihre Designerkleider ebenso versteigert wie ihr Fußspray. Ein Comeback schien sich 2009 anzubahnen, aber sie musste etliche Konzerte wegen Krankheit absagen. Es wurde über einen Rückfall in die Cracksucht spekuliert. 2011 begab sie sich erneut wegen Alkohol- und Drogensucht in eine Entzugsklinik. Am 11. Februar 2012 starb sie im Alter von 48 Jahren. Sie ertrank in der Badewanne. Eine Herzerkrankung und Drogenkonsum vor ihrem Tod haben zu dem Unfall beigetragen.

M3 Nichts geht mehr

Der ehemalige Millionär Klaus F. Schmidt hat ein Buch über seine Spielsucht geschrieben. Er trifft sich mit einem Journalisten.

Journalist: Herr Schmidt, wie geht es Ihnen?

Schmidt: Ich lebe unterm Dach, meine Miete konnte ich schon lange nicht mehr bezahlen. Den Strom hat man mir abgestellt.

Journalist: Dabei waren Sie doch mal einer der reichsten Männer Deutschlands.

Schmidt: Ja, ich habe bis Ende der 1990er Jahre 5 Millionen Mark mit einem Sprudelwassergerät verdient.

Journalist: Und wo ist das Geld heute?

Schmidt: Innerhalb von zwei Jahren habe ich alles verloren.

Journalist: Wie ist das gekommen?

Schmidt: Ich bin spielsüchtig.

Journalist: Wie haben Sie das gemerkt?

Schmidt: Durch Zufall bin ich in eine Spielbank geraten. Da habe ich gleich einen Kick verspürt, den ich schon lange nicht mehr kannte. Ich habe zwar Geld verloren, aber ich dachte mir immer: „Das hole ich mir am nächsten Tag wieder!" Eines Tages war es soweit, dass ich einfach nicht mehr aufhören konnte. Mit dem Mantel an der Garderobe hatte ich auch meinen freien Willen abgegeben. Stundenlang saß ich am Roulettetisch. Um nur ja keine Stunde der Öffnungszeit zu verpassen, schlief ich sogar in einem Wohnwagen auf dem Parkplatz hinter dem Casino. Ich spielte von 15:00 Uhr bis zum anderen Morgen um 3:00 Uhr – bis das Casino schloss, ohne Pausen.

Journalist: Ohne Pausen? Haben Sie während dieser Zeit denn keine Nahrung zu sich genommen?

Schmidt: Nichts – ich war so auf das Spielen fixiert, dass ich total vergessen habe, etwas zu essen.

Journalist: Wie waren Ihre sozialen Kontakte?

Schmidt: Ich hatte keine. Ich wollte mit den Anwesenden keinen näheren Kontakt haben. Mich interessierte ausschließlich das Spielen am Roulettetisch.

Journalist: Was ist denn mit Ihrer Familie und Ihren Freunden?

Schmidt: Meine Frau und meine Kinder habe ich in dieser Zeit nicht mehr gesehen. Meine Familie ist zerrüttet. Meine Freunde habe ich angelogen. Immer wenn sie sich mit mir treffen wollten, habe ich Ausreden erfunden, um weiterhin zocken zu können.

Journalist: Und wie haben Sie es schließlich geschafft, von Ihrer Abhängigkeit frei zu kommen?

Schmidt: Ich habe aufgehört, weil ich aufhören musste. Als ich kein Bargeld mehr hatte, habe ich mein Haus, mein Auto und meine Yacht verkauft. Eines Tages aber war Schluss, ich hatte keine einzige Mark mehr in der Tasche. Da bin ich zum Amt gegangen und habe Sozialhilfe beantragt.

Journalist: Sind Sie heute geheilt?

Schmidt: Nein, wenn ich eine Spielbank betreten würde, könnte ich für nichts garantieren. Aber zum Glück werde ich in kein Casino mehr hineingelassen.

AUFGABEN

1. Beschreibt, wie sich die Personen verändert haben. Stellt Vermutungen darüber an, woran das liegen könnte. > M1
2. Ordnet die Texte den Abbildungen zu. Um welche Personen handelt es sich? (Lösungen siehe S. 223) > M1/M2
3. Erklärt, was diese Personen gemeinsam haben. > M2
4. Notiert, wie sich die Spielsucht von Klaus F. Schmidt äußert. > M3
5. Wovon kann man noch abhängig werden? Entwerft eine Übersicht. > M1-M3

Machen Drogen glücklich?

Neuropsychologe: Wissenschaftler, der Vorgänge im zentralen Nervensystem und deren Auswirkungen auf psychische, geistige Prozesse untersucht

Elektrode: Teil, das elektrischen Strom weiterleitet

M1 Die Erlebnismaschine

Man stelle sich eine Erlebnismaschine vor, die einem jedes gewünschte Erlebnis vermittelt. Super-Neuropsychologen können das Gehirn so reizen, dass man glaubt und das Gefühl hat, man schriebe einen großen Roman, schlösse eine Freundschaft oder läse ein interessantes Buch. Dabei schwimmt man die ganze Zeit in einem Becken und hat Elektroden ans Gehirn angeschlossen. [...] Danach kommt man zehn Minuten oder Stunden aus dem Becken heraus und kann sich seine Erlebnisse für die nächsten zwei Jahre aussuchen. Während man im Becken schwimmt, weiß man natürlich nichts davon; man glaubt, alles, was man erlebt, geschähe wirklich.

Robert Nozick

M2 Genuss oder Sucht?

M3 Sucht hat viele Gesichter

Der Begriff Sucht geht zurück auf das althochdeutsche Wort „siechen" (an einer Krankheit leiden; vgl. das englische Wort „sick" für krank). Er bezeichnet das dringliche Verlangen nach einem bestimmten Gefühls- und Erlebniszustand. In medizinischen und sozialen Bereichen ist der Begriff Sucht heute nicht mehr gebräuchlich. Mittlerweile spricht man von einer Abhängigkeit. Man unterscheidet stoffliche Abhängigkeiten (z. B. von Alkohol, Zigaretten, Haschisch, Ecstasy, LSD, Kokain, Heroin) und nichtstoffliche Abhängigkeiten (z. B. Essstörungen, Computersucht, Kaufsucht), die auch als Verhaltenssüchte bezeichnet werden. Solche Abhängigkeiten sind Krankheiten, die von Fachleuten behandelt werden müssen.

M4 Drogen in der Clique

Im Buch „Wir Kinder vom Bahnhof Zoo" (1978) schildert die Berlinerin Christiane F., wie sie als Jugendliche immer weiter in die Drogensucht abrutschte.

Meine Familie war die Clique. Da gab es so was wie Freundschaft, Zärtlichkeit und irgendwie auch Liebe. Schon der Kuss bei der Begrüßung gefiel mir eben wahnsinnig. Jeder küsste jeden zärtlich und freundschaftlich. Mein Vater hatte mich nie so geküsst. Probleme gab es in der Clique nicht. Wir redeten nie über unsere Probleme. Keiner belästigte den anderen mit seinem Scheiß zu Hause oder auf der Arbeit. Wenn wir zusammen waren, gab es für uns die miese Welt der anderen gar nicht. Wir redeten über Musik und Dope. [...] Nach dem Trip fühlte ich mich echt wie die anderen aus der Clique. Der Trip war unheimlich schau gewesen. [...] Die meisten kommen bei der ersten Pille auf einen Horrortrip. Aber ich hatte das ganz cool durchgestanden. Ich fühlte mich bestätigt. Ich nahm die Pille jetzt, wenn ich sie bekam.

M5 Härtere Drogen

Irgendwann gab es dann aber einen Stillstand in der Gruppe. Shit, also Haschisch, und Trips gaben nicht mehr den richtigen Kick. Man hatte sich daran gewöhnt. Irgendwie war das der Normalzustand, auf Shit oder Pille breit zu sein. Es brachte keine neue Erfahrungen mehr. [...] Das Heroin kam rein wie eine Bombe. Auch in unserer Clique wurde jetzt ständig über H gequatscht. Eigentlich waren alle dagegen. Es gab ja für uns schon genügend Beispiele von Leuten, die das H kaputtgemacht hatte. Aber dann probierte doch einer nach dem anderen den ersten Druck, und die meisten blieben dabei. [...] Während der Schulstunden, an denen ich noch teilnahm, pennte ich nun völlig apathisch vor mich hin. Oft richtig tief, mit geschlossenen Augen, den Kopf auf der Bank. Wenn ich morgens viel Dope gehabt hatte, bekam ich nur ganz mühsam ein paar Worte raus. Die Lehrer mussten merken, was mit mir los war. Aber nur ein einziger sprach mich in dieser Zeit mal auf Rauschgift an und fragte sogar nach meinen Problemen. Die anderen taten so, als wäre ich eben eine faule, verpennte Schülerin und schrieben mir Sechsen an.

M4/M5: Christiane F.

Dope: Droge, besonders Haschisch

Trip: Rauschzustand nach dem Genuss von Drogen

schau: umgangssprachlicher und veralteter Begriff für „wunderbar"

Kick: durch Drogen hervorgerufene Hochstimmung

apathisch: teilnahmslos, gleichgültig

AUFGABEN

1 Fertige eine Skizze mit einer Erklärung an, wie Nozicks Erlebnismaschine aussehen und funktionieren könnte. > M1

2 Begründe, ob du dich an die Erlebnismaschine anschließen lassen würdest. > M1

3 Erkläre den Zusammenhang zwischen der Erlebnismaschine und dem Konsum von Drogen. > M1

4 Beschreibt die Bilder. Diskutiert, ob ihr mit der jeweils dargestellten Situation eher den Begriff „Genuss" oder den Begriff „Sucht" verbindet. > M2

5 Wähle ein Bild aus und schreibe in eine Sprech- oder Gedankenblase, was die dargestellten Personen denken oder fühlen könnten. > M2

6 Entwerft Cluster zu den Begriffen „Sucht" und „Glück". > M3

7 Führt in Kleingruppen eine Internetrecherche zu verschiedenen stofflichen und nichtstofflichen Süchten durch. Gestaltet aus den Ergebnissen Plakate und geht dabei auf folgende Aspekte ein: Welche Ursachen hat die Sucht? Woran erkennt man sie? Welche Hilfsmöglichkeiten gibt es für Betroffene und Angehörige? Präsentiert eure Ergebnisse in einem Museumsgang. > M3

8 Sammelt Gründe dafür, dass Christiane beginnt, Drogen zu nehmen. Erklärt, warum es nicht beim Haschischkonsum geblieben ist. > M4

9 Erkläre, welche Folgen der Drogenkonsum bei ihr kurz- und langfristig hat. > M4/M5

plus 10 Recherchiere im Internet, was aus Christiane F. geworden ist. > M4/M5

TIPP

Besucht den Verein „Karuna" in Berlin-Reinickendorf. Dieser bietet Mitmach-Parcours zu den Themen Rauchen, Alkohol, Cannabis, Glücksspiel und Internet an. Informationen: http://www.karuna-prevents.de/

So ein Durst!

M1 Was war gestern los?

Vater: Na, bei dir ist es gestern Abend aber ziemlich spät geworden.

Frank: Wieso, ich war doch noch pünktlich hier, oder?

Vater: Stimmt schon, aber wenn ich dich so ansehe, muss die Fete wohl ziemlich anstrengend gewesen sein, was?

Frank: Ach, ich bin einfach etwas müde.

Vater: Pass auf, ich will gar nicht um den heißen Brei herumreden. Ich hatte schon gestern Abend das Gefühl, dass du was getrunken hattest.

Frank: Ja und?

Vater: Ich kann ja verstehen, dass ihr so langsam damit anfangt, auch mal Alkohol zu probieren, aber gestern Abend warst du richtig blau!

Frank: Auf solchen Feten trinken alle Alkohol, und ich hatte auch nicht mehr getrunken als die anderen.

Vater: Mir ist es ziemlich egal, was die anderen machen. Mir geht es um dich.

Frank: Was heißt das, es geht dir um mich? Ich war auf einer Fete und hab' mit meinen Kumpels was getrunken. Alles ganz normal!

Vater: Jetzt reg' dich wieder ab. Ich mache mir einfach Sorgen um dich. So normal finde ich es eben nicht, wenn du mit 15 Jahren betrunken nach Hause kommst.

Frank: Nun übertreib' mal nicht, du trinkst doch selber auch Alkohol. Bei deinen Feiern im Sportverein zum Beispiel, da wird immer kräftig zugelangt ...

Bundeszentrale für gesundheitliche Aufklärung (Hg.)

M2 Alkohol: Zahlen und Fakten

9,7 Liter reinen Alkohol

tranken die Deutschen durchschnittlich im Jahr 2013. Das ergibt eine ganze Wanne alkoholischer Getränke pro Kopf, nämlich 137,2 Liter. Konsum in Deutschland nach Alkoholsorten:

- 106,6 Liter Bier
- 21,1 Liter Wein
- 5,5 Liter Spirituosen
- 4,0 Liter Schaumwein/Sekt

Der weltweite Durchschnitt lag im gleichen Zeitraum bei 6,2 Litern reinen Alkohols pro Kopf. Damit ist Deutschland ein Hochkonsumland.

2,6 Millionen

Kinder und Jugendliche wachsen in Familien mit mindestens einem alkoholkranken Elternteil auf. Damit ist jedes sechste Kind in Deutschland betroffen.

202 Menschen

sterben Schätzungen zufolge in Deutschland jeden Tag an den Folgen ihres riskanten Alkoholkonsums – meist in Kombination mit dem Risikofaktor Rauchen. Das sind rund 74 000 Todesfälle im Jahr. Unfälle, die nach übermäßigem Alkoholkonsum passieren, sind in dieser Zahl nicht enthalten.

Kombination: (hier) Verbindung, zusammen mit

3.381

weniger Tote bei Alkoholunfällen gab es 2014 im Vergleich zu 1975. Während 1975 noch 3 641 Menschen bei Alkoholunfällen im Straßenverkehr zu Tode kamen, waren es 2014 260 Personen. Gesetzliche Regelungen wie die Anschnallpflicht, technische Entwicklungen wie der Airbag und ein gesellschaftlicher Wandel zu mehr Vorsicht im Umgang mit Alkohol im Straßenverkehr können also Leben retten.

www.kenn-dein-limit.info

M3 Genuss, Gewöhnung, Missbrauch

Nicht jeder, der Alkohol trinkt [...], ist süchtig.

Das Problem liegt aber woanders. Die Erwachsenen erwecken den Anschein, als brauche man zum Feiern und zur Unterhaltung Alkohol. Wenn es langweilig wird, wenn sich Frust einstellt, wird dieser mit Alkohol weggespült. Das wird den Kindern tagtäglich vorgelebt. Und die Kinder orientieren sich daran, weil sie durch die Imitation Erwachsener lernen.

Wird man also auf solche Weise süchtig?

Drogen haben für den, der sie genießt, positive Eigenschaften. Die Tasse Kaffee schmeckt, das Stück Schokolade gibt einem was Gutes, darin liegt ein Zugang zum grundsätzlichen Problem der Sucht. Menschen, die Probleme haben und sie nicht lösen können, wollen sich schnell was Gutes gönnen. Bei Kindern ist es nicht anders. Im ersten Moment ist es noch ein Genuss, doch dahinter steckt die Flucht vor Problemen. [...]

Die Frage ist, zu welchem Zweck das Mittel eingesetzt wird. Ist es nur ein Genuss, bin ich schon daran gewöhnt, missbrauche ich das Mittel? Wenn ich es missbrauche, um meine Sorgen zu betäuben, gerate ich in Gefahr, die Genussebene zu verlassen. Dann aber wird es gefährlich. Bei Alkoholikern hat es mitunter fünfzehn Jahre gedauert, bis sie abhängig geworden sind. Mit einem Viertel Rotwein abends bewegt man sich nicht in der Gefahrenzone. Wohl aber, wenn die Dosis ständig steigt und zur Abhängigkeit führt.

Frankfurter Allgemeine Zeitung, 29.08.1997

M4 Verboten oder erlaubt?

WER DARF WAS AN ALKOHOL TRINKEN?

Jahre	Bier	Wein	Sekt	Alkopops	Schnaps
unter 14	verboten	verboten	verboten	verboten	verboten
14 und 15	verboten, außer in Begleitung	verboten, außer in Begleitung	verboten, außer in Begleitung	verboten	verboten
16 und 17	erlaubt	erlaubt	erlaubt	verboten	verboten

verboten

erlaubt

verboten, außer in Begleitung einer personensorgeberechtigten Person (Eltern, Vormund) erlaubt

nach Jugendschutzgesetz

Jugendschutzgesetz:
Gesetz zum Schutz der Jugend in der Öffentlichkeit; enthält u. a. Regelungen zum Verkauf und Konsum von Tabak oder Alkohol

Vormund:
rechtlicher Vertreter, der (statt der Eltern) für das Wohlergehen eines Kindes sorgt und z. B. sein Geld verwaltet

AUFGABEN

1. Wie geht es weiter? Führt ein Rollenspiel auf der Grundlage dieser Diskussion durch. > M1
2. Veranschaulicht die Zahlen durch aussagekräftige Grafiken. > M2
3. *plus* Welche Folgen hat Alkohol auf den menschlichen Körper? Informiert euch z. B. mit Hilfe der interaktiven Alkohol-Bodymap auf der Internetseite www.kenn-dein-limit.info und stellt eure Ergebnisse vor. > M2
4. Klärt den Unterschied zwischen Genuss, Gewöhnung und Missbrauch. > M3
5. Erläutere die Grafik zu den Regelungen des Jugendschutzgesetzes. Welche Ziele verfolgt das Gesetz? Nenne mögliche Gründe für die Regelungen. > M4
6. Erstellt einen Teaser zum Thema „Alkohol und Jugendliche". > M1-M4

Teaser
> S. 94f.

Der blaue Dunst

M1 Affig, von 'nem Stängel abhängig zu sein

kommunikativ: mitteilsam; (hier) gesellig

Liebe auf den ersten Blick war es nicht, damals, mit Max und dem Nikotin. „Ein Zigarillo, ich war 15", erinnert er sich. „Kam nicht ganz so gut – der Nikotinflash hat mich ziemlich umgehauen." Heute ist Max 19 Jahre alt – und bezeichnet sich selbst als „Raucher aus Leidenschaft". Fast eine Schachtel raucht er am Tag [...]. Oder er dreht selbst, „das ist billiger". Eine Schachtel am Tag, so viel schafft Jana auch manchmal – wenn sie Stress hat: „Dann rauche ich mehr als sonst." Jana ist 17 und raucht seit drei Jahren. [...]
Elisabeth Pott erklärt das [Rauchen von Jugendlichen] vor allem mit dem schlechten Vorbild, das die Erwachsenen für Kinder und Jugendliche abgeben. „Wir haben eine fast unveränderte Rauchersituation bei den Erwachsenen. Die aber haben eine Vorbildfunktion für Kinder und Jugendliche." Wenigstens manchmal wirken die Vorbilder aber auch abschreckend – beispielsweise für den 13-jährigen Timo: „Mein Vater hat geraucht und hustet jetzt immer noch manchmal, obwohl er schon vor drei, vier Jahren aufgehört hat." [...] „Viele rauchen, weil sie es cool finden und kommunikativ", sagt Pott. [...] „Ich finde Rauchen total blöd", sagt [...] Alicia [...]. „Es kostet Geld, es stinkt, es macht krank. Außerdem ist es doch affig, von so einem Stängel abhängig zu sein."

Angelika Unger

M2 Thank you for smoking

TIPP
Die Filmkomödie „Thank you for smoking" aus dem Jahr 2005 zeigt, wie amerikanische Tabakkonzerne vorgingen, um ihr Produkt positiv darzustellen.

Nachdem im Jahre 1984 die Verkaufszahlen von Marlboro in Australien zurückgingen, schrieb der dortige Generaldirektor an seinen Kollegen in den USA: „Wir haben bereits im Oktober darauf hingewiesen, dass wir glauben, durch zwei Bereiche positive Änderungen hervorrufen zu können, nämlich durch die Tabakmischung und die Werbung. Was den ersten Punkt betrifft, so ist es unser Ziel, mit der roten Marke und der besonders milden Sorte so nah wie möglich an die amerikanische Mischung heranzukommen und es Rauchern damit schwer zu machen, sich von unserem Produkt zu trennen. Gleichzeitig arbeiten wir daran, die Werbung auf junge Raucher abzustellen, die sich noch im Entscheidungsprozess befinden, sich auf eine Marke festzulegen, und bislang noch keine Geschmackserfahrungen mit einer Virginia-Zigarette oder einer Tabakmischung machen konnten."

www.docstoc.com

Die Generaldirektoren der sieben größten amerikanischen Tabakkonzerne schwören am 14. April 1994 vor dem US Kongress, dass Nikotin nicht süchtig macht.

M3 Was passiert, wenn ich aufhöre zu rauchen?

Nach 20 Minuten: Nachdem das Nikotin aus dem Körper beseitigt wurde, normalisieren sich die Herzfrequenz, der arterielle Druck und die Körpertemperatur.

Nach 12-24 Stunden: Die Durchblutung verbessert sich, das Kohlenmonoxid im Blut sinkt. Generell ist nun wieder mehr Sauerstoff als Kohlenmonoxid im Blut. Das Herzinfarktrisiko sinkt bereits.

Nach 2-3 Wochen: Der arterielle Kreislauf normalisiert sich in den Lungenflügeln. Geruchs- und Geschmackssinn verfeinern sich.

Nach einigen Wochen: Vorhandener Husten verringert sich oder er verschwindet völlig. Der Blutkreislauf stabilisiert sich. In der Lunge werden verstärkt Flimmerhärchen aufgebaut. Diese fangen wieder an, normal zu arbeiten. Dadurch kann die Lunge mit Schleimabbau und Reinigung beginnen. Die Infektionsgefahr sinkt. Zudem verbessert sich die Lungenfunktion um bis zu 30%.

Nach 12 Monaten: Das Herzinfarktrisiko ist nur noch halb so groß wie bei Rauchern.

Nach 5 Jahren: Das Schlaganfallrisiko sinkt allmählich wieder.

Nach 5-10 Jahren: Das Risiko, an Mund-, Luft- oder Speiseröhrenkrebs zu erkranken, ist nur noch halb so hoch wie bei Rauchern, auch das Lungenkrebsrisiko ist um 50% gesenkt.

Nach 15 Jahren: Das Risiko eines Herzinfarktes ist jetzt nicht mehr höher als bei Nichtrauchern. Jeder weiß, dass das Krebsrisiko mit dem Alter zunimmt. Je früher man mit dem Rauchen aufhört, desto geringer ist dieses Risiko.

Was endlich verschwindet: Vorzeitiges Altern der Haut (Falten, „Altersflecken"), schlechter Atem, verfärbte Zähne.

nach Allen Carr

M4 Rauchen – warum (nicht)?

„Ich habe angefangen zu rauchen, weil ich einfach dazugehören wollte." *Brit, 15*

„Seitdem ich rauche, bringe ich im Sport nur noch maximal 90% meiner möglichen Leistung." *Bernd, 16*

„Meine Tante ist an Lungenkrebs gestorben." *Daniel, 14*

„Nikotin zählt zu den gefährlichsten Giften!" *Tim, 16*

„Ich möchte schon seit längerer Zeit aufhören zu rauchen. Aber das ist gar nicht so einfach." *Oya, 15*

AUFGABEN

1 Blitzlicht-Runde: Welche Gründe führen Raucher an, um ihr Verhalten zu rechtfertigen?
2 Stellt dar, welche Gründe dazu geführt haben, dass einige Jugendliche angefangen haben zu rauchen und andere Nichtraucher geblieben sind. Vergleicht die Ergebnisse mit euren Antworten der Blitzlicht-Runde (Aufgabe 1). > M1
3 Untersucht, mit welchen Mitteln die Tabakkonzerne versuchten, Raucher „bei der Stange zu halten". > M2
4 Erschließt aus der Auflistung, welche Risiken das Rauchen mit sich bringt. Schlagt unbekannte Begriffe gegebenenfalls nach. > M3
5 Sprecht über die Statements der Jugendlichen und ergänzt sie durch eigene Aussagen über das Rauchen. > M4
6 Erstellt einen Teaser zum Thema „Rauchen – warum (nicht)?" > M1-M4

Teaser
> S. 94f.

Der Sucht vorbeugen

Suchtprävention: Maßnahmen mit dem Ziel, stoffgebundenen und nichtstoffgebundenen Süchten (> S. 76, M3) vorzubeugen

illegal: gesetzwidrig; (hier) verboten

M1 Prävention statt Therapie

Der Ex-Hürdenläufer und Sportwissenschaftler Harald Schmid engagiert sich seit 1995 in der Initiative „Kinder stark machen" der Bundeszentrale für gesundheitliche Aufklärung. In einem Interview sprach er über seine Aufgabe als Beauftragter für Suchtprävention:

Welches Ziel verfolgen Sie als Beauftragter für Suchtprävention?

Ziel muss es sein, die Menschen nicht von der Sucht wegzubringen, sondern sie gänzlich davon abzuhalten. Prävention lautet unser Ansatz. Bei den Eltern anzufangen, ist allerdings zwecklos, denn von dort, wo sie falsch erzogen wurden, kommen die Kinder ja gerade her. Die Kinder müssen so früh wie möglich über Suchtgefahren aufgeklärt werden.

Aufklärung durch Abschreckung?

Das dürfte heute nicht mehr funktionieren, hat auch früher nicht funktioniert. Auch für Kinder haben Zigaretten einen positiven Stellenwert. Die Werbung täuscht vor, dass Rauchen stark macht, cool aussieht. Und da wollen Sie einem Kind sagen, wenn du rauchst, bekommst du irgendwann später Lungenkrebs? Kinder können das nicht nachvollziehen. Man muss die Suchtprävention für Kinder anders gestalten. Die Kinder müssen dazu kommen, von sich aus zu sagen: Ich brauche weder Zigaretten noch Alkohol, um erwachsen zu sein, um von anderen anerkannt zu werden. Wir müssen Kindern und Erwachsenen zeigen, dass es für das Glück des Einzelnen andere Wege gibt. Sucht ist eine Art, nach dem Glück zu suchen. Doch es ist wichtig zu erkennen, dass nicht nur die Flasche Wein das Glück beschert. Es gibt andere Möglichkeiten des Glücksgefühls.

Was können die Schulen zur Suchtprävention beitragen?

Es wird erklärt, welche Inhaltsstoffe in den Drogen enthalten sind, wie die Therapie aussieht. Das wird unter Aufklärung verstanden. Nur wird dadurch niemand von der Sucht abgehalten. Ich will das Thema der illegalen Drogen gewiss nicht verharmlosen, aber, verglichen mit den legalen, ist der Stellenwert in der öffentlichen Diskussion falsch. Eine Viertel Million Kinder und Jugendliche sind so alkoholabhängig, dass sie keine Kontrolle mehr über den Alkoholkonsum haben. Immerhin fünf Prozent der Neunjährigen konsumieren regelmäßig Alkohol. Viele Kinder nehmen ständig Medikamente ein zur Leistungssteigerung. Der Zugang zu diesen Medikamenten wird verharmlost. Und doch ist es oft der Anfang der Sucht. Schule müsste daher den Umgang mit den legalen Drogen stärker in den Vordergrund rücken. Sie müsste den Kindern aufzeigen, dass es andere Wege gibt, um sich glücklich zu fühlen. Und sie müsste ein Klima des Vertrauens entwickeln, in dem Kinder ihre Probleme artikulieren können. Denn genau dafür sind sie oft nicht stark genug. Sie dafür stark zu machen, darin müsste ein Erziehungsziel liegen.

nach Harald Schmid

Cannabis: Name eines Hanfgewächses, das berauschend wirkt (verbotene Droge)

M2 Wie erreicht man Jugendliche?

Berlins Drogenpräventionsbeauftragte Kerstin Jüngling äußerte sich 2009 anlässlich des gesetzlichen Verbotes von Spice (eine Kräutermischung, die als Ersatz für Cannabis gilt und damals verboten wurde) über den Umgang mit betroffenen Jugendlichen.

Vor einem Monat wurde Spice verboten. Zu Recht?

Ich halte das Verbot auf alle Fälle für berechtigt. Die Bundesregierung hat damit ein eindeutiges Zeichen gesetzt. Sie sagt: „Das ist keine ungefährliche Sache, dadurch kann man wirklich Schaden nehmen." Generell finde ich es eine außerordentliche Leistung, in so kurzer Zeit ein Gesetzgebungsverfahren durchzubringen. Damit hätte ich nicht gerechnet.

Aber der Markt der Nachahmerprodukte boomt offenbar?

Da ist jetzt natürlich ein Katz-und-Maus-Spiel zwischen Gesetzgeber und Markt im Gange. Dennoch halte ich das Verbot für richtig, weil es Eltern und Lehrern zumindest die Grundlage für Gespräche bietet.

Ist es möglich, den Handel von Kräutermischungen in den Griff zu bekommen?

Ich denke, [solche] Drogen wird es immer geben. Aber ich vermute auch, dass Spice nicht zuletzt durch das nachlassende Medieninteresse in den Hintergrund geraten wird. Wir werden nie verhindern können, dass Jugendliche in einem bestimmten Alter Grenzen austesten. Dazu gehören eben auch Drogen. Aber wir können verhindern, dass sie ernsthafte Probleme mit Drogen bekommen, indem wir sie aufklären. Wir von der Drogenprävention versuchen Erwachsene davon zu überzeugen, dass auch sie sich informieren müssen, um dann mit den Jugendlichen ins Gespräch zu kommen. Eltern sollten auch mal ohne Vorwurf fragen: „Kennst du Spice? Hast du das probiert? Wie war es denn?" Einfach um den Einstieg in die Thematik zu finden.

Glauben Sie tatsächlich, dass ein 14-Jähriger bereitwillig mit seinen Eltern über Drogen spricht?

Wir haben in einer Studie Jugendliche befragt, ob sie mit ihren Eltern über das Thema Alkohol sprechen. Etwa 50 Prozent haben gesagt, dass sie das nie tun. Aber alle Befragten gaben an, sie fänden es in Ordnung, wenn ihre Eltern sie zu diesem Thema befragen. Im Gegenteil: Das Nicht-Thematisieren wird von vielen Jugendlichen als Interesselosigkeit und mangelnde Fürsorge empfunden. Eltern sind dafür da, Orientierung zu geben – vor allem in einer unsicheren Phase wie der Pubertät.

Wie sollten Eltern konkret reagieren?

Ein alleiniges Verbot hilft nie. Ich habe im Laufe meiner Tätigkeit etwa 1000 Eltern beraten. Keiner von ihnen hatte vor dem Beratungsgespräch mit dem betroffenen Kind gesprochen, aber alle hatten bereits die ersten heimlichen Kontrollen vorgenommen. Natürlich sind Verbote und Kontrollen ein Bestandteil der Erziehung – aber einer, der nach dem offenen Gespräch erfolgen sollte.

Kerstin Jüngling

AUFGABEN

1 Macht euch in einer arbeitsteiligen Gruppenarbeit Stichpunkte zu folgenden Fragen: Welche Möglichkeiten sehen Schmid (M1) bzw. Jüngling (M2), dem Konsum von Drogen vorzubeugen? Welche Probleme der Prävention werden angesprochen? Wertet eure Ergebnisse im Plenum aus. > M1/M2

plus 2 Erstellt einen Teaser zum Thema Suchtprävention. Ihr könnt dazu auch die weiteren Doppelseiten des Kapitels heranziehen (S. 70-81). > M1/M2

plus 3 Recherchiert im Internet über Anti-Drogen-Kampagnen, stellt sie in der Klasse vor und beurteilt sie. > M1/M2

Teaser
> S. 94f.

Was ist eine moralische Entscheidung?

M1 Fragen über Fragen

Muss man Menschen in Not immer helfen?

Muss ich jedes Versprechen halten?

Warum ist es falsch, sich CDs oder Computerspiele zu kopieren und sie zu (be)nutzen?

…

Warum darf man gefundene Gegenstände nicht einfach behalten?

Warum darf ich mich nicht gegen Ungerechtigkeiten (auch mit Gewalt) wehren?

Warum soll man nicht lügen? Darf ich nicht auch hin und wieder mal schwindeln?

…

Warum sollte oder darf ich bestimmte Sendungen/Filme nicht anschauen?

Warum soll ich eigentlich nicht zurückschlagen, wenn ich geschlagen werde?

…

…

…

Ist es falsch, jemanden zu verpetzen?

…

M2 Soll ich oder soll ich nicht?

„Soll ich jetzt?" – „Ist das korrekt?" – „Müsste ich nicht?" Immer wieder kommt man in eine Lage, in der man nicht so genau weiß, was richtig ist. Andere scheinen es aber zu wissen: „Das tut man nicht!" – „Du musst!" – „Das ist unmoralisch!" Wenn man das schon hört: Moral und so weiter. Nichts als Verbote und Ermahnungen. Manchmal hat man das Gefühl, es gibt das alles nur, um einem das Leben schwer zu machen und den Spaß zu verderben.

Moral
> Glossar

Obwohl, ein paar Sachen gibt es ja schon, die man gerne mag: dass man sich zum Beispiel auf jemanden verlassen kann, weil der bestimmt nicht lügt. Oder darauf, dass einem ein anderer sicher hilft, falls man es mal braucht.

Rainer Erlinger

M3 Entscheidungen vor sich selbst verantworten

Es gibt Entscheidungen, die man wirklich bereut. Wer schon einmal viel Geld für ein langweiliges Computerspiel ausgegeben hat, weiß, wie ärgerlich solche Fehlentscheidungen sein können. Aber dieser Ärger verfliegt meistens schnell. Es gibt aber auch Entscheidungen, die nicht so schnell vergessen sind. Das Gefühl, wenn man an sie denken muss, ist schmerzhafter, nagender, geradezu beißend. Fast immer, wenn wir eine Entscheidung treffen, in der es um einen *moralischen* Wert geht, meldet sich unser Gewissen. Obwohl es ein Teil von uns ist, ist es nicht unserem Willen unterworfen und lässt sich nicht auf Wunsch abstellen. Unser Gewissen sagt uns, was gut und was böse ist, meistens sogar noch, bevor wir genauer darüber nachgedacht haben. Das Gewissen ist also nicht einbezogen, wenn es darum geht, ob ein Computerspiel spannend oder langweilig ist. Aber wir würden es spüren, wenn wir überlegen, ob wir das Spiel illegal kopieren oder nicht.

Gewissen
> Glossar

M4 Wer a sagt, ...

„Wer a sagt,
der muß nicht b sagen.
Er kann auch erkennen,
daß a falsch war."

Bertolt Brecht

M5 Dumm gelaufen

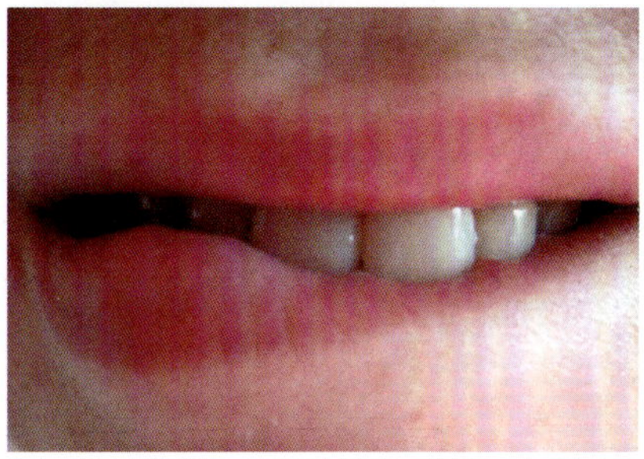

Bertolt Brecht: deutscher Schriftsteller, bekannt vor allem für seine Theaterstücke und Gedichte (1898-1956)

AUFGABEN

1 Schaut euch die Fragen genau an. Beschreibt, woran ihr erkennt, dass es moralische Fragen sind. Worin unterscheiden sie sich von anderen Fragen (z. B. „Scheint heute die Sonne?"). > M1

2 Formuliert in Gruppen weitere moralische Fragen und erklärt, wieso diese Fragen so schwer zu beantworten sind. > M1/M2

3 Definiert den Begriff „Moral" in einem Satz und vervollständigt zu zweit die folgenden Satzanfänge. Formuliert jeweils zwei Begründungen. > M2
- Moral macht das Leben schwer, weil ...
- Moral hilft einem, weil ...

4 Nenne jeweils ein eigenes Beispiel für Fehlentscheidungen, die man leicht verschmerzt und Fehlentscheidungen, die schmerzhafter sind. > M3

5 Vergleiche das Brecht-Zitat mit den Aussagen in M2 und M3. Erkläre, zu welcher Verhaltensweise Brecht den A-Sager auffordert. > M2-M4

plus 6 Du hast einen Mitschüler monatelang deine Hausaufgaben abschreiben lassen und erkannt, dass dies eine falsche Entscheidung war. Nun möchtest du damit aufhören. Schreibe einen Dialog zwischen dir und deinem Mitschüler. > M2-M4

plus 7 Welche Gedanken und Gefühle stecken hinter diesem Gesichtsausdruck? Schreibe einen inneren Monolog, in dem es um eine moralische Fehlentscheidung geht. > M5

definieren: einen Begriff bestimmen, indem sein Inhalt erklärt wird

Einen Dialog führen
> S. 64f.

Was ist das Gewissen?

Gewissen
> Glossar

M1 Mein Gewissen ist wie ...

M2 Ein Update für das Gewissen

In den meisten Fällen wissen wir recht genau, welche Handlung richtig oder falsch, gut oder schlecht ist. Als Wegweiser dient unser Gewissen, das sich meldet, wenn wir etwas Falsches getan haben.

In seinem Buch „Lügen haben rote Ohren“ vergleicht der Autor Rainer Erlinger unser Gewissen mit einem Virenschutz-Programm für den PC. Ein solches Programm läuft im Hintergrund mit, wenn der PC arbeitet, es überwacht und überprüft alles, was im PC passiert, was hinein- oder hinausgeht. Genauso funktioniert unser Gewissen, es ist immer da und überprüft unsere Handlungen. Damit so ein Schutzprogramm funktioniert, muss es installiert und immer wieder durch Updates auf den neuesten Stand gebracht werden. Unser Gewissen muss sich ebenfalls erst einmal bilden und bedarf dann der regelmäßigen Überprüfung, d. h. es muss erst einmal „aufgespielt“ werden und regelmäßig ein Update erfahren.

Der Ethikunterricht wäre dann eine von vielen Möglichkeiten, seinem Gewissen die Möglichkeit für ein „Update“ zu geben.

M3 Das Gewissen beurteilt ...

- Vergangenheit:
  In der Rückschau fragen wir, ob das, was wir getan haben, richtig war.
- Gegenwart:
  In einer Situation überlegen wir, was wir jetzt tun sollen.
- Zukunft:
  In einer Vorausschau wägen wir die Folgen ab, für das, was wir tun wollen.

M4 Was die großen Denker denken

Augustinus

Das Gewissen ist ein Mitwissen, eine innere Stimme, die unsere Entscheidungen begleitet und uns sagt, was gut oder schlecht ist. Diese innere Stimme ist letztlich die Stimme Gottes; durch sie spricht Gott zum Menschen. Indem wir nach dem Gewissen handeln, verwirklichen wir die göttlichen Gebote.

Augustinus, Immanuel Kant, Sigmund Freud
> Glossar

Das Gewissen ist das Bewusstsein eines inneren Gerichtshofes im Menschen, vor dem sich seine Gedanken einander verklagen oder entschuldigen. Jeder Mensch findet sich durch einen inneren Richter beobachtet. Dieser innere Richter ist eine ideale Person, ein Idealbild, das die Vernunft sich selbst schafft.

Immanuel Kant

Sigmund Freud

Das Gewissen beruht auf einer Verinnerlichung der elterlichen und gesellschaftlichen Autorität, die seit der frühesten Kindheit auf uns einwirken. Es wird durch das Über-Ich repräsentiert, das die Äußerungen des Ich kontrolliert und gegebenenfalls hemmend auf sie einwirkt. Es veranlasst uns, gesellschaftlich übliche und erwartete Wertvorstellungen einzuhalten.

Autorität: (hier) der Einfluss einer Person oder Gruppe

repräsentieren: (hier) darstellen

AUFGABEN

1 „Mein Gewissen ist wie ...". Formuliere weitere Vergleiche. > M1

2 Erkläre, wie ein Virenschutzprogramm für den Computer funktioniert und übertrage dies auf das Gewissen: Was entspricht dem PC? Welche Viren könnten für das Gewissen gefährlich werden? Wie stellst du dir ein „Update" für das Gewissen vor? > M2

3 Nenne je ein Beispiel für die Rolle des Gewissens in Vergangenheit, Gegenwart und Zukunft. > M3

4 Vergleicht in Gruppenarbeit eure Auffassungen vom Gewissen (siehe M1/Aufgabe 1) mit denen von Augustinus, Kant und Freud. Arbeitet nach der Think-Pair-Share-Methode. > M4

plus 5 Augustinus, Kant und Freud diskutieren im Jenseits über das Gewissen. Wie argumentieren sie? Welche Beispiele finden sie? Geben sie einander Recht? Schreibe ihren Dialog. > M4

6 Du landest auf einem fernen Planeten. Erkläre den Bewohnern, die unsere Sprache sprechen, was wir auf der Erde unter Gewissen verstehen. > M1-M4

Gewissenskonflikte

M1 Wer gewinnt?

Julia Gandras

M2 Das werde ich nicht los ...

Hi, neulich hab' ich in der Schule eine Schülerin so richtig fertig gemacht und diese Person ist dann heulend aus dem Klassenzimmer gerannt und gleich eine Woche zu Hause geblieben, weil sie Angst vor mir hatte. Es macht aber riesigen Spaß, jemanden fertig zu machen, der sich nicht wehrt. Ich weiß nicht – nun ist sie wieder in der Schule und irgendwie plagt mich das schlechte Gewissen seit Tagen. Eigentlich ist dies sonst nicht der Fall bei mir – mir ist das sonst alles egal. Naja, hatte wohl doch ein wenig übertrieben und nun weiß ich nicht, was ich machen soll. Ich würd' mich ja gern bei ihr für alles entschuldigen, aber das kommt ja dumm vor meinen Klassenkameraden. Mm, jedenfalls bekomm' ich das schlechte Gewissen nicht mehr weg – es ist immer bei mir. Es tritt erst richtig auf, wenn ich sie sehe. Wie soll ich handeln?

www.gewissen.de

Gewissen
> Glossar

M3 Gewissensbisse

Alvaro erzählte:

„Als ich neulich mit meiner Mutter im Supermarkt war, hatten sie gerade Tennisbälle im Sonderangebot, und da hab ich mal einen mitgehen lassen. Niemand hat das gemerkt, und ich hab natürlich auch nicht bezahlt." [...] „Wie hast du dich denn gefühlt, als du den Tennisball in der Tasche hattest?", fragte Manuel. „Naja, ich hatte schon Gewissensbisse, das heißt, ich fühlte mich irgendwie schuldig. Es war auf jeden Fall ein schlechtes Gefühl, jedenfalls für Momente, aber auf der anderen Seite war ich letztlich auch zufrieden, weil ich ja den Ball so leicht bekommen hatte." „Wenn du Gewissensbisse hattest, dann ist das doch ein Anzeichen dafür, dass du etwas getan hast, was nach deinen eigenen Begriffen schlecht war", sagte Gloria. „Das sehe ich anders", entgegnete Sebastian. „Es stimmt zwar, dass sich manchmal das Gewissen bemerkbar machen kann, aber wenn die Vorteile nur groß genug sind, spielt das bei den meisten Menschen keine Rolle mehr. Wenn viel Geld auf dem Spiel steht, werden alle ihr Gewissen schnell vergessen." „Ja, das glaube ich auch", sagte Alvaro. „Wenn die Menschen öfter stehlen, hören sie ihr Gewissen immer weniger. Das ist ihnen dann ganz egal."

nach Ernst Tugendhat

M4 Mein gutes Gewissen

Idee nach Horst Dengler

AUFGABEN

1 Oft werden Gewissenskonflikte als „innerer Gerichtshof" dargestellt. Erkläre, was die Schatten symbolisieren. > M1

2 Besprecht in Gruppen das Fallbeispiel. Entscheidet, welchen Rat ihr dem Betroffenen geben würdet. > M2

plus 3 Erzählt in Gruppen von einem Gewissenskonflikt, findet einen Weg aus diesem Konflikt und beurteilt die verschiedenen Konfliktlösungen. > M1/M2

4 Stellt die Situation in einem Rollenspiel dar und ergänzt die Dialoge durch Beispiele und weitere Argumente. > M3

5 Erläutere, auf welche Gegenstimmen zum Gewissen Alvaros Geschichte aufmerksam macht. Nenne weitere mögliche Stimmen, die unser Gewissen verstummen lassen. > M3

6 Stellt euch Gewissenskonflikte vor, die in eurem schulischen oder familiären Alltag entstehen könnten. Schreibt ein entsprechendes Fallbeispiel und präsentiert es der Klasse. > M2/M3

7 Was meinst du: Würden der Mobber (M2) und Alvaro (M3) sich in Donald Ducks Gedanken wiederfinden? Begründe deine Antwort. > M2-M4

plus 8 Recherchiere im Internet und finde weitere bildliche Darstellungen für ein gutes bzw. schlechtes Gewissen. Präsentiere deiner Klasse ein ausgewähltes Bild und schlage vor, welches Bild auf dieser Doppelseite durch das von dir gewählte ausgetauscht werden könnte. > M1/M4

symbolisieren: sinnbildlich darstellen

Mobbing: gezieltes Schikanieren und Ausgrenzen von Einzelnen aus einer Gemeinschaft (englisch „to mob": anpöbeln)

Wird moralisches Handeln anerzogen?

M1 Der alte Großvater und der Enkel

Es war einmal ein steinalter Mann, dem waren die Augen trüb geworden, die Ohren taub, und die Knie zitterten ihm. Wenn er nun bei Tische saß und den Löffel kaum halten konnte, schüttete er Suppe auf das Tischtuch, und es floss ihm auch etwas wieder aus dem Mund. Sein Sohn und dessen Frau ekelten sich davor, und deswegen musste sich der alte Großvater endlich hinter den Ofen in die Ecke setzen, und sie gaben ihm sein Essen in ein irdenes Schüsselchen und noch dazu nicht einmal satt; da sah er betrübt nach dem Tisch, und die Augen wurden ihm nass. Einmal auch konnten seine zitterigen Hände das Schüsselchen nicht festhalten, es fiel zur Erde und zerbrach. Die junge Frau schalt, er sagte aber nichts und seufzte nur. Da kaufte sie ihm ein hölzernes Schüsselchen für ein paar Heller, daraus musste er nun essen. Wie sie da so sitzen, so trägt der kleine Enkel von vier Jahren auf der Erde kleine Brettlein zusammen. „Was machst du da?", fragte der Vater. „Ich mache ein Tröglein", antwortete das Kind, „daraus sollen Vater und Mutter essen, wenn ich groß bin." Da sahen sich Mann und Frau eine Weile an, fingen endlich an zu weinen, holten sofort den alten Großvater an den Tisch und ließen ihn von nun an immer mitessen, sagten auch nichts, wenn er ein wenig verschüttete.

Jakob und Wilhelm Grimm

irdenes: aus Ton hergestellt

satt: (hier) genug

Heller: frühere deutsche Währung von geringem Wert

Tröglein: verkleinerte Form von Trog; offene Schale

schelten: schimpfen

M2 Bilder zur Geschichte

Arthur Rackham, Illustrationen zu Grimms Märchen

Albert Anker, Der Großvater segnet seinen Enkel, 1910

M3 Was Erwachsene so alles sagen

Lass dir nichts […] !
Sei lieb zu deinem Schwesterchen/Brüderchen!
Räum dein Zimmer auf!
Sei […] !
Zappel nicht so herum!
Putz dir die Zähne!
Sei anständig!
Mit Essen spielt man nicht!
Du musst lernen zu […] !
Sei leise!
Um sechs Uhr bist du zu Hause!
Du musst lernen, sonst wird aus dir nichts!
Man muss nicht alles haben!
Bedanke dich!

M4 Erziehung mit und zu Respekt

Jesper Juul, ein dänischer Familientherapeut, ist der Meinung, dass Erziehung darin bestehe, Kindern mit Respekt zu begegnen. Schließlich hänge die Welt von morgen davon ab, wie wir heute mit unseren Kindern umgehen. Die Erziehung von Kindern laufe überall anders ab, so Juul: In Dänemark sei man z. B. der Meinung, dass Kinder feste Bettzeiten brauchen. Davon habe man in Italien oder Spanien noch nie etwas gehört. Jesper Juul ist der Ansicht, dass es nicht entscheidend für das Familienleben sei, welche Regeln man aufstelle, sondern wie man miteinander umgehe. Er sagt, Kinder würden nicht durch Regeln und Strafen erzogen, sondern durch das, was die Eltern ihnen vorleben. Dazu brauche es mehr Vertrauen als Disziplin. Er selbst gibt zu, als junger Vater zu streng gewesen zu sein. Bei seinem kleinen Enkel wolle er es besser machen: Als dieser im Alter von zweieinhalb Jahren einmal das Essen auf dem Tisch verschmierte, habe er ganz ruhig gesagt: „Ich will, dass du das Essen auf den Teller zurücklegst. Machst du das für mich?“ Und sein Enkel habe das tatsächlich getan.

Respekt:
Achtung, Wertschätzung, Ehrerbietung

Disziplin:
Einhalten von Vorschriften, Regeln

Familientherapeut:
Psychologe, der mit Familien arbeitet und dabei positive Veränderungen in Familien anstrebt

AUFGABEN

1 Erkläre, was Sohn und Schwiegertochter am Ende der Parabel erkennen. > M1

2 Die Märchen der Brüder Grimm sind u. a. ins Englische übersetzt worden. Nenne mögliche Gründe dafür, warum diese Parabel nicht nur Menschen in Deutschland interessiert. > M1

plus 3 Der Großvater kommt in dieser Parabel nicht zu Wort. Was denkt er wohl über seine Familie? Schreibe einen inneren Monolog. > M1

4 Diskutiere mit einem Partner oder einer Partnerin darüber, welche der Bilder die Parabel besser wiedergeben. Erläutert eure Überlegungen dann der Klasse. > M1/M2

5 Ergänze die Leerstellen in den Sätzen durch eigene Ideen. > M3

6 Erkläre, ob – und wenn ja, wie – sich Jesper Juuls Vorstellung von „vorbildlicher“ Erziehung von den Sätzen der Erwachsenen unterscheidet. > M3/M4

7 Wird moralisches Handeln anerzogen? Formuliere eine Antwort und erläutere dabei auch, ob es Gemeinsamkeiten und/oder Unterschiede zwischen Juuls Auffassung von Erziehung und der Geschichte der Brüder Grimm gibt. > M1/M4

plus 8 Jakob und Wilhelm Grimm haben die Kinder- und Hausmärchen erstmals 1812, also vor etwa 200 Jahren, herausgegeben. Hat sich im Umgang mit Kindern und alten Menschen heute etwas verändert? Schreibe einen Aufsatz zu dieser Frage. Vergiss nicht, überzeugend zu begründen und deine Argumente durch Beispiele zu stützen. > M1/M4

Parabel:
lehrhafte, kurze Erzählung mit einem meist moralischen Thema

Was sagt mir das Gewissen?

M1 Hier stehe ich, ich kann nicht anders

Historiengemälde von Anton von Werner, um 1877

M2 Gegen die katholische Kirche

Martin Luther (1483-1546) löste eine der wichtigsten Reformbewegungen innerhalb der Kirche Europas aus, die zur Gründung der evangelischen Kirche führte. Unter anderem wandte sich Luther gegen den Handel mit den sogenannten „Ablassbriefen", mit denen die katholische Kirche damals gegen Geld Sünden erließ. In 95 Thesen prangerte Luther öffentlich Missstände der Kirche und den Ablasshandel an. Später schrieb er weitere kritische Schriften, in denen er seine Lehre entwickelte.

Als Geistlicher fühlt er sich dafür verantwortlich, die unwissenden Menschen vor der falschen Hoffnung zu bewahren, sich vom Fegefeuer freikaufen zu können. Außerdem will Luther eine öffentliche Diskussion über den Ablass, vor allem über die Frage, warum der Papst Geld nimmt für den Sündenerlass. Wenn er schon die Macht hat, Sünden zu vergeben, warum erlässt er sie dann nicht den Menschen aus Liebe und Barmherzigkeit? Oder, und da kündigt sich bereits der spätere, schärfere, den Papst nicht fürchtende Luther an: Warum erbaut der Papst, der reicher ist als die reichsten Leute, nicht den Petersdom mit seinem eigenen Geld?

Luthers Thesen verbreiteten sich sehr schnell. Er hat auch keine Angst, sich mit dem Papst anzulegen. So schreibt Luther ihm, dass alles, was Päpste in den vergangenen zwölfhundert Jahren verkündet und gelehrt, was Konzilien beschlossen und Kurien verordnet haben, Menschenwerk und daher nur verbindlich sei, wenn es mit der Bibel in Einklang stehe. Die Bibel, die Schrift, das Wort Gottes, sei die allein verbindliche Verfassung für den Christenmenschen.

Rom antwortet ihm mit gelassener Arroganz, der Papst sei als Stellvertreter Gottes auf Erden unfehlbar und folglich sei, „wer im Blick auf Ablässe sagt, die römische Kirche dürfe nicht das tun, was sie tatsächlich tut", ein Ketzer. Basta. Luther bezeichnet daraufhin den Papst als „Antichrist" und die römische Kurie als „Satansschule". Rom fordert Luther auf, seine Behauptungen zu widerrufen, und alles sei wieder im Lot. Doch nicht für Luther. „Niemals", sagt er. Dieser Luther wird sich nichts und niemandem mehr beugen. Er lässt nur noch einen Herrn über sich zu: Gott.

nach Christian Nürnberger

These: (vorläufige) Behauptung

Fegefeuer: im katholischen Glauben Bezeichnung für einen Ort bzw. Zustand der Läuterung des Menschen nach dem Tod (in Vorbereitung auf den Himmel)

Ketzer: jemand, der von den offiziellen kirchlichen Glaubenslehren abweicht, diese ablehnt oder öffentlich kritisiert

Konzil: Versammlung von Bischöfen und kirchlichen Würdenträgern zur Erörterung theologischer Fragen

Kurie: der päpstliche Hof; die Gesamtheit der päpstlichen Verwaltungsorgane in der römisch-katholischen Kirche

Arroganz: Überheblichkeit, anmaßende Art

Reform: planmäßige Umgestaltung von aktuellen Verhältnissen

M3 Luther im Gewissenskonflikt

Das folgende Verhör stammt aus dem Spielfilm „Luther. Er veränderte die Welt für immer" (2003). Die auftretenden Personen sind neben Martin Luther: Johann von der Eck(en), der Leiter der Verhandlung, Kardinal Hieronymus Alexander und Kaiser Karl V.:

VON DER ECK Ruhe im Saal! Martin Luther, seid Ihr der Verfasser dieser Schriften?

MARTIN Ja, der bin ich.

VON DER ECK Wollt Ihr widerrufen, was Ihr geschrieben habt?

MARTIN Ich kann nicht alle meine Schriften widerrufen, weil sie sich alle unterscheiden. Zum ersten sind es Schriften, in denen ich christlichen Glauben und christliches Leben beschreibe, so simpel, dass selbst meine Widersacher zugeben, dass diese Werke nützlich sind. Diese Schriften zu widerrufen wäre undenkbar, denn damit würde ich anerkannte christliche Wahrheiten widerrufen.

ALEXANDER Er ist nicht hier, um Reden zu halten. Sondern um zu antworten.

MARTIN Der zweite Teil meiner Schriften wendet sich gegen üble Lehren und das verderbte Leben unserer Päpste – in Vergangenheit und Gegenwart.

KARL Nein!

MARTIN Durch die Erlässe des Papstes und die Doktrinen der Kurie ist das Gewissen der Gläubigen auf das Erbärmlichste gequält und geschunden worden. Wenn ich diese Schriften widerriefe, so täte ich nichts weniger damit, als die Tyrannei zu stärken und der größten Gottlosigkeit nicht nur die Fenster, sondern auch Tür und Tor zu öffnen.

ALEXANDER Er hat sich damit selbst verurteilt.

MARTIN In der dritten Gruppe meiner Schriften wende ich mich gegen Privatpersonen und Individuen, die der römischen Tyrannei das Wort reden und meine eigenen Bemühungen, den Glauben an Christus zu stärken, angreifen. Ich bekenne, dass ich wohl zu harsch war. Ich bin nur ein Mensch und ich kann irren. Doch wenn Ihr mir diese Irrtümer mit der Heiligen Schrift nachweist, so will ich meine Schriften widerrufen und meine Bücher ins Feuer werfen.

VON DER ECK Wollt Ihr widerrufen oder wollt Ihr nicht?

MARTIN Da Eure kaiserliche Majestät und Eure kurfürstlichen Durchlauchten eine einfache Antwort wünschen, so will ich sie geben: Solange ich nicht durch die Heilige Schrift widerlegt werde und mit einleuchtender Vernunft – und nicht durch Päpste oder Konzilien, die sich schon häufig geirrt und widersprochen haben –, ist mein Gewissen einzig dem Wort Gottes verpflichtet. Und gegen sein Gewissen zu handeln ist weder rechtens noch lauter. Ich kann nicht und ich werde nicht widerrufen. Hier stehe ich; ich kann nicht anders. Gott helfe mir.

Eric Till

Gewissen
> Glossar

Tyrannei: Gewalt- bzw. Willkürherrschaft

Kardinal: höchster Würdenträger nach dem Papst

Doktrin: Lehrmeinung, von der nicht abgewichen werden darf

AUFGABEN

1 Recherchiert im Internet oder in einem Lexikon weitere Informationen über Leben und Werk Martin Luthers. Präsentiert eure Ergebnisse. > M1/M2
2 Beschreibt die Situation auf dem Bild. Wie wird sich Luther (Mitte) vermutlich fühlen? > M1
3 Verfasse einen inneren Monolog Luthers. > M1/M2
4 Erläutert den Gewissenskonflikt, in dem sich Luther befindet. > M2/M3
5 Besprecht Luthers Ausspruch „Hier stehe ich; ich kann nicht anders. Gott helfe mir." Was drückt Luther damit hinsichtlich seines Gewissens aus? > M3
6 Spielt die Szene nach oder stellt ein Standbild dar und veranstaltet einen Heißen Stuhl. Tauscht euch über die Ergebnisse aus. > M1/M3

Bilder analysieren
> S. 202f.

Wie kann ich etwas überzeugend darstellen?

Element: (hier) Bestandteil

intensiv: gründlich

präzise: sehr genau

Element: (hier) Teil von dem Teaser

motivierend: (Interesse für etwas) anregend

Methodenkompetenz: Einen Teaser erstellen

Das Wort „Teaser" stammt aus dem Englischen und bezeichnet ein kurzes Text- und Bildelement, das zum Weiterlesen anregen soll. Du kennst es vor allem von Zeitungsartikeln im Internet. Teaser sollen dich dort neugierig machen und reizen, einen Artikel anzuklicken, um ihn ganz zu lesen. Einen Teaser zu erstellen stellt aber auch eine gute Methode im Unterricht dar, um Argumente und Urteile zu formulieren und dabei auf den Punkt zu bringen. Darüber hinaus fördert und trainiert diese Methode in besonderem Maße deine kreativen Kompetenzen. Um einen Teaser erstellen zu können, musst du dich zunächst intensiv mit einem Thema auseinandersetzen, das du dann kurz, präzise aber auch interessant darstellst. Ein Teaser, den du im Unterricht erarbeitest, soll an deine eigenen Erfahrungen, die du zu einem Thema besitzt, anknüpfen. Folgende Schritte sind bei der Erstellung eines Teasers zu beachten:

- Erarbeite dir alle wichtigen Inhalte zu einem Thema.
- Du erstellst einen Teaser, indem du zunächst auf einem A3-Blatt eine interessante Überschrift zum Thema formulierst.
- Überlege dir nun ein passendes Bildelement, das du dann auf der rechten Seitenhälfte anordnest. Du solltest das Bild selbst zeichnen.
- Neben dem Bildelement verfasst du ein Textelement, das nicht länger als fünf Sätze sein darf. Dieses Textelement soll an deine eigenen Erfahrungen zum darzustellenden Thema anknüpfen und zum Weiterlesen reizen (engl. „to tease": reizen). Beachte: Das Textelement muss also interessant, leicht verständlich und motivierend sein.

Selim Akarsu

M1 Die Ernährung der Menschheit

Dieser Teaser wurde von Schülerinnen einer 7. Klasse zum Thema „Gibt es genug Nahrung für alle Menschen?" im Rahmen des Biologieunterrichts erstellt:

Teaser von Lillie, Ricarda, Amélie und Laura (7b, IKG-Teltow)

Wahrnehmen und beschreiben | Deuten | **Argumentieren und urteilen** | Kommunizieren und interagieren

Lebensgestalterische, ethische und religionskundliche Partizipationskompetenz

M2 Wie sich Hunger anfühlt

The Great Tablecloth

[...]
Eating alone is a disappointment.
But not eating matter more,
is hollow and green,
has thorns like a chain of fish hooks,
trailing from the heart,
clawing at your insides.
Hunger feels like pincers,
like the bite of crabs;
it burns, burns,
and has no fur.
Let us sit down soon to eat
with all those who haven't eaten;
let us spread great tablecloths,
put salt in lakes of the world,
set up planetary bakeries,
tables with strawberries in snow,
and a plate like the moon itself
from which we can all eat.
For now I ask no more than
the justice of eating.

Pablo Neruda

Die große Tischdecke

[...]
Alleine zu Essen ist eine Enttäuschung.
Aber nicht essen bedeutet mehr,
ist wertlos und dumm,
hat Dornen wie eine Kette Fischhaken,
die dich aus dem Herzen heraus verfolgt,
sich an deine Eingeweide krallt.
Hunger fühlt sich an wie eine Zange,
wie der Biss von Krabben;
es brennt, brennt,
und hat keinen Pelz.
Lasst uns bald hinsetzen und essen
mit all denen, die noch nicht gegessen haben;
lasst uns eine große Tischdecke ausbreiten,
Salz in die Seen der Welt bringen,
weltweit Bäckereien errichten,
Tische mit Erdbeeren im Schnee
und einem Teller so groß wie der Mond selbst
von dem wir alle essen können.
Vorerst bitte ich um nichts anderes
als um das Recht zu Essen.

Pablo Neruda

Pablo Neruda: chilenischer Dichter (1904-1973), der 1971 den Literaturnobelpreis erhielt

AUFGABEN

1 Nenne Aspekte, die eine Überschrift, ein Text- oder Bildelement interessant machen.
2 Beschreibe das Bild im Teaser M1. Formuliere lediglich die Botschaft des Bildes. > M1
3 Erkläre, ob die Überschrift dich motiviert, den Text lesen zu wollen. Begründe deine Meinung. > M1
4 Analysiere das Textelement. Berücksichtige dabei besonders den Anfang des Textelementes. > M1
5 Erstelle einen Teaser zu dem Gedicht von Pablo Neruda. > M2

Aspekte: Gesichtspunkte

Was wir wissen – was wir können

M Fragen und Antworten

Zwischen **welchen** Bedürfnissen unterscheidet Abraham Maslow in seiner **„Bedürfnispyramide“**?

Welche Arten von **„Sucht“** unterscheidet man?

Was bedeutet **„Suchtprävention“**?

Welche Ziele verfolgt das **Jugendschutzgesetz?**

Welche Risiken bringt das **Rauchen** mit sich?

Können **Dinge** glücklich machen? Warum bzw. warum nicht?

Welchen **Gewissenskonflikt** hatte Martin Luther?

Was macht eine **moralische Entscheidung** aus – im Vergleich mit anderen Entscheidungen?

Welche Bedeutung hat **Erziehung** für die Moral eines Menschen?

Was ist das **Gewissen**?

Wie kann man **Gewissenskonflikte** symbolisieren?

Was sagt Augustinus über das **Gewissen**?

... ?

... ?

AUFGABEN

Im Kapitel „Menschsein" habt ihr euch zunächst mit Bedürfnissen, Konsum und verschiedenen Arten von Sucht beschäftigt. Außerdem habt ihr euch damit auseinandergesetzt, was das Gewissen ist und welche Bedeutung moralische Entscheidungen und Gewissensentscheidungen für den Menschen haben.

1 Entwickelt nun einzeln oder zu zweit mit einer Mitschülerin oder einem Mitschüler Fragekärtchen zu den Themen des Kapitels. Einige Beispiele findet ihr auf dieser Doppelseite. Schreibt dann auf die Rückseite eurer Fragekärtchen die entsprechenden Antworten.

2 Ordnet eure Fragekärtchen: Welche Fragen beziehen sich auf die Lebensgestaltung von Menschen, welches sind ethische und welches religionskundliche Fragestellungen? Falls ihr zu einem der drei Aspekte noch keine Fragen formuliert habt, ergänzt mindestens eine Frage dazu.

3 Ihr könnt euch dann auch mit einer neuen Partnerin oder einem neuen Partner zusammenfinden und euch gegenseitig eure Fragen stellen und beantworten.

KOMPETENZ-CHECK

1 Übertrage die Tabelle in dein Heft und fülle sie aus. Wenn deine Antwort 😮 oder 😐 lautet, schlage die passende Schulbuchseite nach, die dir bei dem Thema weiterhelfen kann, und lies noch einmal nach.

2 Ergänzt im Anschluss die Tabelle zusammen: Was könnt ihr noch?

	Meine Einschätzung			
Ich kann ...	😃	🙂	😮	😐
notwendige von entbehrlichen Dingen unterscheiden.				
höhere Bedürfnisse von niederen unterscheiden.				
die „Bedürfnispyramide" nach Abraham Maslow erläutern.				
den Begriff „Sucht" definieren.				
Maßnahmen und Probleme der Suchtprävention darstellen.				
eine moralische Entscheidung von einer anderen Entscheidung abgrenzen.				
den Begriff „Moral" definieren.				
wiedergeben und beurteilen, was große Denker wie Augustinus, Immanuel Kant oder Sigmund Freud zum Gewissen gesagt haben.				
...				

Arbeitsblatt:
Kompetenz-Check „Menschsein"

Mediencode: 20107-03

Den Menschen und die Welt denken

> Über den Menschen nachdenken
> Über die Welt nachdenken

AUFGABEN

1 Beschreibe das Bild. Erkläre das Bild anschließend so, wie du es verstehst.

2 Gib dem Bild eine aussagekräftige Überschrift und begründe deine Entscheidung.

3 Gestalte selbst ein Bild zu dem Thema „Der Mensch und die Welt", das deine Vorstellung vom Leben des Menschen in der Welt ausdrückt.

4 Was meinst du: Kann der Mensch irgendwann einmal *alles* über sich und die ganze Welt wissen? Diskutiere darüber mit deinen Mitschülerinnen und Mitschülern.

Was ist der Mensch?

M1 Der Mensch und der Backstein – ein Vergleich

Das bin ich.

Und das ist
ein Backstein.

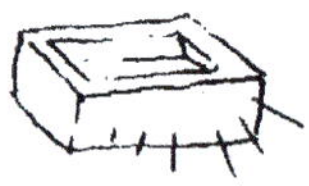

Ein großer Unterschied zwischen mir und dem Backstein ist der, dass ich im Gegensatz zu ihm einen *Geist*, einen *Verstand* habe.
Doch was geht in meinem Geist vor sich? Nun, da ich einen typischen menschlichen Geist habe, kann ich *Dinge erleben*. Ich kann zum Beispiel den Geschmack einer Marmelade und den Duft frischen Kaffees genießen.

Ich kann auch *Entscheidungen treffen*. Ich kann mich zum Beispiel entschließen, einen Spaziergang zu machen.
Da ich einen typischen menschlichen Geist habe, habe ich auch *Gefühle* (z. B. Schmerzen) und kann *Probleme lösen* (z. B. auch ein Kreuzworträtsel).
Ich kann mich auch an Dinge *erinnern*, *Gefühle empfinden*.

Und etwas *glauben* (z. B., dass es gleich regnen wird).
Der Backstein hingegen kann das alles nicht.

Stephen Law

M2 Die Frage nach dem „Extra“ des Menschen

Im Grunde beschäftigt sich die Philosophie von ihren Anfängen bis heute mit zwei großen Rätseln: mit dem Rätsel des Kosmos, mit der Frage also, was und wie unsere Welt eigentlich ist und was sie zusammenhält […]. Ein mindestens genauso großes Rätsel für den Menschen aber ist der Mensch selbst. Er ist nämlich das Wesen, das sich nicht von selbst versteht. Er nimmt sich nicht einfach so hin, wie er ist. Er macht sich zum Problem und stellt Fragen: Woher komme ich? Welches ist meine Rolle in der Welt? Aber vor allem: Bin ich ein normaler Bestandteil der Natur oder gibt es etwas Besonderes an mir, habe ich ein gewisses „Extra“, das mich von allen anderen Wesen unterscheidet?

Es sind diese grundlegende Unsicherheit im menschlichen Selbstverständnis und zugleich das Beharren auf diesem angeblichen „Extra“, die dazu führen, dass der Mensch Theorien über sich selbst bastelt, um seine Sonderstellung oder sogar seine führende Rolle in der Natur zu untermauern. Die Annahme eines solchen „Extra“ entspringt offenbar einem tiefen Bedürfnis und füllt zugleich eine schmerzlich empfundene Erklärungslücke. Woher, so meinen viele, sollte sonst unsere Fähigkeit kommen, Sprache zu bilden, Kultur zu schaffen und die Natur zu beherrschen? Religionen füllen diese Erklärungslücke, aber sie ist auch eine Herausforderung für die Philosophie. Im Unterschied zur Religion lehnt die Philosophie es allerdings ab, sich auf heilige Texte oder religiöse Offenbarungen zu stützen. Sie hat es sich zur Aufgabe gemacht, sich nüchtern, rational und kritisch mit jenem menschlichen Extra zu befassen, das viele verschiedene Namen hat. Manche nennen es Vernunft, manche Geist oder Bewusstsein, andere sprechen von der Seele oder sogar von der „unsterblichen Seele“.

Robert Zimmer

Kosmos:
Weltraum, Weltall

Natur
> S. 130f.

Kultur
> S. 144f.

Philosophie
> Glossar

religiöse Offenbarung:
die Enthüllung göttlicher Wahrheiten

rational:
vernünftig

AUFGABEN

1. Worin unterscheiden sich nach Stephen Law ein Mensch und ein Backstein voneinander? Sammle alle Unterschiede, die im Text genannt werden, und liste sie auf. > M1
2. Erkläre den Unterschied zwischen einem Menschen und einem Backstein. > M1
3. Robert Zimmer spricht von einem „Extra“, das nur der Mensch habe. Arbeite aus dem Text alle Begriffe heraus, mit denen der Mensch benannt wird (z. B. „der Mensch ist das Wesen, das sich von selbst versteht“). > M2
4. Versuche, die Benennungen des Menschen, die du in Aufgabe 3 gesammelt hast, zu erklären. Du kannst auch Begriffe, die du nicht kennst, nachschlagen (z. B. im Internet oder im Glossar). > M2
5. Benenne das „Extra“ des Menschen, von dem Robert Zimmer in seinem Text spricht. Was ist es? > M2
6. Aus diesem „Extra“ ergeben sich Fragen, die sich die Menschen immer schon über sich selbst stellen. Liste Beispiele für solche Fragen auf und erarbeite anschließend aus M2 die Gründe dafür, dass Menschen sich diese Fragen stellen. > M2
7. Versuche nun, deine Antwort auf die Frage „Was ist der Mensch?“ zu geben. Schreibe sie auf. > M1/M2

Was unterscheidet den Menschen vom Tier?

M1 Wer kann mehr?

Idee nach Luigi Malerba

M2 Der Mythos von Prometheus

Nach der Erschaffung der Welt sollte der gottähnliche Epimetheus den Lebewesen bestimmte Eigenschaften zuordnen. Er verteilte die Fähigkeiten gerecht unter den Tieren: wärmendes Fell, Krallen zur Jagd und Verteidigung usw. Doch dann entdeckt sein Bruder Prometheus ein kleines, nacktes Wesen, das zu kurz gekommen ist: den Menschen. Was ist zu tun? Prometheus kommt seinem Bruder zu Hilfe. Auch er sieht die Tiere auf kluge Weise versorgt, den Menschen hingegen ohne Bedeckung, Schuhe und Waffen. Um das Leben der menschlichen Wesen zu retten, stiehlt Prometheus von den Göttern das Feuer und schenkt es den Menschen. Denn ohne Feuer hätten sie nicht überleben und nützliche Dinge herstellen können.

nach Platon

Mythos: Erzählung aus der Frühzeit eines Volkes z. B. über Götter, übernatürliche Wesen oder die Entstehung der Welt

Prometheus: nach den Mythen der alten Griechen ein Titan, d. h. ein Riese in Menschengestalt und ein Angehöriger eines mächtigen Göttergeschlechts

Johann Gottfried Herder, Platon
> Glossar

Instinkt: die angeborene Fähigkeit von Lebewesen, auf bestimmte innere oder äußere Reize mit einem gleichen Verhaltensablauf zu reagieren

M3 Der aufrechte Gang

Die Gestalt des Menschen ist aufrecht; er ist hierin einzig auf der Erde. Denn ob der Bär gleich einen breiten Fuß hat und sich im Kampf aufwärts richtet, obgleich [...] Affe[n] [...] zuweilen aufrecht gehen oder laufen, so ist doch seinem Geschlecht allein dieser Gang beständig und natürlich. Sein Fuß ist fester und breiter; er hat einen längern großen Zeh, da der Affe nur einen Daumen hat; auch seine Ferse ist zum Fußblatt gezogen. Zu dieser Stellung sind alle dahin wirkende Muskeln bequemt. Die Wade ist vergrößert; das Becken zurück-, die Hüften auseinandergezogen; der Rücken ist weniger gekrümmt, die Brust erweitert; er hat Schlüsselbeine und Schultern, an den Händen feinfühlende Finger; der hinsinkende Kopf ist auf den Muskeln des Halses zur Krone des Gebäudes erhoben: der Mensch ist ánthrôpos (griechisch = Mensch), ein über sich, ein weit um sich schauendes Geschöpf.

Johann Gottfried Herder

M4 Die planvolle Tätigkeit

Der Mensch ist „organisch mittellos", ohne natürliche, ohne Angriffs- oder Schutz- oder Fluchtorgane, mit Sinnen von nicht besonders bedeutender Leistungsfähigkeit, denn jeder unserer Sinne wird von den „Spezialisten" im Tierreich weit übertroffen. Er ist ohne Haarkleid und ohne Anpassung an die Witterung, und auch viele Jahrhunderte Selbstbeobachtung haben ihn nicht belehrt, ob er nun eigentlich Instinkte hat und welche. [...] Wir sehen weiter, wo wir auch hinblicken, den Menschen über die Erde verbreitet und trotz seiner physischen Mittellosigkeit sich zunehmend die Natur unterwerfen. [...] Wir sehen ihn überall, unter Pol und Äquator, auf dem Wasser und auf dem Lande, in Wald, Sumpf, Gebirge und Steppe „sich halten". Und zwar lebt er als „Kulturwesen", d. h. von den Resultaten seiner voraussehenden, geplanten und gemeinsamen Tätigkeit, die ihm erlaubt, […] Techniken und Mittel seiner Existenz zurechtzumachen. […] Die Bauten der Biber, die Vogelnester usw. sind niemals voraussehend geplant und gehen aus rein instinktiven Betätigungen hervor.

Arnold Gehlen

Arnold Gehlen
> Glossar

M5 Im Vergleich

Tier	Mensch
angeborene Verhaltens- und Leistungsformen	
	spät alternd
	lange Spielzeit
	späte Geschlechtsreife
	Gedächtnis, Erinnerung, Fantasie
geringe Auswertung der Erfahrungen	
trieb- und instinktsicher	
relativ starres Sozialverhalten, da angeboren oder geprägt	
	wollendes, planendes, sich entscheidendes, gestaltendes Wesen

nach Susanne Behlert

Prägung: Bezeichnung für eine bestimmte Form des Lernens bei Tieren, die nur innerhalb eines streng begrenzten Zeitraums stattfindet und nicht umkehrbar ist

AUFGABEN

1 Diskutiert, ob der Mistkäfer dem Menschen überlegen ist, und begründet eure Meinung. > M1

2 Erstellt in Gruppenarbeit eigene Kärtchen bzw. Übersichten zu anderen Tieren (z. B. Adler, Gepard, …). > M1

3 Gib Platons Mythos mit eigenen Worten wieder. > M2

4 Ergänze die „Mängel" des Menschen gegenüber den Tieren. Beschreibe anschließend, auf welche Weise die Menschen diese „Mängel" ausgleichen können. > M2

5 Erläutere den Schluss des Textes von Herder: Der Mensch ist „ein weit um sich schauendes Geschöpf". > M3

plus 6 Informiert euch (z. B. bei eurer Biologielehrkraft), wie sich der aufrechte Gang des Menschen entwickelt hat und welche Folgen er für den Menschen hatte. > M3

7 Vergleicht in Gruppenarbeit die Aussage von Gehlen mit den Aussagen von Platon und Herder: > M2-M4
- Erläutert an Beispielen, wie die Menschen sich „Mittel" schaffen, um ihre „Existenz", d. h. ihr Überleben, zu sichern: Kleidung, Haus, Herd usw.
- Erläutert an Beispielen den Unterschied zwischen dem instinktiven Verhalten von Tieren und der planvollen Tätigkeit von Menschen.

8 Übertrage die Tabelle in dein Heft und wende sie auf die Texte M2-M4 an. Welche Unterscheidungsmerkmale finden sich in den Texten? Wie werden dort die Unterschiede zwischen Tieren und Menschen beschrieben? > M2-M5

Mit Leib und Seele

M1 Bart verkauft seine Seele

physisch: körperlich

Symbol: Sinnbild, Zeichen für etwas

Philosophie > Glossar

In einer Folge der Serie Die Simpsons verkauft Bart seine Seele für fünf Dollar an seinen Freund Millhouse. Er glaubt, die Seele sei nur eine Erfindung der Kirche.

Die Folgen des Seelenverkaufs:
- Seine Haustiere knurren Bart plötzlich an.
- Die Automatiktür des Supermarktes öffnet sich für ihn nicht mehr.
- Bart kann nicht mehr lachen.
- In der Nacht träumt er davon, dass alle seine Freunde mit ihren Seelen spielen, die fast so aussehen wie ihre Besitzer, nur blasser und bläulich gefärbt sind. Bart aber ist allein.

Seine Schwester Lisa sagt zu Bart: „Deine Seele ist doch das einzig Wertvolle an dir. Die Seele ist physisch vorhanden, sie ist das Symbol für die guten Empfindungen in uns." Und: „Deine Seele ist das Einzige an dir, das ewig lebt. Jetzt kann Millhouse für immer über dich verfügen über Zillionen Jahre."

Bart ist verzweifelt, er betet sogar zu Gott und bekommt seine Seele wieder. Lisa dazu: „Manche Philosophen behaupten, dass niemand mit einer Seele geboren wird, dass man sie sich verdienen muss durch Beten, Leiden und Nachdenken – so wie du gestern."

M2 Was Kinder über die Seele wissen wollen

Kinder im Alter von etwa zehn Jahren unterhalten sich über die Seele. Dabei werden folgende Fragen gestellt:

„Welche Form hat sie? Hat sie immer dieselbe Form?"

„Wie groß ist die Seele? Ist sie größer oder kleiner als der Körper?"

„Welche Farbe hat sie, ist sie eher hellblau oder hellgrün?"

„Wo befindet sie sich?"

„Kann die Seele fliegen?"

„Braucht sie den Körper? Kann sie außerhalb des Körpers sein?"

M3 Was ein Pfarrer über die Seele sagt

Person > Glossar

Jedes Mal, wenn ich vor einer Urne stehe, wird mir klar, dass diese Handvoll Asche nichts mit dem Wesen gemein hat, von dem man im Leben so viel Liebe empfangen durfte. Im Anblick der Urne wächst in mir die Gewissheit, dass das Eigentliche des Menschen durch kein Feuer vernichtbar, durch keine Umstände zerstörbar ist. Dieses Unzerstörbare, dieses Eigentliche der Person, also das, was uns zu dem macht, der wir sind, nennen wir Seele. Wir Menschen haben eine Seele, weil wir um uns selber wissen, um unsere Endlichkeit und Hoffnung. Weil wir lieben und geliebt werden. Weil wir Gott kennen oder ihn (ver-)leugnen.

Klaus Hurtz

M4 Was ein Psychologe sagen könnte

Was die Seele ist? Wir Psychologen sprechen lieber von der Psyche, um kein Missverständnis aufkommen zu lassen. Die Psyche des Menschen ist die Gesamtheit „innerer" Vorgänge und Zustände wie z. B. wahrnehmen, denken, fühlen, phantasieren, erinnern, wollen und wünschen sowie Stimmungen und Einstellungen.

Psychologe: Wissenschaftler, der sich mit dem Erleben und Verhalten von Menschen, ihren bewussten und unbewussten Zuständen beschäftigt

M5 Eine Seele mit mehreren Teilen oder in einer Person viele Seelen?

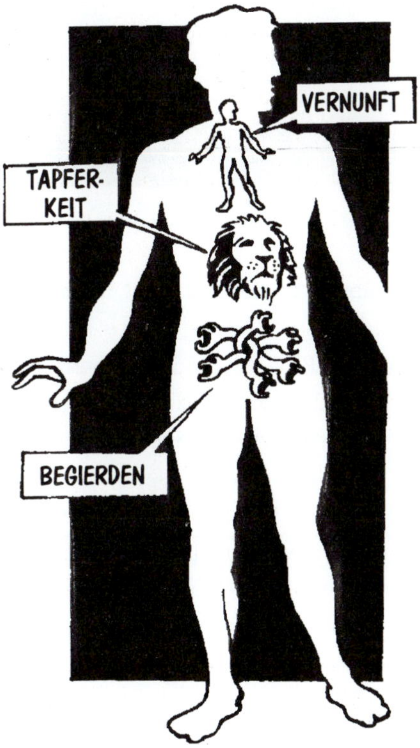

Nach Platons (427-347 v. Chr.) Auffassung besteht die Seele aus drei Teilen, aus dem vernünftigen, dem muthaften und dem begehrlichen Teil. Der vernünftige Seelenteil ist der eigentlich menschliche.

Platon
> Glossar

AUFGABEN

1 Fertige einen Ideenstern zum Thema Seele an.
2 Unterhaltet euch über die Seelenvorstellung, die bei den Simpsons zum Ausdruck kommt. Welchen Vorstellungen könnt ihr zustimmen, welche sind unsinnig? > M1
3 Ergänze die Fragen der Kinder, die sie zum Thema Seele haben, um eigene Fragen. > M2
4 In M3 und M4 kommen zwei unterschiedliche Auffassungen über die Seele zum Ausdruck. Erkläre kurz, was der Pfarrer und was der Psychologe über sie denkt. Beziehe anschließend Stellung dazu. > M3/M4
5 Erläutere, was Platon mit den unterschiedlichen Seelenteilen meint. > M5
plus 6 Versuche, deine Vorstellung von der Seele zu zeichnen. Auch wenn du der Ansicht bist, der Mensch habe keine Seele, kannst du etwas zu Papier bringen. Denn unabhängig von deiner Meinung zum Thema Seele hast du Vorstellungen von ihr oder du erinnerst dich, welche Vorstellungen du früher gehabt hast. > M1-M4

Ist der Mensch ein Meisterwerk?

M1 Über den Menschen

William Shakespeare: englischer Dichter, der für seine Theaterstücke wie z. B. „Hamlet" berühmt ist (1564-1616)

„Welch ein Meisterwerk ist der Mensch!"

William Shakespeare: „Hamlet"

M2 Der Mensch – ein Bild Gottes

26 Und Gott sprach: Lasset uns Menschen machen, ein Bild, das uns gleich sei, die da herrschen über die Fische im Meer und über die Vögel unter dem Himmel und über das Vieh und über die ganze Erde und über alles Gewürm, das auf Erden kriecht. 27 Und Gott schuf den Menschen zu seinem Bilde, zum Bilde Gottes schuf er ihn; und schuf sie als Mann und Frau. 28 Und Gott segnete sie und sprach zu ihnen: Seid fruchtbar und mehret euch und füllet die Erde und machet sie euch untertan und herrschet über die Fische im Meer und über die Vögel unter dem Himmel und über alles Getier, das auf Erden kriecht. 29 Und Gott sprach: Sehet da, ich habe euch gegeben alle Pflanzen, die Samen bringen, auf der ganzen Erde, und alle Bäume mit Früchten, die Samen bringen, zu eurer Speise. 30 Aber allen Tieren auf Erden und allen Vögeln unter dem Himmel und allem Gewürm, das auf Erden lebt, habe ich alles grüne Kraut zur Nahrung gegeben. Und es geschah so. 31 Und Gott sah an alles, was er gemacht hatte, und siehe, es war sehr gut. Da ward aus Abend und Morgen der sechste Tag.

Die Bibel, Genesis 1, 26-31

Charles Darwin: britischer Naturforscher (1809-1882)

Primat: Angehöriger einer Menschen, Affen und Halbaffen umfassenden Ordnung der Säugetiere

Theorie: (wissenschaftliches) Modell, das einen Bereich der Wirklichkeit zu erklären versucht

Kreationisten, Schöpfung > Glossar

M3 Die unbegrenzten Fähigkeiten des Menschen

Sicher ist, dass wir Tiere der Gattung *Homo* sind, auch wenn Charles Darwin erst in relativ neuer Zeit bewies, dass unsere Vorfahren in der Tierwelt Primaten waren. Wie Wissenschaftler errechneten, trennt uns von unseren mit den Schimpansen gemeinsamen Vorfahren eine Entwicklungszeit von 5 bis 7 Millionen Jahren. Einige unserer unmittelbaren Vorfahren, so der *Homo erectus* und der *Homo sapiens neanderthalensis*, sind inzwischen ausgestorben. Vor 50 000 bis 100 000 Jahren verbreitete sich unsere ursprünglich aus Afrika stammende Spezies über Europa. Dies sind die dürftigen Fakten über eine komplizierte Entwicklung, zu der, was die Orte und Wanderrouten angeht, verschiedene Theorien vorliegen. Die biblischen Religionen verliehen dem Menschen einen Sonderstatus. Gott soll ihn zu einem bestimmten Zeitpunkt als Krone der Schöpfung erschaffen haben. Dagegen verwies die Evolutionslehre als eine „wissenschaftliche Revolution" auf eine lang anhaltende Entwicklung und nahm so der Unterscheidung der Kreationisten zwischen Mensch und Tier deutlich die Schärfe. [...] Nach Richard Tarnas (*1950) war „der menschliche Verstand kein Gottesgeschenk, sondern ein biologisches Werkzeug". Menschen sind wie jede Spezies der natürlichen Auslese unterworfen, die von Naturgesetzen vorangetrieben und am Laufen gehalten wird. Nach neueren Forschungen [...] deckt sich das in der DNS codierte menschliche Erbgut zu ungefähr 95 Prozent mit dem von Schimpansen. Menschen haben 23, Schimpansen 24 Chromosomenpaare. Aber auch wenn wir uns von diesen Affen biologisch nur geringfügig unterschieden, so zeichnen uns Besonderheiten aus. Und auch wenn wir Tiere sind, bescheren uns diese kleinen Unterschiede eine radikal andere Lebensweise und Wahrnehmung von unserem Leben. Das wohl bemerkenswerteste ist, dass wir ein Bewusstsein für die eigene Sterblichkeit haben und schon das allein gibt unserer Existenz einen einzigartigen Rahmen. Wir denken über diesen und alle anderen Aspekte unseres Lebens nach, entwickeln philosophische Theorien, um zu einem tieferen Verständnis der Dinge zu gelangen, und kommunizieren in komplexen Sprachen und mit High-Tech-Mitteln. Wir haben Elemente erobert, für die wir biologisch nicht geschaffen sind. Wir gehen aufrecht, schwimmen, fahren und fliegen um die Welt und sogar bis zum Mond. Wir wirken schöpferisch in einer riesigen Bandbreite von Disziplinen, wir verhüten und schaffen künstlich Leben, verändern seine Formen, fällen ästhetische Urteile und sind theoretisch in der Lage, das Leben auf Erden auszulöschen.

Wir seien „unbegrenzt an Fähigkeiten", staunte Hamlet, und diese zeichnen uns gegenüber den anderen tierischen Spezies aus [...]. Doch sind wir deswegen keineswegs das wohltätigste oder friedliebendste Geschöpf auf unserer Erde, und ein Urteil, ob wir, mit Hamlet gesprochen, wirklich als „das Vorbild der Lebendigen" gelten können, steht noch aus. *Gerald Benedict*

Spezies: die biologische Art eines Lebewesens

DNS: in allen Lebewesen vorhandene Nukeinsäure, die als Träger der Erbinformation die stoffliche Substanz der Gene darstellt (Schreibweise auch: DNA)

Chromosom: das Erbgut eines Lebewesens tragendes, fadenförmiges Gebilde

AUFGABEN

1 Das Zitat von William Shakespeare behauptet, dass der Mensch etwas ganz Besonderes sei. Überlege dir, was genau den Menschen zu einem Meisterwerk machen könnte. Notiere dir deine Überlegungen in Form eines Ideensterns (am besten auf einem DIN A3-Blatt). > M1

2 Ergänze deinen Ideenstern aus Aufgabe 1 mit Hilfe des Bibeltextes um diejenigen Dinge, die Gott dem Menschen gegeben haben soll, damit dieser etwas Gutes sein kann. Verwende dazu eine andere Farbe. > M2

3 Arbeite aus M3 heraus, was du über die Entstehung des Menschen erfährst, indem du die Fünf-Schritt-Lesemethode anwendest und
   1. den Text überfliegend liest und dir einen Überblick verschaffst, worum es gehen könnte,
   2. Fragen an den Text stellst, auf die er eine Antwort geben könnte,
   3. den Text jetzt genau liest und unbekannte Begriffe nachschlägst und die wichtigsten Aussagen unterstreichst,
   4. den Text in Abschnitte einteilst und jedem Abschnitt einen passenden Titel gibst,
   5. abschließend die Hauptaussagen des Textes mit eigenen Worten formulierst. > M3

4 Ergänze deinen Ideenstern aus Aufgabe 1 mit Hilfe des Textes M3 nochmals um diejenigen Dinge, die darin angeführt werden, warum der Mensch so bemerkenswert sein soll. Nutze dafür eine dritte Farbe. > M3

5 Urteile nun selbst: Kann der Mensch als Vorbild für alle anderen Lebewesen gelten? Diskutiert eure Urteile. > M3

Was macht den Menschen aus?

antikes Griechenland: Die Geschichte des antiken Griechenlands hat die Entwicklung der europäischen Kultur stark mitgeprägt. Sie umfasst etwa den Zeitraum vom 8. Jahrhundert v. Chr. bis 146 v. Chr.

Aristoteles, Schöpfung
> Glossar

M1 In Kontakt mit den Göttern

1

Im antiken Griechenland wurde der Mensch als das höchste Wesen in einer Stufenfolge des Lebendigen gesehen. So stellt der griechische Philosoph Aristoteles (384–324 v. Chr.) die Pflanzen als unterste Stufe des Lebendigen dar, die über die Grundfunktionen des Lebens verfügen, sich ernähren und sich vermehren können. Die Tiere besitzen darüber hinaus das Vermögen der Empfindung, sie fühlen z. B. Lust und Schmerz. Der Mensch zeichnet sich dadurch aus, dass er überdies noch denken kann. Seine geistigen Fähigkeiten bringt er in den Künsten, den Wissenschaften und der Philosophie zum Ausdruck, wie die Werke der griechischen Klassik eindrucksvoll zeigen.

M2 Die höchste Lebensform

2

Im europäischen Mittelalter (6.–15. Jahrhundert) versteht sich der Mensch als ein Geschöpf Gottes. Gott hat die Erde und den Menschen in den Mittelpunkt seiner Schöpfung gestellt. Sein Auge ruht auf den Menschen und wacht darüber, ob sie nach seinen Geboten leben. Die Engel sind zu ihrem Schutz abgestellt, der Teufel versucht, die Menschen vom rechten Weg abzubringen. Die Menschen haben die Freiheit, sich für das Gute oder Böse zu entscheiden. Sünder werden nach ihrem Tod durch Höllenqualen bestraft, Fromme durch ein ewiges Leben im Himmel belohnt.

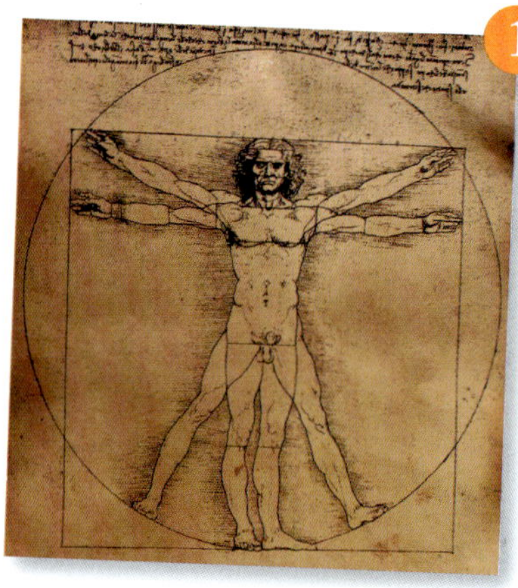
1

2

Renaissance: eine europäische Kulturepoche hauptsächlich des 15. und 16. Jahrhunderts

M3 Unter dem Auge Gottes

3

Das neuzeitliche Menschenbild ist entscheidend geprägt durch die Renaissance (wörtlich: Wiedergeburt), die Rückbesinnung auf die Ideale der griechischen Klassik, die im 15. Jahrhundert einsetzt. Nicht mehr das Himmlische, sondern das Irdische steht im Mittelpunkt des Interesses. Der Mensch versteht sich als ein mit Geist begabtes Wesen, das Wissenschaft betreibt, um die Bedingungen seines Daseins zu erforschen. Durch seinen Erfindungsreichtum sieht er sich in der Lage, seine Existenzbedingungen zu verbessern, Krankheit, Hunger, Armut usw. zu besiegen und so sein Geschick selbst in die Hand zu nehmen.

3

M4 Der Mensch im Mittelpunkt

4

Das gegenwärtige Verständnis des Menschen ist entscheidend durch die Evolutionslehre von Charles Darwin (1809–1882) geprägt. Der Mensch wird in seiner Abstammung und Entwicklung aus dem Tierreich heraus gesehen. Mit seinen geistigen Fähigkeiten ist er das höchst entwickelte Tier, kann Wissenschaft betreiben, Künsten nachgehen usw. Sein tierisches Erbe, z. B. seine Triebhaftigkeit und Aggressivität, besteht jedoch fort. Durch seine Vernunft kann der Mensch versuchen, dieses Erbe zu bändigen, seine Aggressivität im Zaum zu halten, was ihm aber niemals vollständig gelingt, wie sich an zahlreichen Beispielen aus der Geschichte belegen lässt.

M5 Das Tier im Menschen

5

Das Menschenbild der griechischen Mythologie ist uns durch die Dichtungen Homers (um 850 v. Chr.) überliefert. Darin wird der Mensch als ein Wesen dargestellt, das in Kontakt zu den Göttern steht, die mächtiger sind als er. Die Götter stehen dem Menschen bei, sie können ihn aber auch ins Verderben stürzen. So wird in der Ilias – dem Epos vom Kampf um Troja – berichtet, dass die Göttin Athene dem griechischen Helden Achill half, den trojanischen Kämpfer Hektor zu besiegen. Als Apoll sah, wie viele Trojaner Achill erschlagen hatte, wurde er zornig und bestrafte ihn, indem er ihn mit einem Pfeil in die Ferse tötete – die einzige Stelle, an der er verwundbar war.

Mythologie: Gesamtheit der Überlieferungen eines Volkes über Götter, die Entstehung der Welt usw.

Charles Darwin britischer Naturforscher (1809-1882)

Aggressivität: Angriffslust

4

5

AUFGABEN

1 Hier ist etwas durcheinandergeraten! Ordne den Überschriften jeweils das passende Bild und den richtigen Text zu und beschreibe die jeweiligen Menschenbilder. > M1-M4

2 Kennzeichne die Epochen, indem du jeweils eine kurze Definition des Menschen für jede Epoche schreibst. > M1-M4

3 Wähle eine Epoche aus und schreibe einen Brief an einen Jugendlichen aus dieser Zeit. Wie bewertest du das jeweilige Menschenbild? > M1-M4

plus 4 „Nichts auf der Bühne der Welt erscheint bewunderungswürdiger als der Mensch", lautet eine Aussage, die der italienische Philosoph Pico della Mirandola zitiert. Erläutert, worin in den verschiedenen Epochen jeweils das Bewunderungswürdige bzw. Besondere des Menschen gesehen wurde. > M1-M4

Epoche: großer geschichtlicher Zeitabschnitt

Definition: genaue Bestimmung eines Begriffs, indem sein Inhalt erklärt wird

Giovanni Pico della Mirandola > Glossar

Die Geschichte vom Sündenfall der Menschen

M1 Die biblische Geschichte vom Sündenfall

1 Und die Schlange war listiger als alle Tiere auf dem Felde, die Gott der Herr gemacht hatte, und sprach zu der Frau: Ja, sollte Gott gesagt haben: Ihr sollt nicht essen von allen Bäumen im Garten? 2 Da sprach die Frau zu der Schlange: Wir essen von den Früchten der Bäume im Garten; 3 aber von den Früchten des Baumes mitten im Garten hat Gott gesagt: Esset nicht davon, rühret sie auch nicht an, dass ihr nicht sterbet! 4 Da sprach die Schlange zur Frau: Ihr werdet keineswegs des Todes sterben, 5 sondern Gott weiß: an dem Tage, da ihr davon esst, werden eure Augen aufgetan, und ihr werdet sein wie Gott und wissen, was gut und böse ist.

6 Und die Frau sah, dass von dem Baum gut zu essen wäre und dass er eine Lust für die Augen wäre und verlockend, weil er klug machte. Und sie nahm von seiner Frucht und aß und gab ihrem Mann, der bei ihr war, auch davon und er aß. 7 Da wurden ihnen beiden die Augen aufgetan und sie wurden gewahr, dass sie nackt waren, und flochten Feigenblätter zusammen und machten sich Schurze.

8 Und sie hörten Gott den Herrn, wie er im Garten ging, als der Tag kühl geworden war. Und Adam versteckte sich mit seiner Frau vor dem Angesicht Gottes des Herrn zwischen den Bäumen im Garten. 9 Und Gott der Herr rief Adam und sprach zu ihm: Wo bist du? 10 Und er sprach: Ich hörte dich im Garten und fürchtete mich; denn ich bin nackt, darum versteckte ich mich.

11 Und er sprach: Wer hat dir gesagt, dass du nackt bist? Hast du gegessen von dem Baum, von dem ich dir gebot, du solltest nicht davon essen?

12 Da sprach Adam: Die Frau, die du mir zugesellt hast, gab mir von dem Baum und ich aß. 13 Da sprach Gott der Herr zur Frau: Warum hast du das getan? Die Frau sprach: Die Schlange betrog mich, so dass ich aß.

14 Da sprach Gott der Herr zu der Schlange: Weil du das getan hast, seist du verflucht vor allem Vieh und allen Tieren auf dem Felde. Auf deinem Bauche sollst du kriechen und Staub fressen dein Leben lang. 15 Und ich will Feindschaft setzen zwischen dir und der Frau und zwischen deinem Samen und ihrem Samen; er wird dir den Kopf zertreten, und du wirst ihn in die Ferse stechen.

16 Und zur Frau sprach er: Ich will dir viel Mühsal schaffen, wenn du schwanger wirst; unter Mühen sollst du Kinder gebären. Und dein Verlangen soll nach deinem Mann sein, aber er soll dein Herr sein. 17 Und zum Mann sprach er: Weil du gehorcht hast der Stimme deiner Frau und gegessen von dem Baum, von dem ich dir gebot und sprach: Du sollst nicht davon essen –, verflucht sei der Acker um deinetwillen! Mit Mühsal sollst du dich von ihm nähren dein Leben lang.

18 Dornen und Disteln soll er dir tragen, und du sollst das Kraut auf dem Felde essen. 19 Im Schweiße deines Angesichts sollst du dein Brot essen, bis du wieder zu Erde wirst, davon du genommen bist. Denn Staub bist du und zum Staub kehrst du zurück.

20 Und Adam nannte seine Frau Eva; denn sie wurde die Mutter aller, die da leben. 21 Und Gott der Herr machte Adam und seiner Frau Röcke von Fellen und zog sie ihnen an. 22 Und Gott der Herr sprach: Siehe, der Mensch ist geworden wie unsereiner und weiß, was gut und böse ist. Nun aber, dass er nur nicht ausstrecke seine Hand und nehme auch von dem Baum des Lebens und esse und lebe ewiglich! 23 Da wies ihn Gott der Herr aus dem Garten Eden, dass er die Erde bebaute, von der er genommen war. 24 Und er trieb den Menschen hinaus und ließ lagern vor dem Garten Eden die Cherubim mit dem flammenden, blitzenden Schwert, zu bewachen den Weg zu dem Baum des Lebens. *Die Bibel, Genesis 3, 1-24*

Garten Eden: in der Bibel das Paradies, ein Ort des Friedens und des Glücks, in dem die Menschen vor dem Sündenfall lebten

Cherubim: in der Bibel Engel von hohem Rang

M2 Was ein Philosoph dazu sagt

Philosophie
> Glossar

Diese Geschichte ist die Geschichte vom Sündenfall der Menschen und ihrer Vertreibung aus dem Paradies. Demnach hätten die Menschen ursprünglich ein paradiesisches Leben geführt, aber sich dieses Leben durch ihre eigene Schuld für immer verscherzt. Denn diese beiden ersten Menschen, Adam und Eva, haben ein Gebot Gottes übertreten, sie haben vom Baum der Erkenntnis gegessen, der Erkenntnis des Guten und Bösen, wie es in diesem Mythos heißt, und zur Strafe wurden sie aus dem Paradies vertrieben, sie wurden sterblich, und ihr Leben war fortan mit Mühe und Sorge beladen. Diesen Mythos haben sich die alten Hebräer ausgedacht.

Mythos: Erzählung aus der Frühzeit eines Volkes z. B. über Götter, übernatürliche Wesen oder die Entstehung der Welt

Roland Simon-Schaefer

Roland Simon-Schaefer: deutscher Philosoph und Hochschullehrer (1944-2010)

AUFGABEN

1 Erarbeitet in Partnerarbeit eine Liste der Ereignisse, die zur Vertreibung Adams und Evas aus dem Paradies geführt haben. > M1
2 Erstellt in Partnerarbeit eine Zeichnung der Ereignisse, die ihr in Aufgabe 1 erarbeitet habt (Zeichnung mindestens in Größe DIN A3). Präsentiert sie anschließend eurer Klasse. > M1
3 Was erfährst du aus der biblischen Geschichte über den Menschen? Welches Bild vom Menschen wird hier dargestellt? Erkläre dieses Menschenbild. > M1
4 Inwieweit stimmt ihr dem Menschenbild der biblischen Erzählung vom Sündenfall zu oder nicht zu? Diskutiert eure Meinungen. > M1
5 Vergleiche das Menschenbild der biblischen Geschichte mit dir selbst. Wo findest du dich darin wieder? Und wo nicht? > M1
6 Wenn ein Mensch an die Geschichte vom Sündenfall glaubt, hat das Folgen für ihn und sein Leben. Liste mögliche Folgen für einen Gläubigen, die sich aus dieser Geschichte ergeben, auf. > M1
7 Lest den Text M2 und diskutiert die Behauptung, der Sündenfall sei ein Mythos. Welche Gründe könnten Menschen haben, sich einen solchen Mythos auszudenken? > M2
plus 8 Schreibe selbst eine Erklärung dafür, warum Menschen (auch heute noch) kein paradiesisches Leben führen. Diese Erklärung kann ein Mythos sein, sie kann aber auch eine ganz sachliche Erklärung darstellen.

Was heißt „menschenwürdig"?

M1 Menschenwürdig?

Schlammschlacht auf dem „Matchfield" der Big Brother-Show 2005: In 40 Kubikmeter Kuhmist sind Plastikeier versteckt, um die sich die Bewohner in der stinkenden Masse streiten.

Grundgesetz: Bezeichnung für die Verfassung der Bundesrepublik Deutschland. In der Verfassung legt ein Staat die wichtigsten Regeln für sich selbst und das Zusammenleben der Menschen fest.

M2 Im Grundgesetz verankert

„Die Würde des Menschen ist unantastbar. Sie zu achten und zu schützen ist Verpflichtung aller staatlichen Gewalt."

Grundgesetz für die Bundesrepublik Deutschland, Artikel 1

M3 Aufgenommen

Jeden Tag dasselbe mulmige Gefühl. Wenn Niels in die Straßenbahn zur Schule einsteigt, sitzen die Jungs aus der Parallelklasse schon hinten und blockieren den Gang zu den Sitzplätzen, die noch frei sind. Sie sehen so aus, als ließen sie niemanden vorbei – außer Niels. Denn mit Niels haben sie diesen Deal gemacht. Er beliefert sie mit Videos, die man sonst nirgendwo bekommt, mit Videos, die er selber dreht. Das Ganze hatte eigentlich ganz anders angefangen.

Eines Tages war Niels gerade dabei gewesen, mit der neuen Digitalkamera seines Vaters Fotos zu schießen. Er brauchte sie für ein Projekt, bei dem es um die sozialen Brennpunkte seines Heimatortes ging. Auf einmal kamen diese Jungs und nahmen ihm seine Kamera weg. Einer von ihnen sah sich die Bilder an und damit begann das große Problem. „Hey, du Starfotograf, willst du deine Kamera zurückhaben? Dann musst du ab jetzt für uns die Fotos machen, wenn wir mit unserer Gang unterwegs sind." Zuerst wollte Niels wegrennen, aber einerseits durfte er auf keinen Fall ohne die Kamera wieder zurück nach Hause kommen und andererseits wusste er, dass diese Gang vor Gewalt nicht haltmachte. Schließlich hatten sie die kleine Schwester von Ben schon oft vor allen ihren Freundinnen auf dem Schulhof festgehalten und verspottet und dem kurzsichtigen Mahmut die Brille weggenommen und ihn in die Toilette eingesperrt. Und dann war da letzten Monat doch diese Sache bei der Straßenbahn, von der keiner wusste, ob diese Gang nicht doch Schuld an den Verletzungen des alten Mannes war. Der Anführer machte klar: „Von heute an gehörst du als Fotograf dazu und wir sind die Stars. Halte dich bereit und sag keinem

was, sonst ist das nicht nur das Ende für deine Kamera …"
Von da an hatte er wenigstens einen Platz in der Straßenbahn, aber sein schlechtes Gewissen wurde immer größer. Immerhin hatte er alles aufgezeichnet, was in den letzten Tagen passiert war. Und die Fotos und Filme, die seine Mitschüler in albernen oder peinlichen Situationen zeigten, gab es jetzt auf dem Schulhof. Alle schauten sie sich an und lachten über das, was da zu sehen war. Wie konnte er nur aus dieser Lage wieder herauskommen? Er hatte die Gesichter derjenigen, die er fotografiert hatte, noch vor Augen, aber letztlich war er doch auch nur ein Opfer.

Gewissen
> Glossar

M4 Würdiges und Unwürdiges

menschen(un)würdig									
… leben	… sterben	… ernähren	… angesehen werden	… arbeiten	… untergebracht sein	… wohnen	… gepflegt werden	… behandelt werden	…

M5 Würde als Selbstzweck

Immanuel Kant schuf philosophische Grundlagen zum Verständnis der Menschenwürde.

Um zu verstehen, was Menschenwürde bedeutet, ist es wichtig, zwischen Personen und Sachen zu unterscheiden. Sachen sind zum Beispiel eine Schreibfeder oder ein Trinkglas. Sie dienen immer einem bestimmten Zweck.
Menschen sind aber keine Sachen, sondern Personen. Man kann nicht sagen, dass der Mensch als Person zu einem höheren Zweck bestimmt ist wie die Schreibfeder zum Schreiben oder das Trinkglas zum Trinken. Der Mensch ist sich vielmehr ein Selbstzweck, d. h. er ist kraft seiner Vernunft frei, sich selbst Zwecke zu setzen, sich selbst zu bestimmen. […] Die Würde des Menschen zu respektieren, heißt also, immer auch sein Selbstbestimmungsrecht und seinen Eigenwert als Person zu respektieren. Unwürdig wäre es, ihn ausschließlich wie eine Sache zu behandeln, die fremden Zwecken dient.

Immanuel Kant, Person
> Glossar

AUFGABEN

1 Diskutiert darüber, ob das Bild etwas Unwürdiges zeigt und wenn ja, benennt, was ihr unwürdig findet. > M1
2 Sprecht darüber, was der Satz bedeutet. Warum beginnt wohl unser Grundgesetz mit diesen Worten? > M2
3 Formuliere Niels Problem in Bezug auf die Menschenwürde und überlege, wie du an seiner Stelle handeln würdest. Begründe deine Entscheidung. > M3
4 Finde Beispiele für die jeweiligen Begriffe, die die Unterscheidung von „menschenwürdig" und „menschenunwürdig" verdeutlichen. > M4
5 Erarbeite aus dem Text die wichtigsten Merkmale der Menschenwürde und erstelle ein Schaubild mit Begriffen und Bildern. Beurteile mit Hilfe dieser Merkmale deine Ergebnisse der Aufgaben 1 und 3. > M5
plus 6 Sammelt aus den Medien Beispiele für die Missachtung der Menschenwürde und klärt dabei euer Verständnis von „würdig" und „unwürdig". > M1-M4

Wie nehmen Menschen die Wirklichkeit wahr?

M1 Der Elefant und die Blinden

Es waren einmal fünf weise Gelehrte. Sie alle waren blind. Diese Gelehrten wurden von ihrem König auf eine Reise geschickt und sollten herausfinden, was ein Elefant ist.

Und so machten sich die Blinden auf die Reise nach Indien. Dort wurden sie von Helfern zu einem Elefanten geführt. Die fünf Gelehrten standen nun um das Tier herum und versuchten, sich durch Ertasten ein Bild von dem Elefanten zu machen. Als sie zurück zu ihrem König kamen, sollten sie ihm nun über den Elefanten berichten.

Der erste Weise hatte am Kopf des Tieres gestanden und den Rüssel des Elefanten betastet. Er sprach: „Ein Elefant ist wie ein langer Arm."

Der zweite Gelehrte hatte das Ohr des Elefanten ertastet und sprach: „Nein, ein Elefant ist vielmehr wie ein großer Fächer."

Der dritte Gelehrte sprach: „Aber nein, ein Elefant ist wie eine dicke Säule." Er hatte ein Bein des Elefanten berührt.

Der vierte Weise sagte: „Also ich finde, ein Elefant ist wie eine kleine Strippe mit ein paar Haaren am Ende", denn er hatte nur den Schwanz des Elefanten ertastet.

Und der fünfte Weise berichtete seinem König: „Also ich sage, ein Elefant ist wie eine riesige Masse, mit Rundungen und ein paar Borsten darauf." Dieser Gelehrte hatte den Rumpf des Tieres berührt.

Nach diesen widersprüchlichen Äußerungen fürchteten die Gelehrten den Zorn des Königs, konnten sie sich doch nicht darauf einigen, was ein Elefant wirklich ist.

Doch der König lächelte weise: „Ich danke euch, denn ich weiß nun, was ein Elefant ist: Ein Elefant ist ein Tier mit einem Rüssel, der wie ein langer Arm ist, mit Ohren, die wie Fächer sind, mit Beinen, die wie starke Säulen sind, mit einem Schwanz, der einer kleinen Strippe mit ein paar Haaren daran gleicht, und mit einem Rumpf, der wie eine große Masse mit Rundungen und ein paar Borsten ist."

Die Gelehrten senkten beschämt ihren Kopf, nachdem sie erkannten, dass jeder von ihnen nur einen Teil des Elefanten ertastet hatte und sie sich zu schnell damit zufriedengegeben hatten.

www.clara-elisen-stift-koeln.de

M2 Im Kaninchenfell

Philosophie
> Glossar

Einer der alten griechischen Philosophen, die vor über zweitausend Jahren gelebt haben, glaubte, dass die Philosophie durch die Verwunderung der Menschen entstanden sei. Der Mensch findet es so seltsam zu leben, dass die philosophischen Fragen ganz von selber entstehen, meinte er.

Das ist so, als wenn wir bei einem Zaubertrick zusehen: Wir können nicht begreifen, wie das, was wir sehen, möglich ist. Und dann fragen wir danach: Wie konnte der Zauberkünstler zwei weiße Seidenschals in ein lebendiges Kaninchen verwandeln? Vielen Menschen kommt die Welt genauso unfassbar vor wie das Kaninchen, das ein Zauberkünstler plötzlich aus einem eben noch leeren Zylinderhut zieht.

Was das Kaninchen betrifft, so ist uns klar, dass

der Zauberkünstler uns an der Nase herumgeführt hat. Wenn wir über die Welt reden, liegen die Dinge etwas anders. Wir wissen, dass die Welt nicht Lug und Trug ist, denn wir laufen auf der Erde herum und sind ein Teil der Welt. Im Grunde sind wir das weiße Kaninchen, das aus dem Zylinder gezogen wird. Der Unterschied zwischen uns und dem weißen Kaninchen ist nur, dass das Kaninchen nicht weiß, dass es an einem Zaubertrick mitwirkt. Mit uns ist das anders. Wir glauben, an etwas Rätselhaftem beteiligt zu sein, und würden gerne klarstellen, wie alles zusammenhängt.

PS. Was das weiße Kaninchen betrifft, so ist es vielleicht besser, es mit dem gesamten Universum zu vergleichen. Wir, die wir hier wohnen, sind das wimmelnde Gewürm tief unten im Kaninchenfell. Aber die Philosophen versuchen, an den dünnen Haaren nach oben zu klettern, um dem großen Zauberkünstler voll in die Augen blicken zu können. *Jostein Gaarder*

Universum: Weltraum, Weltall

M3 Anweisungen eines Philosophen

Im Kaninchenfell ist es bequem; man muss sich um wenig kümmern. Der Philosoph Immanuel Kant nannte diesen Zustand „Unmündigkeit". Warum die meisten Menschen im Kaninchenfell sitzen, erklärte er so:

Faulheit und Feigheit sind die Ursachen, warum ein so großer Teil der Menschen [...] gerne zeitlebens unmündig bleibt; und warum es anderen so leicht wird, sich zu deren Vormündern aufzuwerfen. Es ist so bequem, unmündig zu sein. Habe ich ein Buch, das für mich Verstand hat, einen Seelsorger, der für mich Gewissen hat, einen Arzt, der für mich die Diät beurteilt, usw.: So brauche ich mich ja nicht selbst zu bemühen. Ich habe es nicht nötig zu denken, wenn ich nur bezahlen kann, andere werden das verdrießliche Geschäft schon für mich übernehmen [...]. *Immanuel Kant*

Gewissen, Immanuel Kant
> Glossar

Vormund: rechtlicher Vertreter, der (statt der Eltern) für das Wohlergehen eines Kindes sorgt und dabei z. B. wichtige Entscheidungen trifft

Kants oberster Grundsatz war:

„Habe Mut, dich deines eigenen Verstandes zu bedienen!"

AUFGABEN

1 Beschreibe die Zeichnung. > M1
2 Lies den Text M1. Wie kommen die Blinden zu ihrem Urteil? Obwohl keine ihrer Aussagen falsch ist, treffen ihre Beschreibungen doch nicht das Ganze des Elefanten. Erkläre, woran das liegt. > M1
3 Sammelt Beispiele, die zeigen, dass unsere Fähigkeit zur Wahrnehmung begrenzt ist. > M1
4 Erarbeitet in kleinen Gruppen die wichtigsten Gedanken des Textes von Jostein Gaarder. > M2
5 Das Kaninchenfell ist ein Gedankenexperiment. Besprecht gemeinsam: Warum sitzen die meisten Menschen ganz unten? Welche Folgen hat es, wenn man nach oben klettert? > M2
plus 6 Ein Philosoph ist nach oben geklettert und berichtet den Menschen, die im Fell sitzen, von seinen Erlebnissen. Schreibt eine kleine Rede. Was könnte der Philosoph den anderen erzählen? > M2
plus 7 Übersetze die Forderungen Kants in deine Sprache. Beantworte dann folgende Frage: Warum sind diese Forderungen Kants wichtig? > M3

Gedankenexperiment
> S. 184f.

Die Welt um uns herum

M1 Was ist real?

Wie du siehst, arbeite ich am Computer. Auf meinem Schreibtisch liegen ein paar tibetische Klangschalen, die ich während einer Reise durch Indien gekauft habe, und ein paar Äpfel in einer Schale. Neben dem Schreibtisch steht ein Regal voller Bücher. Auf der anderen Seite befindet sich ein offener Kamin, in dem ein paar verstaubte Trockenblumen stehen. Hinter mir ist ein Fenster. Man sieht ein paar Bäume, Wolken, die Sonne und die Dächer und Kirchtürme von Oxford.

Platon
> Glossar

Auf die Frage „Was ist real?" würden die meisten Leute vermutlich antworten, dass Realität all das ist, was man um sich herum sieht: Mein Schreibtisch, der Stuhl, die Bäume und Wolken – das ist die Realität, die wirkliche Welt. Doch mit dieser Aussage wäre nicht jeder einverstanden. Besonders Platon nicht. Platons Meinung nach ist nämlich das, was ich um mich herum sehe, nur ein Schatten. Die wirkliche Welt sei unseren fünf Sinnen nicht zugänglich, hat er gesagt. Sie könne nicht gesehen, berührt, gehört, gerochen oder geschmeckt werden.

Doch wie ist diese verborgene Welt? Platon behauptet, sie sei einfach wunderschön.

In dieser Welt ist alles vollkommen. Es gab sie schon immer, und es wird sie auch immer geben. Sie ist der Ort, von dem wir kommen. Und sie ist der Ort, an den wir nach unserem Tod gehen. Platon sagt auch, wenn wir wahres Wissen erwerben wollen, müssen wir auf die Welt hinter den Schatten blicken. Unsere fünf Sinne können uns nicht mitteilen, wie die Dinge wirklich sind. Doch wie können wir von den Dingen jenseits der Schatten erfahren? Wie wir gleich sehen werden, behauptet Platon, dass nur unser Verstand uns Zugang zu wahrem Wissen verschaffen könne.

M2 Platons Höhlengleichnis

Stell dir eine tief in der Erde gelegene Höhle vor. In dieser Höhle leben Gefangene, in Ketten und mit dem Gesicht zur Wand. Sie können den Kopf nicht drehen, um zu sehen, was hinter ihnen ist. Diese Gefangenen können nichts anderes tun, als ihr ganzes Leben lang an diese Wand zu starren.

Eines Tages kommt einer dieser Gefangenen – nennen wir ihn Alf – frei. Er darf sich umdrehen und nach draußen blicken. Zu Anfang ist Alf geblendet von einem grellen Licht. Seine Augen schmerzen, doch schon nach einer Weile gewöhnen sie sich an die gleißende Helligkeit.

Nach und nach beginnt Alf zu erkennen, dass vor dem Eingang der Höhle ein gewaltiges Feuer brennt. Es war dieses Feuer, das ihn anfangs geblendet hatte. Zwischen dem Feuer und der Höhle verläuft ein Weg […]. Über diesen Pfad gehen die Gefängniswärter. Alf kann sehen, dass sie Gegenstände mit sich tragen, die Schatten werfen bis hinunter in die Höhle, auf die Wand vor den Gefangenen.

Alf hat noch nie zuvor einen realen Gegenstand gesehen. Als Gefangener konnte er nur die Schatten sehen, die von diesen Gegenständen an die Wand geworfen wurden. Und genau wie seine Mitgefangenen hatte er immer gedacht, diese Schatten seien die wirklichen Gegenstände. Er hatte das, was er an der Wand gesehen hatte, einfach für die Realität gehalten.

Doch nun erkennt Alf, wie sehr er und die anderen Gefangenen zum Narren gehalten worden waren. Er versteht mit einem Mal, dass das, was er für die reale Welt gehalten hatte, nur eine Abfolge von Schatten gewesen war. Er begreift, dass die reale Welt vor ihm versteckt worden war.

M1/M2: Stephen Law

AUFGABEN

1 Schreibe auf, was du unter den Begriffen „real" und „Realität" verstehst.

2 Inwieweit ist die Welt um dich herum deiner Meinung nach real? Begründe deine Antwort.

3 Arbeite aus dem Text M1 heraus, wie Platon die Frage „Was ist real?" beantwortet hat. Vergleiche das Ergebnis mit deiner Antwort aus Aufgabe 2. > M1

4 Zeichne zusammen mit einer Partnerin oder einem Partner ein Bild vom Höhlengleichnis. Wer und was befindet sich wo? > M2

5 Platons Ansicht nach ist die Welt, die wir um uns herum wahrnehmen, lediglich ein Schatten der „wirklichen Welt". Erkläre, wie er diese Ansicht mit Hilfe des Höhlengleichnisses begründet. > M2

plus 6 Diskutiert, welche Folgen sich aus Platons Verständnis der Welt für das Leben der Menschen ergeben. > M1/M2

Wie erklärt die Bibel die Entstehung der Welt?

Schöpfung
> Glossar

Genesis: Das Wort „Genesis" bedeutet „Entstehung" oder „Ursprung" und ist der Name des ersten Buchs des Alten Testaments der Bibel. Die Genesis enthält eine Reihe von Entstehungsgeschichten, z. B. die Entstehung der Welt und des Menschen. Nicht nur Juden und Christen berufen sich auf diese Schöpfungsgeschichten; auch für Muslime ist der erste Schöpfungsbericht von großer Bedeutung.

M1 Das Sechs-Tage-Werk Gottes

So wird die erste Schöpfungsgeschichte in der Bibel erzählt (Genesis 1-2):

Am Anfang schuf Gott Himmel und Erde. Die Erde war noch leer und öde, Dunkel bedeckte sie und wogendes Wasser, und über den Fluten schwebte Gottes Geist.

Da sprach Gott: „Licht entstehe!", und das Licht strahlte auf. Und Gott sah das Licht an: Es war gut. Dann trennte Gott das Licht von der Dunkelheit und nannte das Licht Tag, die Dunkelheit Nacht. Es wurde Abend und wieder Morgen: **der erste Tag.**

Dann sprach Gott: „Im Wasser soll ein Gewölbe entstehen, eine Scheidewand zwischen den Wassermassen!" So geschah es: Gott machte ein Gewölbe und trennte so das Wasser unter dem Gewölbe von dem Wasser, das darüber war. Und Gott nannte das Gewölbe Himmel. Es wurde Abend und wieder Morgen: **der zweite Tag.**

Dann sprach Gott: „Das Wasser unter dem Himmelsgewölbe soll sich alles an einer Stelle sammeln, damit das Land hervortritt." So geschah es. Und Gott nannte das Land Erde, die Sammlung des Wassers nannte er Meer. Und Gott sah das alles an: Es war gut.

Dann sprach Gott: „Die Erde lasse frisches Grün aufsprießen, Pflanzen und Bäume von jeder Art, die Samen und samenhaltige Früchte tragen!" So geschah es: Die Erde brachte frisches Grün hervor, Pflanzen jeder Art mit ihren Samen und alle Arten von Bäumen mit samenhaltigen Früchten. Und Gott sah das alles an: Es war gut. Es wurde Abend und wieder Morgen: **der dritte Tag.**

Dann sprach Gott: „Am Himmel sollen Lichter entstehen, die Tag und Nacht voneinander scheiden, leuchtende Zeichen, um die Zeiten zu bestimmen: Tage und Feste und Jahre. Sie sollen am Himmelsgewölbe leuchten, damit sie der Erde Licht geben." So geschah es: Gott machte zwei große Lichter, ein größeres, das den Tag beherrscht, und ein kleineres für die Nacht, dazu auch das ganze Heer der Sterne. Gott setzte sie an das Himmelsgewölbe, damit sie der Erde Licht geben, den Tag und die Nacht regieren und Licht und Dunkelheit voneinander scheiden. Und Gott sah das alles an: Es war gut. Es wurde Abend und wieder Morgen: **der vierte Tag.**

Dann sprach Gott: „Das Wasser soll von Leben wimmeln, und in der Luft sollen Vögel fliegen!" So schuf Gott die Seeungeheuer und alle Arten von Wassertieren, ebenso jede Art von Vögeln und geflügelten Tieren. Und Gott sah das alles an: Es war gut. Und Gott segnete seine Geschöpfe und sagte: „Seid fruchtbar, vermehrt euch und füllt die Meere, und ihr Vögel, vermehrt euch auf der Erde!" Es wurde Abend und wieder Morgen: **der fünfte Tag.**

Dann sprach Gott: „Die Erde soll Leben hervorbringen: Alle Arten von Vieh und wilden Tieren und alles, was auf der Erde kriecht." So geschah es. Gott machte die wilden Tiere und das Vieh und alles, was auf dem Boden kriecht, alle die verschiedenen Arten. Und Gott sah das alles an: Es war gut.

Dann sprach Gott: „Nun wollen wir Menschen machen, ein Abbild von uns, das uns ähnlich ist! Sie sollen Macht haben über die Fische im Meer, über die Vögel in der Luft, über das Vieh und alle Tiere auf der Erde und über alles, was auf dem Boden kriecht." So schuf Gott die Menschen nach seinem Bild, als Gottes Ebenbild schuf er sie und schuf sie als Mann und als Frau. Und Gott segnete die Menschen und sagte zu ihnen: „Seid fruchtbar und vermehrt euch! Füllt die ganze Erde und nehmt sie in Besitz! Ich setze euch über die Fische im Meer, die Vögel in der Luft und alle Tiere, die auf der Erde leben, und vertraue sie eurer Fürsorge an."

Weiter sagte Gott zu den Menschen: „Als Nahrung gebe ich euch die Samen der Pflanzen und die Früchte, die an den Bäumen wachsen, überall auf der ganzen Erde. Den Landtieren aber und den Vögeln und allem, was auf dem Boden kriecht, allen Geschöpfen, die den Lebenshauch in sich tragen weise ich Gräser und Blätter zur Nahrung zu." So geschah es. Und Gott sah alles an, was er geschaffen hatte, und sah: Es war alles sehr gut. Es wurde Abend und wieder Morgen: **der sechste Tag.**

So entstanden Himmel und Erde mit allem, was lebt. Am siebten Tag hatte Gott sein Werk vollendet und ruhte von aller seiner Arbeit aus. Und Gott segnete den siebten Tag und erklärte ihn zu einem heiligen Tag, der ihm gehört, denn an diesem Tag ruhte Gott, nachdem er sein Schöpfungswerk vollbracht hatte.

Dies ist die Geschichte der Entstehung
von Himmel und Erde;
so hat Gott sie geschaffen.

Die Bibel (nach Genesis bzw. 1. Mose 1,1-2,4)

M2 Die Erschaffung des Menschen

Michelangelo, Die Erschaffung Adams (Sixtinische Kapelle), zwischen 1508 und 1512

Michelangelo: italienischer Maler, Bildhauer, Architekt und Dichter (1475-1564). Besonders berühmt sind seine Decken- und Wandmalereien in der Sixtinischen Kapelle in Rom.

AUFGABEN

1 Gestalte eine kleine Bildergeschichte, auf der man erkennen kann, wie sich das Aussehen der Erde in der biblischen Schöpfungsgeschichte nach und nach verändert. Zeichne für jeden der sechs Schöpfungstage ein Bild. Achte genau auf die Reihenfolge der Erschaffung von Dingen und Lebewesen. > M1

2 Stelle auch den siebten Tag zeichnerisch dar. Erkläre, was das Besondere an diesem Tag ist. > M1

3 Beschreibe Michelangelos Bild von der Erschaffung des Menschen. Erläutere, wie der Maler das besondere Verhältnis zwischen Gott und dem Menschen darstellt. > M2

4 Benenne Stellen der Schöpfungsgeschichte, die das besondere Verhältnis zwischen Gott und dem Menschen deutlich machen. > M1/M2

5 Vergleicht die biblische Schöpfungsgeschichte mit den anderen Schöpfungsmythen, die du bereits kennst. Haltet die wichtigsten Gemeinsamkeiten und Unterschiede in einer Tabelle fest. > M1

6 Erstelle zur Schöpfungsgeschichte ein Braintrack. > M1

plus 7 Informiert euch über die zweite biblische Schöpfungsgeschichte (Genesis 2). Stellt sie in der Klasse vor und vergleicht sie mit der ersten Schöpfungsgeschichte. Achtet dabei auf die Aussagen, die die beiden Geschichten über Gott und den Menschen machen. > M1

Bilder analysieren
> S. 202f.

Braintrack
> S. 124f.

Warum machen wir uns ein Bild von der Welt?

M1 Eine Welt oder mehrere?

M2 Warum überhaupt Weltbilder?

Philosophie
> Glossar

Zyklus: (Plural: Zyklen) Kreislauf von Ereignissen oder Dingen, die regelmäßig wiederkehren

Kosmos, Universum: Weltraum, Weltall

Der Mensch sieht sich in ein Universum hineingeworfen, das er nicht oder nur in wenigen Teilen versteht. Daran hat die moderne Physik einiges, aber längst nicht alles geändert. Wir stehen immer noch vor vielen Rätseln. Kein Wunder also, dass die Philosophie mit einem Staunen beginnt: Staunen über die Unermesslichkeit des Raumes, über das, was wir Himmel und Erde nennen, über Zyklen der Natur und über Ziel und Ursprung der zeitlichen Entwicklung. […] Was ist Ursprung, was ist Sinn, was ist Ziel dieser Welt? […]

Die Probleme beginnen […] damit, dass wir nicht genau wissen, wie weit dieser „Kosmos" oder dieses „Universum" reicht. Dass die Erde nicht Zentrum des Universums ist, wissen wir inzwischen. Aber gibt es überhaupt ein Zentrum? Müssen wir heute nicht eher von einem „Multiversum" sprechen, einer Ansammlung vieler Welten? Sind sie alle Teil einer gemeinsamen Welt, in der überall die gleichen Naturgesetze gelten? Gibt es zur Erklärung so etwas wie eine „Weltformel"?

Robert Zimmer

M3 Forscher als Detektive

Indizien: Hinweise, Anzeichen

Wenn meine Sinne mir nicht die richtige Auskunft geben können, dann muss ich mir die richtige Ansicht durch Nachdenken, wie ein Detektiv, erschließen. Der Detektiv findet am Tatort ja nicht die Lösung, sondern er erschließt sie aus der richtigen Deutung der Spuren. Dabei können manche Spuren zunächst in die Irre führen, wie wir aus den Detektivgeschichten wissen, denn die Spuren können vieldeutig sein.

Wenn meine Sinne mich nicht darüber aufklären können, dass die Erde sich bewegt, dann muss ich diese Bewegung aus irgendwelchen Indizien erschließen, wie der Detektiv es auch tut. […] In einer vergleichbaren Lage befinden sich die Menschen, wenn sie die Welt erkennen wollen. Sie waren nicht dabei, als die Welt geschaffen wurde oder entstanden ist [...].

Wenn man eine zutreffende Vorstellung von den Bewegungen der Himmelskörper hat, dann kann man z. B. eine Sonnenfinsternis voraussagen, wie es Thales von Milet im Jahre 585 v. Chr. getan hat. Für die Menschen ist es natürlich eine Beruhigung, wenn sie wissen, dass eine Sonnenfinsternis ein normaler astronomischer Vorgang ist, dann brauchen sie nicht zu fürchten, dass ein erzürnter Gott ihnen plötzlich die Sonne wegnimmt.

Roland Simon-Schaefer

astronomisch himmelskundlich, sternkundlich

Thales von Milet > Glossar

M4 Mein Verständnis von Wissenschaft

1. Befragt eure Lehrerinnen und Lehrer, die unterschiedliche Fächer und damit Wissenschaften unterrichten:
   a) Warum hat die jeweilige Lehrkraft das Fach studiert, das sie jetzt unterrichtet? Was hat sie daran besonders interessiert?
   b) Wie charakterisiert sie die besondere Eigenart ihres jeweiligen Faches, wie grenzt sie es von anderen Fächern ab?
   c) Was versteht sie ganz allgemein unter Wissenschaft?
2. Befragt eure Mitschülerinnen und Mitschüler nach ihrem persönlichen Lieblingsfach. Sie sollten ihre Wahl begründen und erläutern, was ihnen daran besonders gefällt.
3. Recherchiert die Rahmenlehrpläne des Ministeriums für Bildung, Jugend und Sport des Landes Brandenburg. Ihr findet sie unter www.bildungsserver.berlin-brandenburg.de. Schreibt euch die dort angegebenen Ziele für die einzelnen Unterrichtsfächer heraus. Diskutiert diese Ziele in der Klasse.

AUFGABEN

1 Beschreibe das Bild und deute es anschließend. Welche Aussage könnte dahinterstehen? > M1

2 Tauscht euch in Partnerarbeit über eure Deutungen aus. Einigt euch auf mindestens drei Aussagen, die hinter dem Bild stehen könnten. > M1

3 Stellt in der Klasse eure Ergebnisse vor und besprecht sie. Erstellt eine Liste der interessantesten oder häufigsten Aussagen. > M1

plus 4 Diskutiert die Frage, ob unsere Welt die einzig mögliche Welt ist. Inwieweit lässt sich behaupten, dass es vielleicht noch viel mehr Welten im Universum gibt? > M1/M2

5 Arbeite aus den Texten M2 und M3 alle Aussagen heraus, die eine Antwort auf die Frage geben: „Warum machen wir uns ein Bild von der Welt?" Liste die Antworten auf. > M2/M3

6 Projektarbeit: Bearbeitet in Gruppen M4 und tragt eure Ergebnisse zusammen. > M4

7 Formuliere Thesen und Stichworte für einen Zeitungsartikel zum Thema „Der Mensch und die Welt, in der er lebt. Was soll das Ganze überhaupt?" Nutze dazu dein Wissen aus dem Kapitel „Den Menschen und die Welt denken" und auch die Ergebnisse der Projektarbeit in Aufgabe 6. Überlege dir zunächst einen aussagekräftigen Titel, einen ansprechenden Untertitel und dann einen Teaser, der zum Lesen deines Artikels motiviert. > M1-M4

plus 8 Verfasse den Zeitungsartikel zur Frage aus Aufgabe 7: „Der Mensch und die Welt, in der er lebt. Was soll das Ganze überhaupt?" > M1-M4

These (vorläufige) Behauptung

Teaser > S. 94f.

Was können wir über unsere Welt wissen?

M1 Wie gelangt man zu wahrem Wissen?

Wir erfahren die Welt, die uns umgibt, mit unseren fünf Sinnen: Sehen, Berühren, Schmecken, Riechen und Hören.

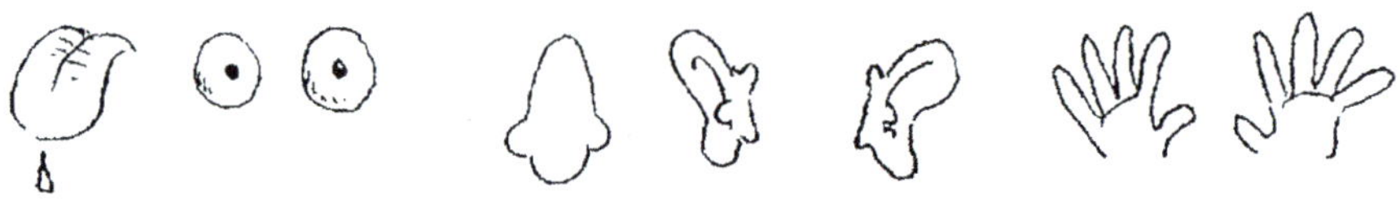

Doch wie wir gesehen haben, behauptet Platon, dass die Welt, die wir auf diese Weise erfahren, nicht die wirkliche Welt ist, sondern nur eine Schattenwelt. Dies ist ein Grund, warum Platon sagt, dass unsere Sinne kein echtes Wissen über die Welt vermitteln können. Unsere Sinne sind trügerisch. *Wahres* Wissen bezeichnet er als Wissen um die wahre Realität, um die Welt, die jenseits jener Welt liegt, die unsere fünf Sinne uns enthüllen. Wahres Wissen ist das Wissen um die Ideen.

Philosophie, Platon
> Glossar

ignorieren: etwas nicht beachten

Doch wie können wir an Wissen um die Ideen kommen, wenn nicht über unsere fünf Sinne? Platon meint, wahres Wissen erlange man nur durch die *Philosophie*. Nur wer seinen Verstand einsetzt und intensiv nachdenkt, kann zu wahrem Wissen kommen. Wer wahres Wissen erlangen will, muss sogar die Sinne ignorieren. Er muss die Augen schließen, sich Watte in die Ohren stopfen, sich in seinen Lieblingssessel setzen und *nachdenken*.

Platon gibt natürlich zu, dass es für die Philosophen sehr schwierig ist, die Menschen von der Welt der Sinne wegzulocken und davon zu überzeugen, dass die uns umgebende Welt nur eine Schattenwelt ist. Denn sie *wirkt* sehr real, meint er. Die Welt der Sinne ist zweifellos sehr verlockend. Wir lieben unsere Sinne und die Vergnügungen, die sie uns verschaffen: den Geschmack von Eis, den Klang von Musik, das Sehen eines schönen Baums. Doch es gibt laut Platon höher stehende, seltenere Vergnügungen – eben solche, die einem nur die Philosophie bieten kann. Verglichen mit diesen höheren Vergnügungen sei das, was die Sinne uns bieten, karg und kümmerlich.

Dennoch – die meisten von uns sind nun mal Sklaven ihrer Sinne. Philosophen, die uns von der Welt der Sinne wegleiten und zur Welt der unsichtbaren Ideen hinleiten wollen, lehnen wir ab. Genau das versucht Platon uns mit dem Ende seines Höhlengleichnisses klarzumachen. […]

M2 Die Naturwissenschaften

Wahrscheinlich findest du Platons Ansicht über das Wissen etwas erstaunlich. Denn heutzutage halten wir die Naturwissenschaften – Physik, Chemie, Astronomie und so weiter – für den besten Weg zum Wissen. Doch die Naturwissenschaften beruhen eindeutig auf unseren fünf Sinnen: Sehen, Hören, Riechen, Schmecken, Tasten. Wissenschaftler beobachten. Sie schauen, hören, berühren und schnuppern. Manchmal testen sie auch mit der Zunge. Sie führen Experimente durch und untersuchend die Ergebnisse. Und auf all ihren unterschiedlichen *Beobachtungen* basieren ihre wissenschaftlichen Theorien.

Nun denkst du sicher: Ist die *wissenschaftliche* Methode nicht eine der besten Methoden, um herauszufinden, wie die Welt wirklich ist? Hat Platon sich nicht geirrt, als er sagte, dass unsere Sinne uns kein wahres Wissen vermitteln können?
Vielleicht sagst du dir auch: „Wie kann jemand etwas Wichtiges herausfinden, indem er mit geschlossenen Augen in seinem Lieblingssessel sitzt und nachdenkt?" Ist das nicht die *allerletzte* Möglichkeit, um etwas über die Wirklichkeit zu erfahren? Irrt Platon nicht, wenn er sagt, dass ruhiges Nachdenken der einzige Weg zu wahrem Wissen ist? Ist es nicht ganz offensichtlich, dass wir ohne unsere fünf Sinne niemals zu wahrem Wissen kommen können? Der Verstand allein ist blind. Sind unsere Sinne nicht die einzig wahren Fenster zur Realität?
Es kann sein, dass Platon sich irrt, wenn er sagt, dass unsere Sinne uns kein wahres Wissen vermitteln können. Doch vielleicht steckt auch ein Fünkchen Wahrheit darin. Vielleicht stimmt es zumindest, dass einige der wichtigsten Fragen der Menschheit Fragen sind, auf die unsere Sinne uns keine Antwort geben können. *Stephen Law*

Experiment: wissenschaftlicher Versuch, der etwas erforschen oder zeigen soll

basieren: sich auf etwas gründen

wissenschaftliche Theorie: wissenschaftliches Modell, das einen Bereich der Wirklichkeit zu erklären versucht

AUFGABEN

1. Lies die beiden Texte in Ruhe durch. Notiere a) Aussagen, die du genauso siehst, b) Aussagen, denen du widersprichst, c) Textstellen, die du nicht verstehst, und d) Textstellen, deren Aussage du anzweifelst. > M1/M2
2. Finde dich nun mit einer Partnerin bzw. einem Partner zusammen. Besprecht eure Notizen zu den Texten. > M1/M2
3. Erstellt zu zweit zu den Texten eine Mindmap. Verwendet dafür die folgenden Begriffe: Sinne – Platon – die Welt – Wissen – Realität – Ideen – Wahrheit – nachdenken – Philosophie – Philosoph – Sklaven ihrer Sinne – Naturwissenschaften – wissenschaftliche Theorien – wahres Wissen vermitteln können – Verstand. > M1/M2
4. *plus* „Wer wahres Wissen erlangen will, muss sogar die Sinne ignorieren." Stimmt dieser Gedanke Platons? Positioniere dich dazu. > M1/M2
5. Erstelle ein Plakat zu dem Thema „Was können wir über unsere Welt wissen?" Finde dich anschließend mit einer Mitschülerin oder einem Mitschüler zusammen und erzählt euch gegenseitig eure Ideen. > M1/M2

Phänomene: Erscheinungen

Wie kann ich über Phänomene reflektieren?

Methodenkompetenz: Braintrack – Spuren des Lernprozesses sichtbar machen

Wie Fußabdrücke Spuren im Sand hinterlassen, so lassen auch Informationen während des Unterrichts Spuren im Gehirn zurück. Die Methode „Braintrack“ soll dich zum einen dazu anregen, das, was du im Laufe einiger Unterrichtsstunden gelernt hast, zu deuten und sichtbar zu machen. Zum anderen kannst du dabei noch einmal vertieft darüber nachdenken und noch einmal die Unterrichtsinhalte wiederholen. Folgende Punkte sind bei der Erstellung eines Braintracks zu beachten:

- Für die Umsetzung benötigst du zunächst ein Blatt DIN A3.
- Du erstellst einen Braintrack, indem du zunächst auf einem Konzeptblatt, die wichtigen Spuren bzw. Stationen eines Themas aufschreibst und ihnen damit eine Bedeutung gibst.
- Anschließend ordnest du diese Spuren bzw. Stationen nach einer zeitlichen oder inhaltlichen Reihenfolge und verbindest sie durch Linien.
- Du kannst zu den Stationen auch kleine Bilder malen.

Selim Akarsu

Station: Haltestelle; hier: wichtiger Gesichtspunkt oder Inhalt eines Themas

M1 Ein Braintrack zum Thema Glück

Dieser Braintrack wurde von Leyla, einer Schülerin einer 8. Klasse, zum Thema „Welche Spuren des Glücks gab es im Lebenslauf deines Vaters?“ im Rahmen des L-E-R-Unterrichts erstellt:

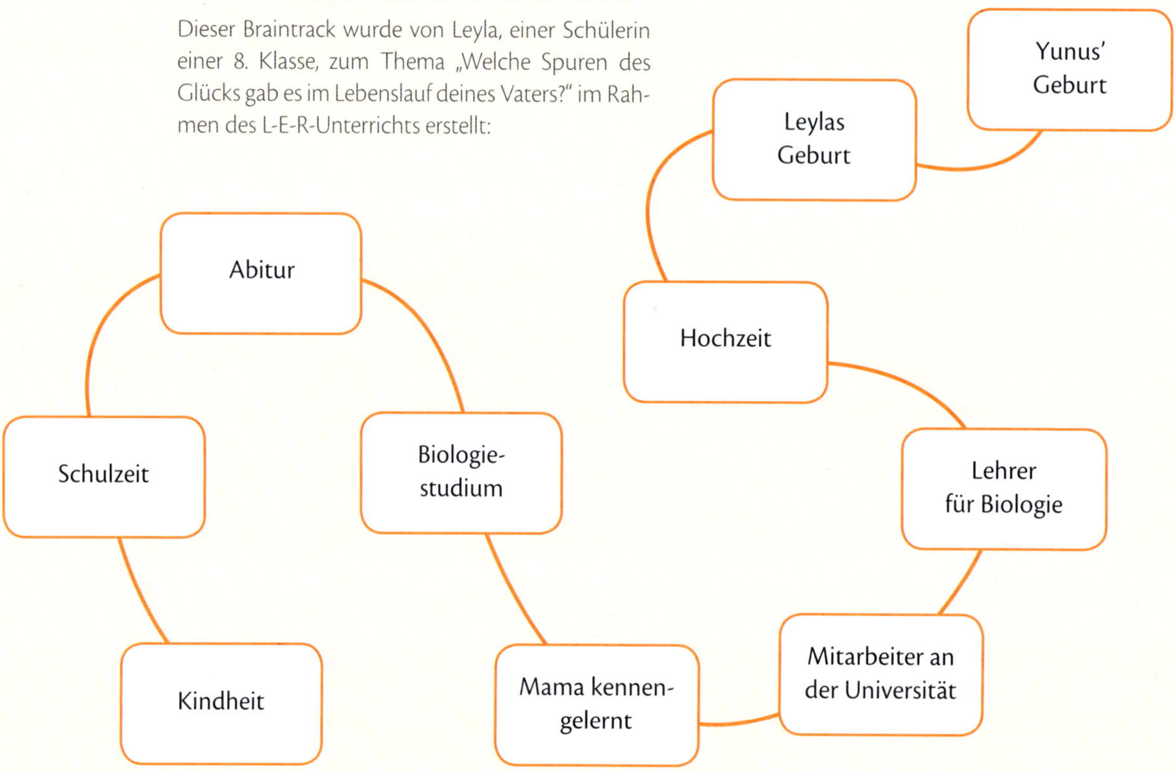

M2 Evolution des Menschen

Der Mensch ist aus biologischer Sicht nicht spontan, sondern ist ein Produkt eines Entwicklungsprozesses, den man Evolution nennt. Man kann diese Entwicklung anhand von Spuren auch an unserem eigenen Körper nachvollziehen. So ist etwa der „aufrechte Gang", also die Tatsache, dass wir auf zwei Füßen laufen können, eine Spur. Diese Spur ist etwa 3,5 Millionen Jahre alt. Eine weitere Entwicklung, die zu einer Spur führte, ist die Vergrößerung des Gehirns, die vor etwa 2 Millionen Jahren erfolgte. Anschließend wurden die Backenzähne kleiner, da die Menschen vor 1,5 Millionen Jahren begannen, auch weichere Nahrung wie z. B. Früchte zu essen. Der heutige Mensch entstand vor ungefähr 0,1 Millionen Jahren. Kennzeichnend für den „modernen" Menschen ist die Vielfalt in der Kommunikation durch unterschiedliche Sprachen.

spontan: von selbst, unmittelbar (hier: entstanden)

Produkt: Erzeugnis; auch: Ergebnis

Kommunikation: Verständigung (untereinander)

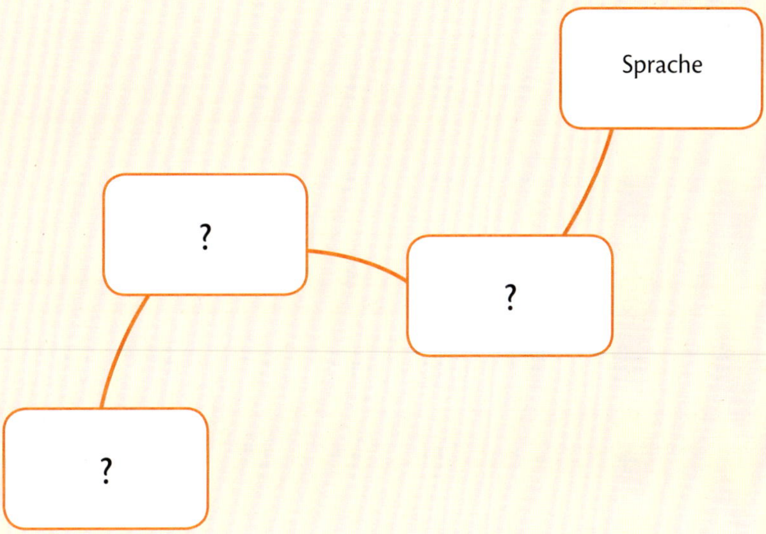

AUFGABEN

1. Nenne Eigenschaften, die eine Spur besitzt.
2. Diskutiert in Gruppen folgende Frage: „Wann hinterlässt das Thema des Unterrichts eine Spur im Gehirn?" Vergleicht eure Ergebnisse.
3. Analysiere Leylas Braintrack zu den „Spuren des Glücks im Lebenslauf ihres Vaters". Was erfährst du? > M1
4. Erstelle einen Braintrack zur Evolution des Menschen anhand der Informationen aus M2 und der Methodenanleitung. > M2
5. Wähle selbst ein Thema oder eine Doppelseite des Kapitels „Den Menschen und die Welt denken" aus und erstelle dazu einen Braintrack nach der Methodenanleitung.

Was wir wissen – was wir können

M Fragen und Antworten

Was ist das „Extra“ des Menschen?

Was meint die Evolutionstheorie mit dem Begriff von der „natürlichen Auslese“?

Worin unterscheidet sich ein Mensch von einem Backstein?

Warum wurden die Menschen nach der christlichen Auffassung aus dem Paradies vertrieben?

Was schenkte Prometheus – laut Mythos – den Menschen?

In welchem Gesetz steht der Satz: „Die Würde des Menschen ist unantastbar“?

Arnold Gehlen meint, der Mensch sei ein „Kulturwesen“: Was ist damit gemeint?

Was bedeutet „Menschenwürde“?

Woran hat sich Gott – laut Bibel – orientiert, als er den Menschen erschaffen hat?

Was kann uns die Geschichte von den Blinden, die ertasten sollen, was ein Elefant ist, lehren?

Wer hat die Evolutionslehre (nach der sich der Mensch aus dem Tierreich entwickelt hat) aufgestellt?

Wie kann man zu wahrem Wissen über die Welt gelangen?

Am wievielten Tag hat Gott – laut Bibel – die Menschen erschaffen?

Wie viele Tage hat Gott – laut Bibel – benötigt, um die Welt entstehen zu lassen?

… ?

Wer hat das Höhlengleichnis verfasst?

… ?

AUFGABEN

Im Kapitel „Den Menschen und die Welt denken“ habt ihr zunächst erfahren, was der Mensch ist, was ihn vom Tier unterscheidet, wie er die Welt wahrnimmt und was er über sich, die Welt und die Seele wissen kann. Ihr habt erfahren, was die Bibel dazu sagt, und ihr habt diskutiert, ob der Mensch ein Meisterwerk ist oder nicht.

1 Entwickelt nun einzeln oder zu zweit mit einer Mitschülerin oder einem Mitschüler Fragekärtchen zu den Themen des Kapitels. Einige Beispiele findet ihr auf dieser Doppelseite. Schreibt dann auf die Rückseite eurer Fragekärtchen die entsprechenden Antworten. Achtet darauf, dass sowohl Fragen zur Lebensgestaltung als auch ethische und religionskundliche Fragen dabei sind. Schreibt dann auf die Rückseite eurer Fragekärtchen die entsprechenden Antworten.

2 Ihr könnt euch dann auch mit einer neuen Partnerin oder einem neuen Partner zusammenfinden und euch gegenseitig eure Fragen stellen und beantworten.

KOMPETENZ-CHECK

1 Übertrage die Tabelle in dein Heft oder lade sie als Arbeitsblatt aus dem Inernet herunter und fülle sie aus. Wenn deine Antwort 😮 oder 😐 lautet, schlage die passende Schulbuchseite nach, die dir bei dem Thema weiterhelfen kann, und lies noch einmal nach.

2 Ergänzt im Anschluss die Tabelle zusammen: Was könnt ihr noch?

	Meine Einschätzung			
Ich kann …	😄	🙂	😮	😐
den Begriff „Mensch“ erklären.				
den Unterschied zwischen Mensch und Tier darstellen.				
meine Ansicht zu der Frage, ob der Mensch als Vorbild für andere Lebewesen gelten kann, begründen.				
erläutern, was den Menschen ausmacht.				
die Ereignisse, die – laut Bibel – zur Vertreibung der Menschen aus dem Paradies geführt haben, deuten.				
den Begriff der Menschenwürde definieren.				
begründen, warum der Philosoph Immanuel Kant fordert: „Habe Mut, dich deines eigenen Verstandes zu bedienen!“				
…				

Arbeitsblatt:
Kompetenz-Check „Den Menschen und die Welt denken“

Mediencode: 20107-04

Sempé

Die Welt gestalten

> Mensch und Natur
> Mensch und Kultur

AUFGABEN

1 Die beiden Menschen verbringen ein Wochenende in der Natur. Beschreibe das Bild: Was genau tun sie alles in der Natur, wie erleben sie die Natur?

2 Was könnte die Natur über die Menschen sagen? Schreibe einen kurzen Text.

3 Erarbeitet das Kapitelthema mit der Placemat-Methode. Nenne dafür zunächst in Einzelarbeit in deinem Feld weitere Beispiele dafür, wie der Mensch seine Umwelt gestaltet und verändert. Begründe, ob diese Veränderungen positiv oder negativ sind. Formuliere dann zwei Fragen, die dir für die Planung und Erarbeitung des Themas „Die Welt gestalten – der Mensch zwischen Natur und Kultur" besonders wichtig sind.

4 Gruppenarbeit: Dreht nun das Blatt, lest euch die Beispiele und Fragen eures Nachbars / eurer Nachbarin durch und ergänzt diese oder schreibt eure Fragen dazu. Dreht dann das Blatt erneut, bis ihr alle Abschnitte gelesen habt. Ordnet die Fragen nach ihrer Wichtigkeit für euch in der Mitte des Plakats. Einigt euch auf drei gemeinsame Fragen zum Unterrichtsthema und tragt sie ebenfalls ein.

5 Präsentiert die Ergebnisse der Placemat-Gruppenarbeiten in einem Museumsgang.

Was ist eigentlich Natur?

M1 Bilder – nicht nur – von der Natur

M2 Natürlich oder hergestellt?

Vanessa: Aristoteles, unsere Lehrerin hat uns gesagt, dass Sie einer der größten Philosophen sind und über viele wichtige Dinge nachgedacht haben, auch über die Natur. Erklären Sie uns bitte, was Natur eigentlich ist.

Aristoteles: Das mache ich gerne. Ihr habt doch alle schon einmal etwas hergestellt, z. B. ein Haus aus Bauklötzen gebaut oder einen Papierflieger gebastelt. Und ihr kennt auch Dinge, die in Fabriken hergestellt und in Geschäften verkauft werden, Handys, T-Shirts usw. Alle diese Dinge wurden von Menschen gemacht. Die natürlichen Dinge unterscheiden sich von diesen Dingen dadurch, dass sie nicht von einem Menschen hergestellt worden sind. Sie sind ganz einfach da, durch sich selbst. Ein Apfel ist ja nicht von einem Menschen gemacht worden, sondern auf einem Baum gewachsen, und der Baum ist auch nicht vom Menschen gemacht worden, sondern hat sich aus einem Samenkorn entwickelt. Unter Natur verstehe ich alles das, was existiert und nicht von einem Menschen hergestellt worden ist.

Vanessa: Dann gibt es zwei Arten von Dingen: vom Menschen hergestellte und natürliche?

Aristoteles: Das hast du richtig erkannt.

Vanessa: Und zur Natur gehören alle Pflanzen, weil sie ja nicht vom Menschen gemacht wurden. Dann müssten ja auch die Tiere zur Natur gehören, denn auch sie wurden nicht vom Menschen gemacht. Und die Wälder, die Berge, das Meer?

Aristoteles
> Glossar

existieren: leben, da sein

AUFGABEN

1 Betrachte die Fotos genau und beschreibe, was du darauf erkennen kannst. > M1

2 Prüft die Bilder. Welche der darauf abgebildeten Dinge wurden vom Menschen hergestellt, welche würdet ihr als natürlich bezeichnen? Begründet eure Einschätzungen. > M1

3 Was versteht ihr eigentlich unter Natur? Sammelt auf einem Zettel alles, was euch spontan zum Begriff „Natur“ einfällt. Alle Ideen sind zugelassen. > M1

4 Sortiert nun eure Einfälle und Gedanken aus Aufgabe 3 in einem Cluster. > M1

plus 5 Bringt Naturbilder in den Unterricht mit (Fotos, Bilder aus Zeitungen oder auch Bilder von Kunstwerken; fragt hier gegebenenfalls eure Lehrkraft in Kunst). Sortiert die Bilder: Gibt es Gemeinsamkeiten? Worin unterscheiden sie sich? > M1

plus 6 Erstellt eine Wandzeitung zum Thema „Natur“. > M1

7 Lies dir die Erklärung von Aristoteles durch. Was versteht er unter Natur? Vergleiche seine Auffassung von Natur mit deiner eigenen. > M2

8 Setzt euch mit folgenden Fragen auseinander: Ist ein Garten eigentlich Natur? Was daran ist natürlich, was nicht? Stellt die gleichen Überlegungen an für einen Park oder einen Wald. > M2

9 Führt ein Gedankenexperiment durch zu folgender Frage: Stellt euch vor, es ist eine Tatsache, dass es ein überirdisches Wesen gibt, das die Welt und den Menschen erschaffen hat. Kann man dann noch von Natur oder natürlichen Dingen sprechen? > M1/M2

Gedankenexperiment
> S. 184f.

Die Erde hat Fieber

M1 Die Natur schlägt zurück ...

Flutkatastrophe in Deutschland, Brandenburg, Sommer 2013
Weltweit nimmt die Zahl der Überschwemmungen infolge sintflutartiger Regenfälle zu.

Dürre in Indien (2003)
Immer mehr Gegenden der Erde sind von extremer Trockenheit bedroht. Viele Flüsse und Seen, z. B. der Tschadsee in Afrika, trocknen aus.

Ein Eisberg treibt am 9. April 2015 vor Ny-Ålesund auf Spitzbergen (Norwegen) im Polarmeer.
So wie der arktische Eisschild schmelzen auch das Eis am Südpol und fast alle Gletscher der Erde, z. T. sogar sehr schnell.

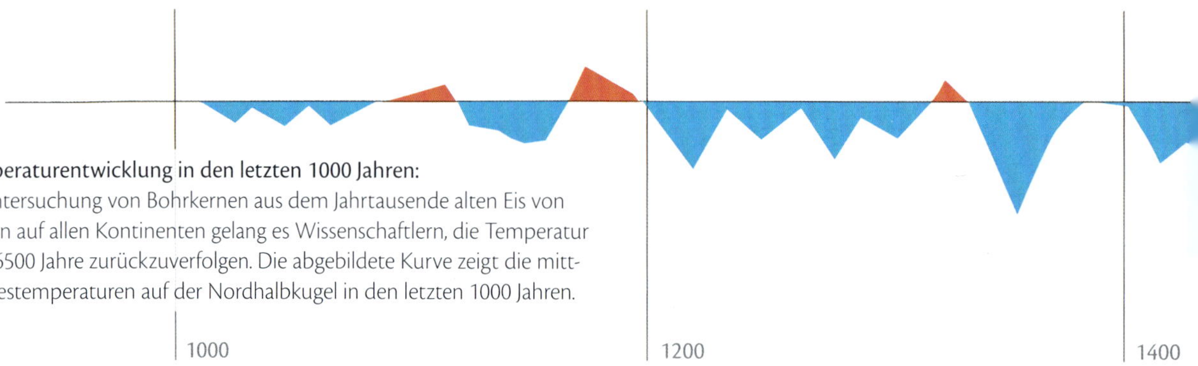

Die Temperaturentwicklung in den letzten 1000 Jahren:
Durch Untersuchung von Bohrkernen aus dem Jahrtausende alten Eis von Gletschern auf allen Kontinenten gelang es Wissenschaftlern, die Temperatur der Erde 6500 Jahre zurückzuverfolgen. Die abgebildete Kurve zeigt die mittleren Jahrestemperaturen auf der Nordhalbkugel in den letzten 1000 Jahren.

M2 Der Weltklimabericht

Der Weltklimarat der Vereinten Nationen, IPCC (Intergovernmental Panel on Climate Change), ist ein wissenschaftliches Gremium, das den aktuellen Stand zum Klimawandel zusammenträgt.

Der im Jahr 2013 veröffentlichte Teilbericht bestätigt eindeutig, dass sich das Klima gegenwärtig ändert und dass dies auf menschliche Einflüsse zurückzuführen ist. Die Belege für den Klimawandel und seine Ursachen sind noch umfassender und sicherer als im vorhergehenden Bericht von 2007. [...] Seit Mitte des letzten Jahrhunderts finden im gesamten Klimasystem Veränderungen statt. Die globale Mitteltemperatur in Bodennähe steigt, Gletscher tauen, Eisschilde verlieren an Masse, die Ozeane erwärmen sich und der mittlere Meeresspiegel steigt. Viele dieser Veränderungen sind in den zurückliegenden Jahrzehnten bis Jahrtausenden noch nie aufgetreten.

Umweltbundesamt

Vereinte Nationen: Zusammenschluss von über 190 Staaten, der 1945 gegründet wurde. Zu den Aufgaben zählen die Sicherung des Weltfriedens und die Förderung der Zusammenarbeit der Staaten.

M3 Welche Folgen hat das?

Durch die höhere Temperatur nimmt die Luft mehr Feuchtigkeit auf, so dass die Niederschläge zunehmen und die Stürme häufiger und stärker werden. Andererseits kommt es zu größeren Dürreperioden, weil sich die Niederschläge geografisch verschieben und die warme Luft den Boden stärker austrocknet. Der Weltklimarat sagt voraus, dass sich die globale Erwärmung in dramatischer Weise fortsetzen wird. Nur bei einer ambitionierten Klimapolitik, d. h. der Einleitung umfassender und wirksamer Gegenmaßnahmen, besteht die Möglichkeit, den Temperaturanstieg unterhalb von zwei 2 Grad Celsius zu begrenzen.

AUFGABEN

1 Beschreibe die Abbildungen. > M1
2 Erkläre, wie es zu den jeweiligen Ereignissen gekommen ist. > M1-M3
plus 3 Recherchiert weitere katastrophale Auswirkungen des globalen Klimawandels. > M1-M3
4 Erläutere die unten auf der Seite abgedruckte Temperaturkurve durch die Aussagen des Weltklimaberichtes. > M2/M3
5 Fünf Grad globale Mitteltemperatur machen den Unterschied zwischen einer Eiszeit und einer Warmzeit aus. Während der letzten Eiszeit betrug die mittlere Temperatur 10 Grad, in der Zeit danach 15 Grad. Was würde geschehen, wenn die mittlere Temperatur auf 20 Grad steigt? Versuche diese Frage zu beantworten und entwirf ein Szenario des alltäglichen Lebens in einer solchen wärmeren Zukunft. > M2/M3
6 Erstellt in Gruppenarbeit einen Teaser zum Klimawandel. > M1-M3

Teaser
> S. 94f.

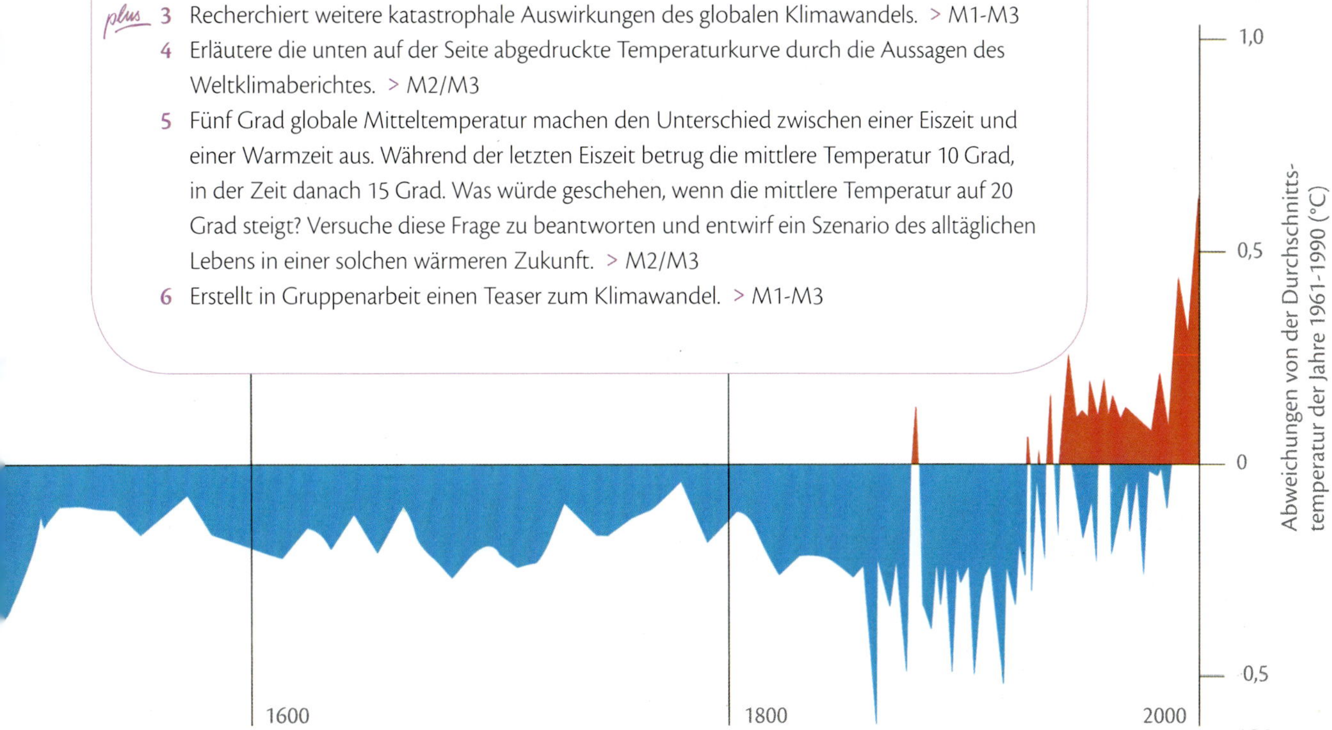

Klimakiller Kohlendioxid

M1 Ursachen der globalen Erwärmung

Die Temperaturen auf der Erdoberfläche unterliegen natürlichen Schwankungen, die u. a. zum Teil mit der Sonnenaktivität zusammenhängen. Die globale Erwärmung der letzten Jahrzehnte lässt sich allerdings nicht mehr allein durch natürliche Ursachen erklären, der Mensch ist – dem Weltklimarat zufolge mit 90 %-iger Sicherheit – mitverantwortlich für die Klimakrise. Als Hauptursache des Temperaturanstiegs haben Wissenschaftler die sogenannten Treibhausgase, allen voran das Kohlendioxid (CO_2), ausgemacht. Zwischen der in Bohrkernen aus Gletschereis gemessenen CO_2-Konzentration und der Temperaturentwicklung über 650 000 Jahre besteht ein eindeutiger Zusammenhang. In den Zeiten vor der industriellen Revolution betrug die CO_2-Konzentration zu keinem Zeitpunkt mehr als 300 ppm (parts per million), zum gegenwärtigen Zeitpunkt liegt sie bei 380 ppm. Wenn die Menschheit nichts gegen den Anstieg unternimmt, wird sie im Jahr 2050 über 600 ppm liegen – und so einen dramatischen Anstieg der mittleren Erdtemperatur bewirken.

Wissenschaftler erklären die globale Erwärmung so: Je mehr CO_2 die Erdatmosphäre enthält, desto höher steigt die Temperatur an der Erdoberfläche, weil mehr Sonnenenergie absorbiert wird. Energie von der Sonne dringt in Form von Lichtwellen in die Atmosphäre ein und heizt die Erde auf. Auf der Erdoberfläche wird ein Teil dieser Energie in Wärme umgewandelt, der Rest wird in Form von infraroter Strahlung reflektiert. Unter normalen Umständen wird ein Teil dieser infraroten Strahlung von der Atmosphäre eingefangen – und das ist auch gut so, denn dadurch bleibt die Temperatur auf der Erde innerhalb erträglicher Grenzen. Auf der Venus ist der Anteil der Treibhausgase in der Atmosphäre so hoch, dass die Temperaturen extrem hoch sind. Dagegen gibt es auf dem Mars fast gar keine Treibhausgase, daher ist er extrem kalt. Nur auf der Erde waren die Temperaturen genau richtig für die Entstehung von Leben.

Das Problem ist, dass sich die dünne Schicht der Erdatmosphäre immer mehr mit vom Menschen produziertem CO_2 und anderen Treibhausgasen anreichert. Durch diese Gase wird ein großer Teil der infraroten Strahlung eingefangen, die sonst durch die Atmosphäre hindurch ins Weltall reflektiert werden würde. Die Folge ist, dass die Temperatur der Atmosphäre und der Weltmeere gefährlich ansteigt. Und darum geht es, wenn wir von der Klimakrise sprechen. *nach Al Gore*

Weltklimarat: 1988 gegründete Institution mit der Aufgabe, den Stand der wissenschaftlichen Forschung zum Klimawandel zu beurteilen und darüber zu informieren

industrielle Revolution: in der zweiten Hälfte des 18. Jahrhunderts beginnende und im 19. Jahrhundert erfolgende dauerhafte Umgestaltung der Arbeits- und Lebensbedingungen (von der Agrar- zur Industriegesellschaft)

absorbieren: (in sich) aufnehmen

Erdatmosphäre: gasförmige Hülle, die die Erdoberfläche umgibt

Hier siehst du das gegenwärtige CO_2-Niveau – weit über dem, was in den letzten 650 000 Jahren gemessen wurde.

CO_2-Konzentration in der Atmosphäre (Angaben in ppm = parts per million, Millionstel)

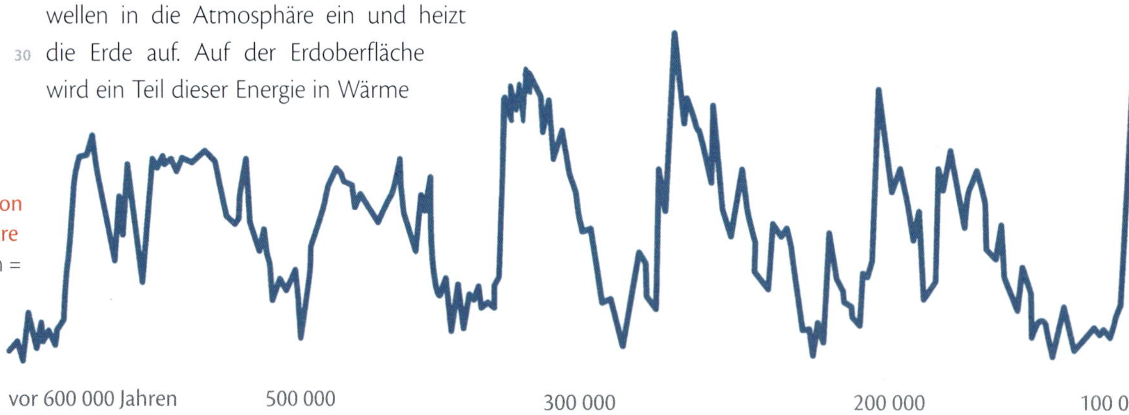

M2 Woher stammt das CO_2?

Kohlendioxid entsteht hauptsächlich beim Verbrennen fossiler Energieträger (Kohle, Gas, Öl, Holz), also bei der Energieerzeugung, und bei der Zerstörung von Biomasse, z. B. bei Brandrodungen. In Deutschland hat die Erzeugung von Energie aus fossilen Energieträgern, z. B. in Kohlekraftwerken, einen Anteil von 43,5 % an der Emission von CO_2, die privaten Haushalte steuern durch Gas- und Ölheizung sowie Stromverbrauch 14 % bei. Die Industrie hat mit ihrem Energieverbrauch einen Anteil von 12,7 % an der Emission des Treibhausgases. 20,1 % des CO_2 in der Atmosphäre werden durch den Verkehr, durch Autos und Flugzeuge, verursacht, auf sonstige Verursacher entfallen 9,1 %.

Emission: (hier) das Ausströmen in die Umwelt

M3 Die Bevölkerungsexplosion

Die Weltbevölkerung nimmt gegenwärtig in einem solchen Maße zu, dass man von einer „Bevölkerungsexplosion" sprechen kann. Vom ersten Auftauchen des Menschen vor ca. 160 000 bis 190 000 Jahren bis zum Beginn unserer Zeitrechnung war die Anzahl der Menschen auf eine Viertelmilliarde angewachsen. 1776 erreichte sie eine Milliarde und 1945 überschritt sie die Zwei-Milliarden-Marke. 2011 ist sie auf 7 Milliarden angestiegen, und bis 2050 wird sie weiter auf 9 Milliarden steigen. Es dauerte ungefähr 10 000 Generationen, bis die Weltbevölkerung 2 Milliarden erreicht hatte, und nun schnellt sie während der Lebensspanne zweier Generationen von 2 auf 9 Milliarden. Das hat dramatische Konsequenzen für unser Verhältnis zur Erde.

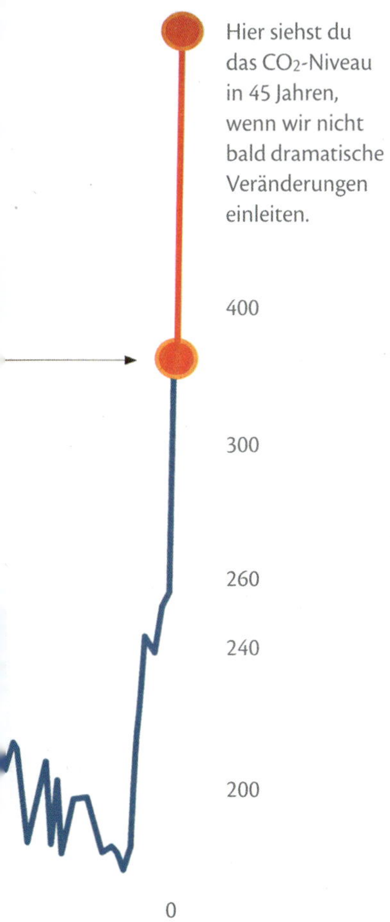

AUFGABEN

1. Erkläre, inwiefern man sagen kann, dass die globale Erwärmung durch den Menschen verursacht ist. > M1
2. Erläutere das unten auf der Seite abgedruckte Diagramm zur CO_2-Konzentration in der Atmosphäre. Was bedeutet der steile Anstieg der Kurve zum Schluss?
3. Erstelle eine Liste mit Verursachern von CO_2. Veranschauliche ihre Anteile durch ein Diagramm. > M2
4. Fertige ein Schaubild zur Bevölkerungsexplosion an und prüfe, welche Konsequenzen die Zunahme der Weltbevölkerung auf die CO_2-Emission hat. > M3
5. Nehmt zu der Frage Stellung, was die Menschheit unternehmen müsste, um die Zunahme von CO_2 in der Atmosphäre aufzuhalten. Begründet eure Position. > M2/M3

plus 6. Erstelle mit Hilfe des Textes M3 und deines Schaubildes aus Aufgabe 4 einen Braintrack zur Bevölkerungsexplosion. > M3

Braintrack > S. 124f.

Wege aus der Treibhausfalle

M1 Einsatz für den Klimaschutz

Kerstin und Niklas sitzen in der Straßenbahn neben einem älteren Herrn und einer Frau mittleren Alters, die in Al Gores Buch „Eine unbequeme Wahrheit" liest. Al Gore erhielt 2007 zusammen mit dem Weltklimarat den Friedensnobelpreis für die Bemühungen, auf die Wichtigkeit des Klimaschutzes aufmerksam zu machen.

Al Gore: amerikanischer Politiker (Demokratische Partei), Unternehmer sowie Umweltschützer (* 1948)

Weltklimarat: 1988 gegründete Institution mit der Aufgabe, den Stand der wissenschaftlichen Forschung zum Klimawandel zu beurteilen und darüber zu informieren

Friedensnobelpreis: wichtigster internationaler Friedenspreis

Älterer Herr (für sich)**:** Wie konnte man nur diesem Scharlatan Al Gore den Friedensnobelpreis verleihen?

Kerstin: Wieso Scharlatan? Ich finde, Al Gore hat den Preis verdient, weil er sich in vorbildlicher Weise für den Klimaschutz eingesetzt hat.

Älterer Herr: Der tut sich doch nur wichtig. „Mein Name ist Al Gore, ich will die Welt retten!" Das mit dem Klimawandel ist doch nur Angst- und Panikmache. Es hat schon viele Eiszeiten und Wärmeperioden auf der Erde gegeben, und die Erde hat das alles überstanden.

Kerstin: Ja, und die Erde wird das wohl auch in Zukunft überstehen, aber für die Menschen, die auf ihr leben, könnte das eine Katastrophe werden. Deshalb finde ich es wichtig, dass Al Gore sich mit seinen Vorträgen, seinem Film und seinem Buch für einen Bewusstseinswandel bei den Menschen einsetzt. Die Menschen müssen wissen, was auf sie zukommen wird, und sie müssen ihr alltägliches Verhalten ändern.

Niklas: Ich meine aber, dass das bloße Reden über den Klimawandel nichts nützt. Es führt nicht dazu, dass Menschen ihr Verhalten tatsächlich ändern. Menschen sind bequem, und wenn sie nicht gezwungen werden, sich anders zu verhalten, als sie es gewohnt sind, dann tun sie es nicht.

Kerstin: Was schlägst du vor? Sollen wir etwa so weitermachen, bis es zu spät ist?

Niklas: Nein, ich bin dafür, dass die Politik die Menschen zwingt, ihr Verhalten zu ändern. Die Politiker müssen national und international die Rahmenbedingungen setzen. Sie müssen durch Gesetze festlegen, wie viel Energie verbraucht werden und wie viel Kohlendioxid ausgestoßen werden darf.

Älterer Herr: Gerade das halte ich für Unsinn. Vor 20 Jahren war ständig vom Waldsterben die Rede – aber der Wald steht noch immer. So wird es auch mit dem Klimawandel sein. Wir sollten einfach abwarten, es wird schon nicht so schlimm.

Frau: Wenn ich mich da jetzt auch mal einmischen darf, ich bin schon der Meinung, dass wir die Warnungen vor dem globalen Klimawandel ernst nehmen sollen und unser Verhalten ändern müssen. Aber der Staat kann da wenig machen. Ich bin Geschäftsfrau und weiß, wie der Markt funktioniert. Da geht es ums Geld, da wird alles durch den Preis geregelt. Wenn es Produkte gibt, die weniger Energie verbrauchen, werden die Menschen diese Produkte auch kaufen, weil sie dadurch Geld sparen. Und wenn die Industrie sieht, dass sie mit energiesparenden Produkten Geld verdienen kann, wird sie diese auch anbieten. Das wird sich nach den Gesetzen der Marktwirtschaft alles von alleine regeln.

Kerstin: Na, ich weiß nicht, ob das wirklich funktioniert, denn die, die viel Geld haben, brauchen ja nicht zu sparen, sie können sich z. B. nach wie vor teure Autos leisten, die viel Benzin verbrauchen. Da kommt mir die Idee, dass man ja vielleicht alle diese Möglichkeiten auch miteinander kombinieren kann. Leider müssen Niklas und ich jetzt aussteigen – aber denken Sie mal drüber nach!

M2 Die Einheizer der Erde

Die Grafik zeigt die größten Verursacher von Treibhausgasen pro Kopf und nach Staaten bzw. Regionen. Die Wissenschaft ist sich einig, dass die Erderwärmung nicht über zwei Grad Celsius hinausgehen darf, wenn man die schlimmsten Folgen des globalen Klimawandels verhüten will. Dazu darf der Kohlendioxid-Gehalt der Atmosphäre nicht über 420 ppm steigen [ppm = parts per million; Millionstel]. 2007 lag er bei 383 ppm und jedes Jahr kommen 2,5 ppm hinzu. Bei der UN-Klimakonferenz 2015 in Paris war deshalb eine Begrenzung des Ausstoßes der klimaschädlichen Gase das Ziel, um zu erreichen, dass die globale Erwärmung unter zwei Grad bleibt.

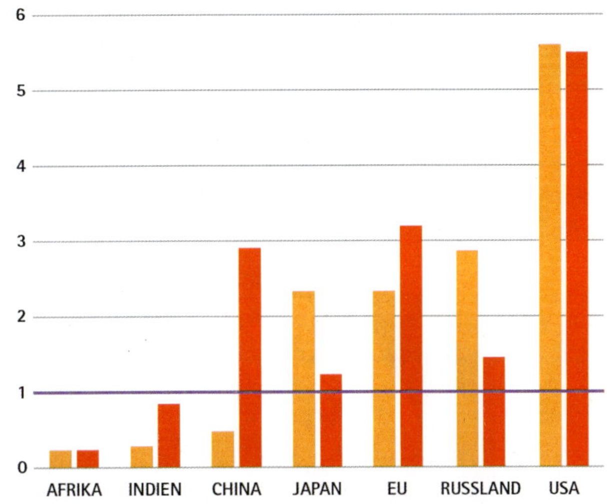

Kohlenstoffemission pro Kopf in Tonnen
Kohlenstoffemission nach Staaten/Regionen in Tonnen
weltweiter Durchschnitt

M3 Politik und Klimaschutz

Um den Anstieg der Treibhausgase in der Atmosphäre zu reduzieren, hatten sich auf Initiative der Vereinten Nationen 1997 im japanischen Kyoto Vertreter der Industriestaaten der Erde verpflichtet, ihre gesamte Emission von Treibhausgasen bis 2012 um durchschnittlich 5,2 % gegenüber dem Jahr 1990 zu senken. Je nach Pro-Kopf-Verbrauch sollten manche Länder mehr einsparen als andere. Schwellenländer wie China hatten keine Verpflichtungen. Das Einsparziel für die EU lag bei 8 %. Die USA und Australien hatten das Abkommen nicht ratifiziert. Als das Protokoll 2012 auslief, wurde auf der Klimakonferenz in Katar beschlossen, das Projekt bis 2020 zu verlängern – denn allzu viel war bis zu diesem Zeitpunkt noch nicht erreicht worden. Russland, Japan, Kanada und Neuseeland waren zudem aus dem Abkommen ausgestiegen. 2015 wurde schließlich auf der Weltklimakonferenz in Paris ein Klimaschutzabkommen unterzeichnet, das ab 2020 in Kraft tritt und wirklich zahlreiche (195!) Länder unterzeichneten.

ratifizieren:
einen völkerrechtlichen Vertrag in Kraft setzen

Emission:
(hier) das Ausströmen in die Umwelt

Schwellenländer:
Bezeichnung für Länder, die sich auf dem Weg zum Industrieland befinden

AUFGABEN

1 Erarbeitet die Positionen, die von Kerstin, Niklas, dem älteren Herrn und der Geschäftsfrau vertreten werden, und nehmt Stellung dazu. Diskutiert auch über die Idee, die Kerstin am Schluss äußert. > M1

2 Erläutert die Grafik: Welche Länder bzw. Regionen sind die größten Verursacher von Treibhausgasen? Wie sind die gravierenden Unterschiede zwischen den einzelnen Ländern bzw. Regionen und von Pro-Kopf-Emission und Gesamtemission zu erklären? > M2

plus 3 Erstellt einen Teaser zum Thema „Politik und Klimaschutz". Ihr könnt die Fragestellung noch genauer formulieren und Informationen zum Abkommen von Paris recherchieren. > M3

4 Diskutiert über die Schwierigkeiten, die mit der Einhaltung der Klimaschutzziele verbunden sind. Berücksichtigt dabei auch die Tatsache, dass sich anfangs nicht alle Länder beteiligen wollten. > M3

Teaser
> S. 94f.

Verantwortung für die Erde übernehmen

Verantwortung
> Glossar

M1 Eine neue Perspektive

Erdaufgang, fotografiert am Heiligabend 1968 bei der Apollo-8-Mission

„So haben die Menschen die Erde zum ersten Mal vom Weltraum aus gesehen. [...] Dieses Bild, ein Schnappschuss des jungen Astronauten Bill Anders, wurde bekannt als Erdaufgang.
Der Einfluss, den diese Aufnahme auf das Bewusstsein der Menschheit hatte, kommt einer Explosion gleich."

Al Gore

Al Gore: amerikanischer Politiker (Demokratische Partei), Unternehmer sowie Umweltschützer (* 1948)

M2 Die Erde, unsere Heimat

TIPP
Informationen zur Erd-Charta: http://erdcharta.de/die-erd-charta/was-ist-die-erd-charta/

Menschenrechte, Solidarität, Werte
> Glossar

Kultur
> S. 144f.

Ein Auszug aus der Präambel der Erd-Charta, die in einem zehn Jahre langen Prozess von über 1000 Nichtregierungsorganisationen aus aller Welt entwickelt wurde:

Wir stehen an einem kritischen Punkt der Erdgeschichte, an dem die Menschheit den Weg in ihre Zukunft wählen muss. Da die Welt zunehmend miteinander verflochten ist und ökologisch zerbrechlicher wird, birgt die Zukunft gleichzeitig große Gefahren und große Chancen. Wollen wir vorankommen, müssen wir anerkennen, dass wir trotz und gerade in der großartigen Vielfalt von Kulturen und Lebensformen eine einzige menschliche Familie sind, eine globale Gemeinschaft mit einem gemeinsamen Schicksal. Wir müssen uns zusammentun, um eine nachhaltige Weltgesellschaft zu schaffen, die sich auf Achtung gegenüber der Natur, die allgemeinen Menschenrechte, wirtschaftliche Gerechtigkeit und eine Kultur des Friedens gründet. Auf dem Weg dorthin ist es unabdingbar, dass wir, die Völker der Erde, Verantwortung übernehmen füreinander, für die größere Gemeinschaft allen Lebens und für zukünftige Generationen. [...]
Wir haben die Wahl: Entweder bilden wir eine globale Partnerschaft, um für die Erde und füreinander zu sorgen, oder wir riskieren, uns selbst und die Vielfalt des Lebens zugrunde zu richten. Notwendig sind grundlegende Änderungen unserer Werte, Institutionen und Lebensweise. [...] Jeder

Mensch ist mitverantwortlich für das gegenwärtige und zukünftige Wohlergehen der Menschheitsfamilie und für das Leben auf der Erde. Der Geist menschlicher Solidarität und die Einsicht in die Verwandtschaft alles Lebendigen werden gestärkt, wenn wir in Ehrfurcht vor dem Geheimnis des Seins, in Dankbarkeit für das Geschenk des Lebens und in Bescheidenheit hinsichtlich des Platzes der Menschen in der Natur leben. Für das ethische Fundament der entstehenden Weltgemeinschaft brauchen wir dringend eine gemeinsame Vision von Grundwerten. *Ervin Laszlo*

Vision: (hier) Vorstellung

M3 Religionen und Naturschutz

2015 kamen in Bonn erstmals Vertreterinnen und Vertreter von neun Religionsgemeinschaften mit Akteuren des Naturschutzes, der Wissenschaft und staatlicher Stellen zu einem Dialogforum zum Thema „Religionen und Naturschutz – Gemeinsam für biologische Vielfalt" zusammen. Neben der Vereinbarung von praktischen Schritten zum Naturschutz wurde dabei betont, dass Religionen seit Jahrhunderten Regeln und Verhaltensweisen vermitteln, die das Ziel haben, die Natur zu achten, zu schützen und nachhaltig mit ihr umzugehen:

Die Integrität der Natur zu achten und zu bewahren ist eine wesentliche Botschaft der Religionen. Schon vor Jahrtausenden haben sie Schöpfungserzählungen weitergegeben sowie Regeln und Verhaltensweisen für den Umgang mit der Natur erlassen. Sie haben Grenzen des Wachstums thematisiert, beispielsweise in den Erzählungen von der Arche Noah oder dem Turmbau zu Babel. Immer wieder neu setzen sich Religionen mit der Bedeutung der Natur für das Welt-, Lebens- bzw. Gottesverständnis auseinander. Auch wenn sich die Lehre und Praxis der Religionen unterscheiden: Die Bewahrung der Natur und ihrer Vielfalt ist für sie eine gemeinsame und bleibende Aufgabe. Interreligiöses Zusammenwirken dient dabei dem besseren Kennenlernen untereinander und dem Frieden miteinander und mit der Natur. [...] Wir wollen bewusst machen, dass jeder Mensch etwas für die Erhaltung der biologischen Vielfalt tun und damit zur Bewahrung der Natur für künftige Generationen beitragen kann. Auf staatlicher Seite gibt es hierfür Rückhalt und Anknüpfungspunkte für gemeinsame Arbeiten.

Erklärung „Religionen für biologische Vielfalt"

Akteur: Handelnder, handelnde Person

Integrität: (hier) Unversehrtheit

Schöpfung > Glossar

interreligiöses Zusammenwirken: Zusammenwirken verschiedener Religionen

AUFGABEN

1 Schreibe zunächst alle Gedanken und Gefühle auf, die du beim Betrachten der Erde aus dem Weltall hast. Beantworte nun die Frage, inwieweit ein solcher Anblick das Bewusstsein von Menschen für die Erde stärken könnte. > M1

2 Setzt euch in Gruppen zusammen und entwerft einen Katalog von Grundwerten, der helfen könnte, die Bedrohung der Menschheit durch die fortschreitende Umweltzerstörung zu bewältigen. > M2

3 Fasst die Position der Religionen zum Thema Naturschutz in eigenen Worten zusammen. > M3

plus 4 Recherchiert in Gruppenarbeit die Erzählungen von der Arche Noah und dem Turmbau zu Babel und stellt sie kurz vor. Inwiefern thematisieren sie Grenzen des Wachstums? > M3

5 „Wir müssen auf die Sprache der Natur hören und entsprechend antworten", sagte Papst Benedikt XVI. 2011 in einer Rede vor dem deutschen Bundestag. Formuliere mit eigenen Worten, was der damalige Papst damit zum Ausdruck bringen wollte. Finde geeignete Beispiele dafür, was es heißt, (nicht) auf die Sprache der Natur zu hören. > M1-M3

Positionen der Umweltethik

M1 Klare Haltung

Thomas Plaßmann

M2 Anthropozentrismus

Spezies: die biologische Art eines Lebewesens

Der Anthropozentrismus versteht die Welt als auf den Menschen hingeordnet: Alles dient seinen Zwecken, alles ist nur Mittel für ihn. Eine anthropozentrische Umweltethik geht davon aus, dass die bloße Zugehörigkeit zur Spezies „Mensch" mit einem besonderen Status verbunden ist und dass die durch bestimmte Eigenschaften belegbare Sonderstellung und Überlegenheit des Menschen auch mit einer absoluten Vorrangstellung gegenüber allen anderen Lebewesen verbunden ist. Sie rechtfertigt jede Veränderung und Ausbeutung der Natur, wenn dies im Interesse des Menschen erfolgt. Wird dennoch eine möglichst unversehrte Umwelt angestrebt, so steht dieses Ziel im Zusammenhang mit dem Interesse des Menschen und dem Erhalt seiner eigenen Lebensgrundlagen.

Konkret: Kakerlakenplage in der Küche – wie handelt ein Anthropozentrist? Er sieht die Kakerlaken kaum als notwendigen Bestandteil zur Erhaltung seiner Lebensgrundlagen. Angenehme Empfindungen lösen sie auch nicht aus. Er könnte sich demnach dazu entschließen, sie loszuwerden. Davon abhalten könnte ihn wohl einzig die Angst, dass das Töten von Kakerlaken negativ auf seinen Umgang mit Menschen abfärbt. Im Falle von Kakerlaken wird diese Überlegung wohl wenig Gewicht haben. Bei Hunden oder Katzen sähe es anders aus.

M3 Pathozentrismus

Goldene Regel > S. 200f.

Diese Umweltethik beruht auf der Überzeugung, dass alles Leben verwandt ist und dass insbesondere Menschen und Tiere auf ähnliche Weise leben und leiden. Deshalb liegt es nahe, ethische Grundanforderungen, wie etwa der Goldenen Regel, auch auf alle betroffenen Lebewesen [das sind in der Regel alle Wirbeltiere] auszudehnen. Hieraus folgt, dass der Mensch die Tiere nicht in

einer Weise für seine Zwecke verwenden darf, die mit Schmerzen oder Leiden verbunden ist.
Konkret: Kakerlakenplage in der Küche – wie handelt der Pathozentrist? Ist eine Kakerlake ein „höheres", empfindungsfähiges Lebewesen? – Wohl kaum. Demnach würde auch ein Pathozentrist ohne großen Skrupel versuchen, die Kakerlaken zu vernichten.

Skrupel: moralische Bedenken

M4 Biozentrismus

Die biozentrische Umweltethik sieht keinen ausreichenden Grund, die ethische Fragestellung an der Empfindungsgrenze verstummen zu lassen, weil der Übergang von voller Empfindungsfähigkeit über eine begrenzte Empfindungsfähigkeit bis zu möglicher Gefühllosigkeit nicht als eindeutige Grenzlinie gedacht werden kann. Der Mensch hat dann nicht nur Pflichten gegenüber schmerzempfindenden, sondern gegenüber allen Lebewesen – und damit auch den Pflanzen gegenüber. Diese Umweltethik nimmt also ein Lebensrecht für alle Lebewesen an. Sie verlangt aber nicht (zumindest nicht notwendigerweise), alle Lebewesen ohne Rücksicht auf die unter ihnen bestehenden Unterschiede in jeder Beziehung gleich zu behandeln, sondern sie erlaubt es z. B., die schmerz- und leidunfähigen Pflanzen auch anders zu behandeln als z. B. ein leidensfähiges Tier.
Konkret: Kakerlakenplage in der Küche – wie handelt der Biozentrist? Grundsätzlich hat auch die Kakerlake für den Biozentristen einen Eigenwert. Vernichten darf er sie deshalb nicht. Er könnte nur versuchen, sie mit einem Köder anzulocken und dann aus der Küche in die Natur zu verfrachten.

M5 Holismus

Hier werden nicht nur allen Lebewesen, sondern auch unbelebter Materie Rechte zugestanden. Alles, was überhaupt existiert, hat holistisch ein Recht darauf, fortzubestehen. Der Mensch steht im Gegensatz zur anthropozentrischen Sichtweise nicht mehr im Mittelpunkt der Natur, sondern wird als ein Teil von ihr gesehen. Entscheidend ist, was der Natur als Ganzes nützt und nicht nur dem Vorteil der Menschen dient. Die holistische Umweltethik verlangt keine absolute Gleichbehandlung von belebter und unbelebter Materie; ihr geht es vielmehr darum, dass Unbelebtes nicht einfach unberücksichtigt bleibt.
Konkret: Kakerlakenplage in der Küche – wie handelt ein „Holist"? Es gilt die Kakerlake zu respektieren – als individuelle Einheit, aber auch als Teil eines ganzen Systems. Er wird sie also nicht vernichten, sie aber wie der Biozentrist aus der Küche zu locken versuchen.

M2-M5: nach Gotthard M. Teutsch und Andrea Müller-Gut

existieren: leben, da sein

respektieren: anerkennen, wertschätzen; auch: gelten lassen

AUFGABEN

1 Analysiere die Karikatur und erläutere ihre Aussage. > M1
2 Was könnte der Mensch dem Eisbären antworten? Schreibe eine Sprechblase. > M1
3 Erarbeitet die vier Positionen der Umweltethik in Form eines Gruppenpuzzles. Veranschaulicht eure Ergebnisse jeweils auf einem Plakat. > M2-M5
4 Hängt die Plakate aus Aufgabe 2 in die Ecken eures Klassenraumes und stellt euch zu der Position, die euch am meisten überzeugt. Bereitet in den neuen Gruppen Argumente für eine Podiumsdiskussion vor. > M2-M5

Karikaturen analysieren
> S. 154f.

Wie kann ich mich für die Natur engagieren?

M1 Viele kleine Schritte

Eine Studie der Princeton Universität in den USA kam zu dem Ergebnis, dass wir bereits heute über das wissenschaftliche und technische Knowhow verfügen, um das Klimaproblem für das nächste halbe Jahrhundert zu lösen. Folgende Maßnahmen müssten ergriffen werden, die sich in ihrer Summe addieren:

- Einsatz energiesparender Geräte in den Privathaushalten
- Konzeption von energiesparenden Gebäuden und Unternehmen
- Herstellung spritsparender Autos und Umstieg auf Hybrid- und Brennstoffzellenautos
- Verbesserung der Transporteffizienz, z. B. durch Ausbau des öffentlichen Verkehrssystems
- Verstärkte Nutzung erneuerbarer Energien wie Wind- und Biomassekraftwerke
- Filterung und Einlagerung der von Kraftwerken erzeugten Kohlenstoffe

Effizienz: (hier) Wirtschaftlichkeit

Emission: (hier) das Ausströmen in die Umwelt

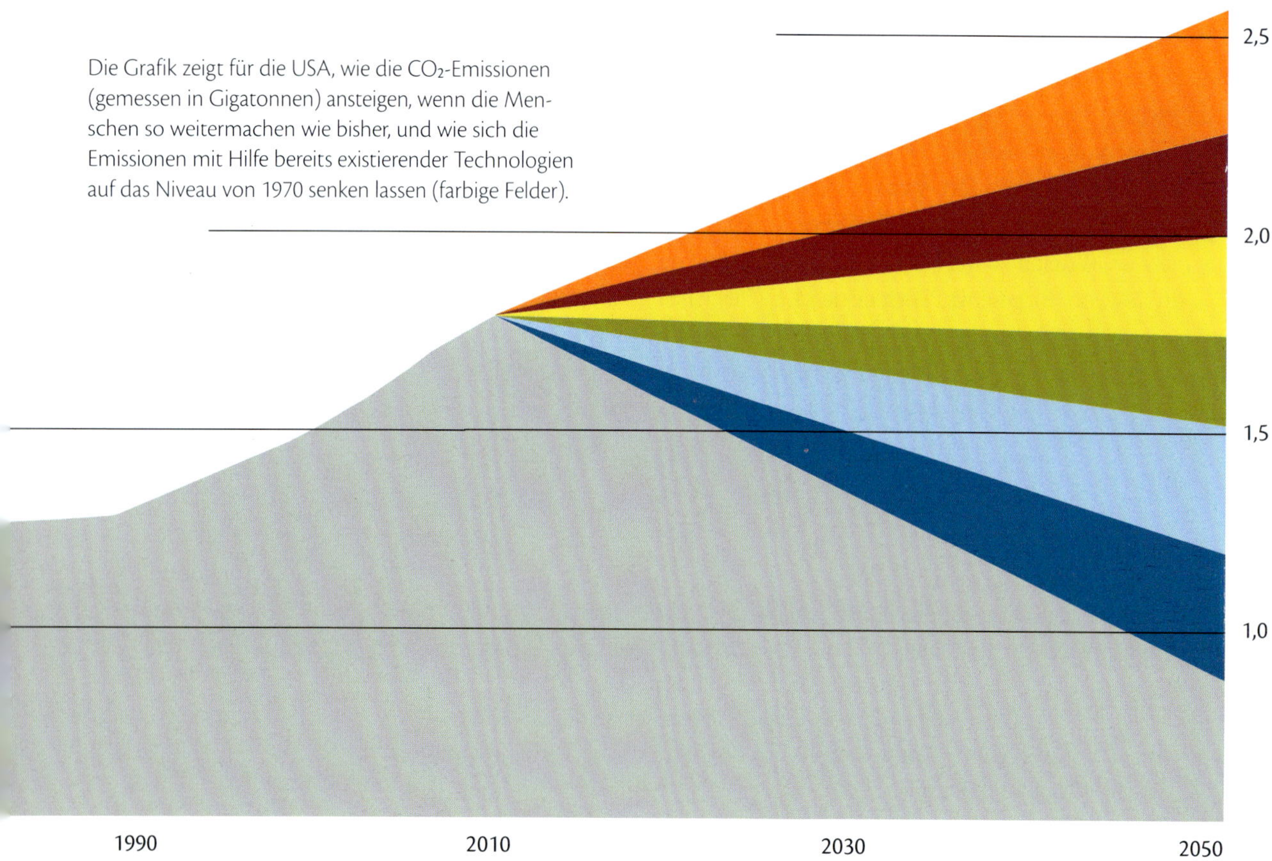

Die Grafik zeigt für die USA, wie die CO_2-Emissionen (gemessen in Gigatonnen) ansteigen, wenn die Menschen so weitermachen wie bisher, und wie sich die Emissionen mit Hilfe bereits existierender Technologien auf das Niveau von 1970 senken lassen (farbige Felder).

M2 Klimaschutz – jeder kann dazu beitragen

Dies sind Tipps, die Al Gore in seinem Film und seinem Buch „Eine unbequeme Wahrheit" zum CO_2-Sparen gibt:

- Kaufen Sie energiesparende Elektrogeräte und Energiesparlampen.
- Benutzen Sie Thermostate mit Zeitschaltuhren, um Energie für Kühlen und Heizung zu sparen.
- Verbessern Sie die Isolierung Ihres Hauses.
- Reduzieren Sie Ihren Heißwasserverbrauch.
- Reduzieren Sie den Standby-Stromverbrauch.
- Schalten Sie Geräte und Lampen aus, wenn Sie sie nicht brauchen.
- Fahren Sie weniger Auto.
- Bilden Sie Fahrgemeinschaften.
- Wenn möglich, gehen Sie zu Fuß oder fahren mit dem Fahrrad.
- Wo immer Sie können, benutzen Sie öffentliche Verkehrsmittel.
- Fliegen Sie weniger mit dem Flugzeug.
- Kaufen Sie Dinge, die lange halten.
- Recyclen Sie.
- Sparen Sie Papier.
- Verwenden Sie nachfüllbare Behälter für Wasser und Getränke.
- Sagt euren Eltern, sie sollen die Welt, in der ihr leben wollt, nicht kaputt machen.
- Setzen Sie sich an Ihrer Schule oder in Ihrem Betrieb für die Reduktion von Emissionen ein.
- Stimmen Sie für Politiker, die versprechen, diese Krise zu lösen.
- Schreiben Sie an Ihre Regierung.
- Pflanzen Sie Bäume, viele Bäume.
- Sprechen Sie das Thema in Ihrer Nachbarschaft an. Rufen Sie Radioshows an und schreiben Sie Ihren Zeitungen.
- Bestehen Sie darauf, dass Ihre Regierung die CO_2-Emissionen einschränkt, und unterstützen Sie die internationalen Bemühungen, globale Erwärmung zu stoppen.
- Reduzieren Sie unsere Abhängigkeit von ausländischem Öl.
- Informieren Sie sich über die Klimakrise.

Al Gore: amerikanischer Politiker (Demokratische Partei), Unternehmer sowie Umweltschützer (* 1948)

TIPP
Auch im Internet gibt es viele praktische Tipps zum Klimaschutz, z. B. auf der Internetseite es Bundesministeriums für Umwelt, Naturschutz, Bau und Reaktorsicherheit: www.bmub-kids.de/aktiv/willst-du-was-tun/tipps-fuer-jeden-tag/

AUFGABEN

1 Eine alte 60-Watt Glühbirne, die neun Stunden lang brannte, verbrauchte früher 286,2 g CO_2 und vergeudete dabei 95 % des Stroms für Wärme. Die Europäische Union hat deshalb 2009 ein schrittweises Verbot von Glühbirnen beschlossen. Seit 2012 dürfen nur noch Energiesparlampen verkauft werden. Diskutiert, ob das Verbot von Glühbirnen auch auf Standby-Schaltungen (z. B. an Fernsehgeräten) ausgeweitet werden sollte. Diese verbrauchen bis zu 7 % des gesamten erzeugten Stroms. > M1

2 Wie viel Prozent beträgt die Einsparmöglichkeit von CO_2 gegenüber den gegenwärtigen Werten und den vorausgesagten Werten für 2050? Vergleicht diese Zahlen mit dem, was ihr an Einsparung für nötig haltet. > M1

3 Ordne die Vorschläge Al Gores nach Kategorien. > M2

4 Welche Maßnahmen fallen euch noch ein? Ergänzt die Liste. >M2

5 Welche dieser Maßnahmen würdest du umsetzen oder unterstützen? Begründe deine Auffassung. > M2

plus 6 Besorgt euch das vom Potsdam-Institut für Klimafolgenforschung entwickelte Klimaspiel und führt es durch oder spielt es online: http://www.spiel-keep-cool.de/.

Kategorie: Einteilung von Dingen und Begriffen nach bestimmten Eigenschaften

Menschenwerk …

M1 Alles Kultur?

M2 Kultur ist …

Martin Luther: Geistlicher (1483-1546), der eine der wichtigsten Reformbewegungen innerhalb der Kirche Europas auslöste, die zur Gründung der evangelischen Kirche führte (> S. 92f.).

UNESCO: 1945 gegründete Sonderorganisation der Vereinten Nationen mit den Aufgabengebieten Bildung, Wissenschaft, Kultur und Kommunikation

- Potsdam hat kulturell Interessierten viel zu bieten, wie z. B. ein Theater, Gedenkstätten, Galerien und zahlreiche Museen.
- Kultivierte Menschen erkennt man daran, dass sie sich geschmackvoll kleiden und gute Umgangsformen haben.
- In Berlin leben Menschen aus ca. 150 verschiedenen Nationen mit unterschiedlicher Kultur.
- Die Menschen der Urzeit lebten zunächst als Jäger und Sammler und entwickelten dann die Ackerbaukultur.
- Die kulturellen Highlights der nächsten Woche: 21.4.: Konzert mit Mumford & Sons (Rock-Café), 22.4.: Konzert mit Amy MacDonald (E-Werk).
- Babylonier, Ägypter, Griechen, Römer stellen die frühen Hochkulturen der Menschheit dar.
- Die Luthergedenkstätten in Eisleben und Wittenberg wurden 1996 zum UNESCO-Weltkulturerbe erklärt.

M3 Kultur – nein danke?

Menowin: Du, Onkel Dieter, du arbeitest doch bei der Stadtverwaltung. Was machst du da eigentlich?

Onkel Dieter: Ich bin beim Kulturamt. Da geht es hauptsächlich darum, das Geld für die kulturellen Einrichtungen unserer Stadt zu verwalten: Wie viel Geld bekommt das Theater, wie viel die Museen usw.? Übrigens, warst du schon in der neuen Ausstellung über „entartete Kunst“? Die bekommt in der Presse sehr viel Anerkennung.

Menowin: Nee, Museen finde ich total langweilig, auch Opern und so, das ist nichts für mich. Kultur? – Nein danke.
Onkel Dieter: So, und was interessiert dich denn?
Menowin: Ich treffe mich lieber mit meinen Kumpels. In unserem Stadtteil gibt es eine Gang. Wir rappen und üben Breakdance dazu. Das macht echt Spaß.
Onkel Dieter: Und du meinst, das hat nichts mit Kultur zu tun? Ich würde das als Popkultur oder Subkultur bezeichnen.
Menowin: Könnte sein, dass das was mit Kultur zu tun hat. Aber es ist eben 'ne andere Art von Kultur als die der Erwachsenen, unsere Art von Kultur eben.

„entartete Kunst": abfällig gemeinter Begriff, den die Nationalsozialisten für moderne Kunstwerke, die nicht dem NS-Schönheitsideal entsprachen, verwendeten; die Künstler selbst wurden verfolgt und u. a. mit Berufsverboten belegt

M4 Die Vielfalt der Kulturbegriffe

„Kultur" ist ein im Alltag häufig verwendeter Begriff. Er wird jedoch in sehr unterschiedlichen Bedeutungen verwendet. Man spricht von Esskultur, Diskussionskultur, Fußballkultur, Fankultur, politischer Kultur, Industriekultur, Kulturhauptstadt, Kulturlandschaft. Kultur kann Kunst, Musik und Literatur meinen, umfasst Sprache, das Rechts- und Staatswesen, Politik, Religion, Bildung usw.
Was ist diesen unterschiedlichen Verwendungen des Begriffs gemeinsam? Das wird deutlich, wenn man sich die Herkunft des Wortes klar macht. „Kultur" ist abgeleitet vom lateinischen „colere" (pflegen, urbar machen) bzw. „cultura" und „cultus" (Landbau, Anbau, Pflege und Veredlung von Ackerboden). Der Begriff stammt also ursprünglich aus der Landwirtschaft. Das ist zunächst befremdlich, verweist aber auf etwas sehr Wichtiges: die Umgestaltung der Natur durch den Menschen. Kultur ist immer das vom Menschen Geschaffene im Unterschied zu dem, was die Natur hervorbracht hat.
Allen oben aufgezählten Erscheinungsformen der Kultur ist gemeinsam, dass sie nicht von Natur aus da sind, sondern vom Menschen gemacht wurden. Der Mensch hat sie geschaffen, weil sie ihm in irgendeiner Weise dienlich sind.
Bei genauerer Betrachtung lassen sich einige Unterscheidungen treffen. Im Hinblick auf die kulturellen Produkte unterscheidet man zwischen materiellen Produkten (Kleidung, Geräte, Gebäude usw.), geistigen Produkten (Sprache, Literatur, Wissenschaft usw.) und sozialen Einrichtungen (Familie, Staat, Schulgemeinschaft usw.). Im Hinblick auf die Träger der Kultur unterscheidet man Hochkultur, die von wenigen getragen wird, Popkultur, die sich an Massen richtet, sowie Subkulturen, die sich bewusst von der allgemein herrschenden Kultur abgrenzen.

AUFGABEN

1 Beschreibe, was auf den Bildern zu sehen ist. Überlege, ob das jeweils etwas mit Kultur zu tun hat. Begründe deine Antwort. > M1
2 Erläutere, was in den einzelnen Aussagen unter Kultur verstanden wird. > M2
3 Welche unterschiedlichen Formen von Kultur werden in dem Gespräch genannt? > M3
4 Erkläre, was Kultur allgemein bedeutet. > M4
5 Welche Unterscheidungen lassen sich im Bereich der Kultur treffen? Sammelt Beispiele dazu. > M4

Der Mensch – ein Wesen mit Kultur(en)!

M1 So lebt der Mensch

M2 Die Stellung des Menschen in der Welt

Arnold Gehlen
> Glossar

kompensieren: ausgleichen

Mit der Frage nach der Natur des Menschen hat sich auch der Philosoph Arnold Gehlen (1904-1976) sehr intensiv beschäftigt und seine Einsichten in dem Buch „Der Mensch. Seine Natur und seine Stellung in der Welt“ niedergeschrieben.

Um die Natur des Menschen besser bestimmen zu können, vergleicht Gehlen sie mit der Natur der Tiere. Hierbei zeigt er auf, dass jede Tierart von Natur aus irgendwelche speziellen Eigenschaften besitzt, die für ihr Überleben einen Vorteil bieten. So weisen bestimmte Tierarten körperliche Merkmale auf, durch die sie sich besonders gut ihrer Umwelt anpassen können. Die Tiere der einen Art sind sehr schnell und können daher gut fliehen, wie etwa die Antilope. Die Vertreter einer anderen Tierart sind dagegen besonders stark und haben scharfe Zähne, so dass sie sich gut verteidigen können (Löwe).

Anders verhält es sich mit dem Menschen. Er besitzt keine bestimmten körperlichen Voraussetzungen, die sein Überleben sichern. Er ist „organisch mittellos“, hat keine speziellen Angriffs-, Schutz- oder Fluchtorgane, er hat keine geschärften Sinne, kein dichtes Haarkleid, das ihn wärmt. In Anbetracht dieser unvorteilhaften körperlichen Ausstattung bezeichnet Gehlen den Menschen als „Mängelwesen“. Er kommt nackt und hilflos auf die Welt, ist auf Schutz, Pflege und Hilfe angewiesen. Gehlen spricht hierbei davon, dass der Mensch quasi von Natur aus als Frühgeburt auf die Welt kommt.

Diese Nachteile kompensiert der Mensch indes dadurch, dass er ungeheuer lernfähig ist und so im Zusammenleben mit anderen Menschen Fähigkeiten und Fertigkeiten erwirbt, die ihm dabei helfen, das Leben zu meistern. Er kann nicht nur sehr gut lernen, er kann darüber hinaus planend in seine Umwelt eingreifen und sie so verändern, dass er in ihr überleben kann. So besitzt er beispielsweise kein dichtes Haarkleid, das ihn wärmt, wohl aber kann er sich Hütten bauen, um in kalten Regionen der Erde zu überleben. Diese zweite Welt, die der Mensch durch die Bearbeitung der Natur hervorbringt, bezeichnet man gemeinhin als Kultur. Mit Blick auf die mangelhafte natürliche Ausstattung des Menschen lässt sich mit Gehlen sagen, dass der Mensch von Natur aus darauf angelegt ist, ein Kulturwesen zu sein. Er muss mit anderen zusammenleben, von ihnen lernen und planend in die Welt eingreifen, um zu überleben.

M3 Missverständnisse

Beispiel 1

In einer Werbekampagne eines deutschen Waschmittelherstellers sollte erklärt werden, wie wirksam das Produkt ist. Dafür zeigten drei Bilder von links nach rechts einen schmutzigen Wäscheberg (Bild links), das Waschmittel (Bild in der Mitte), einen strahlend sauberen Wäscheberg (Bild rechts). Die Folge: ein Umsatzeinbruch des Waschmittels in arabischen Ländern.
Denn die Marketingstrategen aus Deutschland hatten bei der Kampagne nicht berücksichtigt, dass Araber von rechts nach links lesen. Und auf diese Weise gelesen, machte das Waschmittel aus sehr sauberer Wäsche einen schmutzigen Wäscheberg.

Beispiel 2

Ein Entwicklungshilfeprojekt in einem ländlichen Gebiet im Sudan: Amerikaner bauten für die Einheimischen in dem islamisch geprägten Land moderne Toilettenhäuser, die an die Kanalisation angeschlossen wurden. Diese wurden auch fleißig genutzt: als Stall für Ziegen oder für die Holzlagerung. Die Amerikaner fragten sich aber, warum die Toiletten denn nicht ihrem eigentlichen Zweck entsprechend genutzt wurden. Die Antwort der Sudanesen: Die Häuschen seien so gebaut, dass beim Hinsetzen auf die Toilette das blanke Hinterteil nach Osten zeige – und damit in Richtung Mekka. Ein absoluter Frevel für die gläubigen Muslime, den keiner von ihnen begehen wollte.

Marketingstrategen:
Mitarbeiter eines Unternehmens, die versuchen, die Kaufentscheidung für ein Produkt zu beeinflussen

Mekka:
Stadt in Saudi-Arabien; Geburtsort des Propheten Mohammad, in dem mit der „Kaaba" das heiligste religiöse Zentrum des Islam liegt

Frevel:
bewusster Verstoß gegen religiöse oder moralische Regeln

Kultur
> S. 144f.

Moral
> Glossar

AUFGABEN

1 Beschreibt die Lebensweise der dargestellten Menschen. Erklärt, welche Bedeutung die Bedingungen der Umwelt für ihre Lebensweise hat. > M1

2 Fasst zusammen, inwiefern sich – laut Gehlen – die Natur des Menschen von der natürlichen Ausstattung der Tiere unterscheidet. Geht verschiedene Tierarten durch und nennt Eigenschaften, die ihrem Überleben dienlich sind. > M2

3 Skizziert, wie Gehlen begründet, dass der Mensch ein Kulturwesen ist. Nennt weitere Beispiele dafür, wie der Mensch seine Umwelt verändert. > M2

plus 4 Erläutert, was die Menschen im Zusammenleben voneinander lernen können. > M1/M2

5 Stellt dar, worin die Missverständnisse ihren Ursprung haben. > M3

plus 6 Begegnungen unterschiedlicher Kulturen sind in der Geschichte auch oft negativ verlaufen. Informiert euch in Gruppenarbeit über die Versklavung von Afrikanern durch Europäer zwischen dem 16. und 19. Jahrhundert und präsentiert eure Ergebnisse. Warum haben so viele Europäer Afrikaner nach Nord- und Südamerika verschleppt? Welches Menschenbild und welche Einschätzung ihrer Kultur stecken dahinter? Nehmt dazu Stellung.

„Mensch" von Natur aus?

M1 Kommt ein Mensch zur Welt ...

Experiment: wissenschaftlicher Versuch, der etwas erforschen oder zeigen soll

Amme: Frau, die ein fremdes Kind stillt und betreut

M2 Auf der Suche nach der Ursprache

Der Franziskanermönch Salimbene von Parma berichtet über den römisch-deutschen Kaiser Friedrich II. von Hohenstaufen (1194-1250), dass er in einem Experiment herausfinden wollte, was die Ursprache der Menschen sei. Hierfür isolierte er mehrere Säuglinge von der Außenwelt. Den Ammen befahl er, dass sie die Kinder zwar füttern und waschen sollten, aber nicht mit ihnen sprechen oder mit ihnen schmusen dürften. Keine zärtliche Zuwendung, keine menschliche Wärme sollten sie ihnen zukommen lassen. So wollte der Kaiser feststellen, welche Sprache die Kinder, ohne jedweden Einfluss, aus sich selbst hervorbringen würden. Griechisch? Hebräisch? Latein? Das Ergebnis des Experiments: Keines der Kinder brachte aus sich eine Ursprache hervor. Alle Kinder starben nach kurzer Zeit.

M3 Wilde Kinder

1799 entdeckten Bauern in einem Wald in Südfrankreich ein Kind von etwa elf oder zwölf Jahren. Es war nackt, scheu, wild und keiner Sprache mächtig. Das Kind wurde von einem Taubstummenarzt aufgenommen. Es lernte wenig und verstarb nach einigen Jahren. Bekannt wurde dieser Fall durch den Film „Der Wolfsjunge".

1828 erschien ein zirka sechzehnjähriger Junge auf dem Marktplatz in Nürnberg. Er konnte kaum gehen, kaum sprechen und ernährte sich nur von Wasser und Brot. Auf einem Zettel, den er mit sich trug, stand sein Name: Kaspar.

1920 wurde ein Missionar in Indien (Misnapore) auf zwei kleine Mädchen (zirka zwei und acht Jahre alt) aufmerksam, die in einem Wolfsrudel lebten. Der Missionar ließ die beiden Mädchen fangen und in ein Waisenhaus bringen. Die beiden konnten nicht aufrecht gehen. Das jüngere Mädchen verstarb ziemlich schnell, das ältere lebte noch wenige Jahre.

1970 erschien eine Frau auf einem Sozialamt in Los Angeles mit einem blassen, ängstlichen und ausgemergelten Kind, das weder stehen oder gehen konnte und nicht sprach. Es stellte sich heraus, dass dieses Kind sein bisheriges Leben angebunden auf einem Toilettenstuhl verbracht hatte. Mit sehr viel Aufwand lernte das Kind mühsam wenige Worte menschlicher Sprache und Sozialverhalten.

Alle diese Kinder wuchsen ohne menschliche Zuwendung und ohne menschliche Erziehung auf. Aus allen vier Fällen lassen sich einige Erkenntnisse über menschliche Lernprozesse gewinnen: Die Kinder wiesen im Vergleich zu Gleichaltrigen augenfällige Defizite auf. Sie konnten nicht oder nur wenig sprechen und hatten Schwierigkeiten mit dem aufrechten Gang. Die geistige Entwicklung war auf einem frühkindlichen Stand geblieben. Die Kinder hatten keine oder nur wenige Fähigkeiten.

Annette Scheunpflug

Missionar: Angehöriger einer Religion, der (meist) in einem fremden Land seinen Glauben zu verbreiten sucht

Defizit: Mangel

M4 Der Mensch und seine Erziehung

Viele Philosophen haben darüber nachgedacht, ob der Mensch von Natur aus gut oder böse ist. Da kann ich nur lachen! Es gibt keine festgeschriebene Natur des Menschen. Der Mensch gleicht bei Geburt vielmehr einem weißen Blatt Papier oder einem Stück Wachs. Beschrieben wird das Papier durch die Erfahrungen, geformt wird das Wachs durch das soziale Umfeld. Darum ist die Erziehung so wichtig. Je früher diese bewusste und zielgerichtete Formung des Menschen einsetzt, um so besser ist es. Dabei kommt es nicht nur darauf an, dem Kind das Wissen zu vermitteln, das es braucht, um sich in der Gesellschaft zurechtzufinden. Wichtig ist auch die körperliche Erziehung, denn ein gesunder Geist wohnt nur in einem gesunden Körper. Von Bedeutung ist nicht zuletzt die sittliche Bildung. Ein Kind soll schon so früh wie möglich mit den Verhaltensregeln vertraut gemacht werden, die in der Gesellschaft wichtig sind, damit sie ihm zur Gewohnheit werden.

John Locke

Der Mensch ist das einzige Geschöpf, das erzogen werden muss. Ein Tier ist schon alles durch seinen Instinkt. Der Mensch muss sich selbst einen Plan seines Verhaltens machen. Weil er aber nicht von Anfang an imstande ist, dies zu tun, sondern roh und unfertig auf die Welt kommt, bedarf er der Erziehung. Bei dieser unterscheidet man Wartung, Zucht und Bildung. Als Säugling ist der Mensch darauf angewiesen, dass die Eltern ihn verpflegen und dafür sorgen, dass er seine Kräfte nicht zum eigenen und zum Schaden anderer einsetzt. Ich nenne das Wartung. Als Zögling muss der Mensch vor allem Disziplin lernen. Sie nimmt ihm seine tierische Wildheit und verhütet, dass er sich unbesonnen in Gefahr begibt. Das ist der negative Teil der Erziehung. Der positive Teil der Erziehung besteht in der Unterweisung oder Bildung. Dadurch, dass der Mensch lernt, wie er sich in einer bestimmten Kultur angemessen zu verhalten hat, wird er ein kultiviertes Wesen.

Immanuel Kant

AUFGABEN

1 Sammelt eure Eindrücke und Gedanken: Welche Gefühle löst das Bild in euch aus? Welche Erfahrungen habt ihr mit Babys bisher gemacht? Erfährt man etwas über die Natur des Menschen, wenn man Säuglinge beobachtet? > M1
2 Haltet ihr das Handeln des Kaisers für moralisch richtig? Begründet eure Ansicht. > M2
3 Über die Ursprache der Menschen konnte das Experiment keine Auskunft geben. Erläutert, was es dagegen über die Natur des Menschen aussagt. Welche Rolle spielt für den einzelnen Menschen offenbar das Miteinander mit anderen Menschen? > M2
4 Nennt Gemeinsamkeiten der dargestellten Fälle und stellt dar, was sich aus ihnen über die Natur des Menschen lernen lässt. > M3
5 Listet auf, welche Fähigkeiten und Fertigkeiten der Mensch erst in der Erziehung durch andere Menschen lernt. Gibt es eurer Meinung auch schon Fähigkeiten, mit denen der Mensch auf die Welt kommt? > M3
6 Welche Bereiche soll die Erziehung umfassen? Stellt die Auffassungen von Locke und Kant in einem Schaubild dar und vergleicht sie. > M4
7 Nehmt selbst Stellung zu der Frage, ob der Mensch ein Wesen ist, das der Erziehung bedarf. > M1-M4

Philosophie
> Glossar

Instinkt:
die angeborene Fähigkeit von Lebewesen, auf bestimmte innere oder äußere Reize mit einem gleichförmigen Verhaltensablauf zu antworten

Zögling:
(hier) Schuljunge, Schulmädchen

Kultur
> S. 144f.

Immanuel Kant, John Locke
> Glossar

Moral
> Glossar

Eine Frage der Erziehung

TIPP
„Die Kinder des Monsieur Mathieu“ ist ein preisgekrönter französisch-schweizerischer Kinofilm aus dem Jahr 2004 (u. a. 2005 für einen Oscar nominiert).

Karzer: Raum an Schulen und Universitäten, in denen früher Strafen abzusitzen waren

M1 Die Kinder des Monsieur Mathieu

Am 15. Januar 1949 tritt der erfolglose Musiker Clément Mathieu seine neue Stelle als Aufseher in einem Internat für schwer erziehbare Jungen an. Als er sich dem Direktor der Anstalt vorstellt, hört man das Klirren einer zersplitternden Scheibe; einer der Schüler des Internats muss sie eingeworfen haben. Der Hausmeister Maxence ist schwer am Auge verletzt und blutet. Mathieu soll mit der Glocke zum Appell läuten. Die Schüler treten im Hof an, stehen nun dort in Reih' und Glied. Nach dem im Internat gängigen Prinzip von „Aktion und Reaktion“ soll, so Direktor Rachin, der Täter hart bestraft werden. Da sich der Schuldige nicht sofort meldet, müssen alle Schüler der Einrichtung nacheinander für jeweils sechs Stunden in den schuleigenen Karzer, ein dunkles Verließ im Keller des Internats.

Kurz darauf lernt Mathieu seinen Vorgänger kennen, der gerade packt und bald aufbrechen will. Er ist am Unterarm verletzt. Ein Schüler hat ihm mit einer Schere in den Arm gestochen, nur weil er ihm die Zigaretten abnehmen wollte. Der alte Aufseher teilt Mathieu noch mit, dass er aufgeschnappt habe, dass der Schüler Le Querrec die Scheibe eingeworfen und so den Hausmeister verletzt hat.

M2 Monsieur Mathieu und Le Querrec

In der ersten Stunde mit der Klasse erklärt Mathieu, dass er wisse, wer die Scheibe eingeworfen habe. Der Schuldige solle sich freiwillig melden, schließlich sitze nun ein Mitschüler unschuldig im Karzer. Niemand meldet sich. Also sagt Mathieu Le Querrec auf den Kopf zu, der Täter zu sein. Auf dem Weg zum Direktor entwickelt sich ein Gespräch:

Le Querrec: Haben Sie Mitleid, Monsieur!

Mathieu: Mitleid? Hatten Sie Mitleid mit dem Jungen, der im Karzer sitzt? Und mit Père Maxence?

Le Querrec: Ich wollte eigentlich gar nichts Böses. Hab' ihn bloß ein bisschen ärgern wollen.

Mathieu: Nur ein biss… *[Mathieu wird durch die Stimme des Direktors Rachin unterbrochen, der einen Jungen am Ohr durch den Flur zieht.]* […] Wer ist das?

Le Querrec: Leclairc, er hat versucht abzuhauen. Das dritte Mal schon, jetzt muss er in den Karzer.

Mathieu: Dann hast du einen Freund dabei. *[Mathieu will den Jungen am Arm mit sich nehmen, doch der Junge wehrt sich.]*

Le Querrec: Nein! *[Aus dem Büro des Direktors hört man Schläge. Mathieu ist entsetzt. Er denkt kurz nach.]*

Mathieu: Also gut. Wir können das vielleicht anders lösen. Er war bös' verletzt, der Herr Maxence, ganz bös' verletzt. Also, ich bringe dich nicht zum Herrn Direktor, aber eine Strafe kriegst du von mir. Ab sofort machst du in den Pausen nicht mehr den Clown, sondern gehst in die Krankenstation und bist der Pfleger von Père Maxence. Du sorgst so lange für ihn, bis er wieder gesund ist. Einverstanden? *[Der Junge nickt.]*

M3 Auf der Krankenstation

Einige Zeit später sieht man Le Querrec auf der Krankenstation. Hausmeister Maxence liegt im Bett. Ein Arzt versorgt die Wunde.

Hausmeister: Sehr nett, dass du dich gemeldet hast, um mich zu pflegen hier. Wissen Sie, Herr Doktor, der neue Aufseher hat nämlich einen Freiwilligen gesucht, der sich ein bisschen um mich kümmert, und da hat er sich gemeldet, von sich aus. *[Der Junge schaut verlegen zu Boden.]*

Arzt: Wir sollen also an Wunder glauben, heißt

das? *[Es klopft. Mathieu kommt herein.]*

Mathieu *[zum Hausmeister]*: Wie geht's? [...]

Hausmeister: Ich halte das schon aus. Ich bin nicht am schlimmsten dran. Die armen Kinder tun mir vor allem leid. Es ist immerhin eines gestorben. Mouton hieß der arme Kerl. Hat sich vom Dach gestürzt. Ein Glück, dass er eine Waise war, so wie er. *[Er schaut zu Le Querrec.]* Sie sagen alle, er sei nichts wert. Aber das stimmt nicht. Er ist ein guter Kerl, man muss ihn nur richtig kennen.

Mathieu *[zum Jungen]*: Wie nett doch der Père Maxence ist, he? Ich hab' dich was gefragt, Le Querrec. Er ist nett, der Père Maxence, nicht?

Le Querrec *[leise]*: Ja.

Mathieu: Ich hab' nichts gehört.

Hausmeister: Lassen Sie ihn doch, er ist nämlich schüchtern. Ja, das sind wir nämlich beide.

Im Schlafsaal hört Mathieu wenig später, wie einer der Jungen ein Lied singt. Da hat er den Einfall, mit den Kindern einen Chor zu gründen. Der Direktor äußert sich spöttisch darüber, er traut den Schülern nicht Gutes zu. Aber er täuscht sich. Die Schüler haben Spaß und der Chor wird immer besser. Mit der Zeit bessert sich die gesamte Stimmung im Internat, wird freundlicher, heiterer. Zu disziplinarischen Problemen kommt es kaum noch.

disziplinarische Probleme: Probleme beim Einhalten von bestimmten Vorschriften, Regeln

M4 Unterschiedliche Auffassungen von Erziehung

In der Bibel lesen wir, dass der Mensch durch den Sündenfall aus dem Paradies vertrieben wurde. Er ist also von Natur aus schlecht, weit entfernt davon, Liebe zu Gott, Gehorsam und Fleiß zu entwickeln. Die Aufgabe der Erziehung ist es, das Schlechte im Menschen zum Guten zu wenden. Das geht nur dadurch, dass man den kindlichen Eigenwillen bricht und die Kinder dazu bringt, das zu tun, was ihre Erzieher wollen, durch Androhung von Strafen und äußerste Strenge.

Hermann August Francke

In der menschlichen Natur liegt eine Spannung, nämlich zwischen der tierischen Natur, die durch Sinnlichkeit und Egoismus bestimmt ist, und der göttlichen Natur, zu der Einsicht und Gewissen gehören. Die Voraussetzungen für eine sittliche Lebensgestaltung liegen also schon in der Natur des Menschen. Ziel der Erziehung muss es daher sein, diese Kräfte und Anlagen des Kindes zu stärken, damit es zu seiner höheren Bestimmung findet.

Johann Heinrich Pestalozzi

Egoismus, Gewissen > Glossar

Hermann August Francke: deutscher evangelischer Theologe und Pädagoge (1663-1727)

Johann Heinrich Pestalozzi: Schweizer Pädagoge (1746-1827)

AUFGABEN

1 Beschreibt die Atmosphäre, die in dem Internat herrscht. > M1

2 Benennt die Unterschiede zwischen Mathieus Art zu strafen und der des Direktors. Welche Wirkung hat sie auf den Jungen? > M1/M2

3 Stelle dir vor, du wärst Le Querrec und würdest am Abend nochmal über die Ereignisse des Tages nachdenken. Verfasse einen Tagebucheintrag. > M2/M3

4 Erläutert die Veränderungen, die Mathieu in der Erziehungsanstalt bewirkt. Wie erklärt ihr euch diese Veränderungen? > M1-M3

5 Beschreibt Franckes und Pestalozzis Auffassung von Erziehung und bezieht sie auf Rachin und Mathieu. Welchen Einfluss hat ihr Menschenbild auf ihr Verständnis von Erziehung? > M1-M4

Protestkulturen

M1 School of Rock

TIPP
„School of Rock" ist eine amerikanische Filmkomödie aus dem Jahr 2003 (in Deutschland 2004).

Vision: (hier) Vorstellung, Idee

Rebellion: Aufbegehren

Im Zentrum des Films „School of Rock" steht der erfolglose Musiker Dewey. Kurz vor dem Rockfest „Battle of the Bands" wird er aus seiner eigenen Band geworfen. Seine Kollegen waren von Deweys selbstverliebten Bühnenauftritten genervt. Weiteres Problem: Patty, die Freundin seines Mitbewohners Ned, erhöht den Druck, weil Dewey seine Mieten nur unregelmäßig zahlt. Es wird also eng für Dewey, für den es nur eine wichtige Sache im Leben gibt: den Rock. Er sieht seine Aufgabe darin, die Menschen mit Musik zu befreien. Als Dewey eines Tages einen Anruf für Ned entgegennimmt, wird diesem ein Job als Aushilfslehrer angeboten. Dewey gibt sich kurzerhand als Ned aus und nimmt den Job an. Anfangs will Dewey nur seine Zeit absitzen und das Geld kassieren. Als er aber mitbekommt, wie die Schüler Musikunterricht haben, merkt er, dass sie ihre Instrumente perfekt beherrschen. Nun hat er eine Vision: Dewey will mit den Kindern beim „Battle of the Bands" mitmachen. Dazu kreiert er ein neues, geheimes Unterrichtsfach: Rockmusik. Neben Bandproben gehören dazu auch Vorträge über Rockgeschichte und -theorie. Dabei versucht Dewey den anfangs recht angepasst wirkenden Kindern den Geist des Rock 'n' Rolls näher zu bringen: den Geist der Rebellion.

M2 Deweys Unterricht

Dewey: Okay Leute, der Unterricht hat begonnen. Wisst ihr was, ihr macht eure Sache wirklich gut. Wenn ich euch benoten sollte, würde ich euch allen eine Eins geben. Aber das ist das Problem. Beim Rock geht es nicht darum, alles perfekt zu machen. Wer kann mir sagen, worum es wirklich geht? Frankie?

Frankie: Mädchen aufreißen?

Dewey: Nein, ganz und gar nicht. Elanie?

Elanie: Sich vollzudröhnen?

Dewey: Ach. Bestimmt nicht, nein.

Lennard: Es so richtig den Bossen zu zeigen?

Dewey: Ja. Aber du kannst das nicht nur so sagen, Mann. Du musst es auch fühlen, in deinem Bauch, in deinen Adern. Wenn ihr rocken wollt, müsst ihr gegen die Regeln verstoßen, ihr müsst auf die Bosse wütend sein. Und im Augenblick bin ich der Boss. Genauso ist es. Ich bin der Boss. Wer von euch hat den Mut, mich anzumachen, he? Wer macht mich an?

Freddie: Halt deine Klappe, Schneebly.

Dewey: Das ist es, Freddie. Das ist es. Wer macht es besser?

Alicia: Hey, zieh Leine, du blöder Arsch.

Dewey: Ja, Alicia.

Summer: Sie sind ein Witz, der schlechteste Lehrer, den wir je hatten.

Dewey: Summer, das war toll. Ich konnte deine Wut richtig spüren, das war echt gut.

Summer: Danke.

M3 Im Käfig

Vladimir Nabokov: amerikanischer Schriftsteller russischer Herkunft (1899-1977)

Über Vladimir Nabokov erzählt man sich die folgende Anekdote: Als er von einem Journalisten gefragt wurde, warum er schreibe, antwortete er mit einer Geschichte, die er in der Zeitung gelesen hatte. Im New Yorker Zoo habe man mit Affen ein Experiment gemacht, habe ihnen Pinsel, Farben und Papier in den Käfig gelegt und ihnen immer wieder gezeigt, wie man damit Bilder malen kann. Die Tiere schauten zu, fingen dann selbst an, mit der Farbe herumzuklecksen. Irgendwann malte einer der Affen wirklich ein erstes Bild. Was er malte? Die Gitterstäbe seines Käfigs.

M4 Macht kaputt, was euch kaputt macht

Radios laufen, Platten laufen,
Filme laufen, TV's laufen,
Reisen kaufen, Autos kaufen,
Häuser kaufen, Möbel kaufen.
Wofür?

Refrain
Macht kaputt, was euch kaputt macht!
Macht kaputt, was euch kaputt macht!

Züge rollen, Dollars rollen,
Maschinen laufen, Menschen schuften,
Fabriken bauen, Maschinen bauen,
Motoren bauen, Kanonen bauen.
Für wen?

Bomber fliegen, Panzer rollen,
Polizisten schlagen, Soldaten fallen,
die Chefs schützen, die Aktien schützen,
das Recht schützen, den Staat schützen.
Vor uns!

Ton Steine Scherben

M5 Rocker, Hippies und Punks

AUFGABEN

1. Erklärt, warum für Dewey Finn die Rockmusik so wichtig ist und was er mit ihr verbindet. Was möchte Dewey den Schülerinnen und Schülern vermitteln? > M1/M2
2. Diskutiert die Anekdote. Wofür stehen die Gitterstäbe? Was würdet ihr an Stelle des Affen malen? > M3
3. Erläutert, wogegen sich der Protest in dem Song der Band „Ton Steine Scherben" richtet. Findet mögliche Erklärungen für die Protesthaltung. > M4
4. *plus* Teilt euch in Gruppen auf und recherchiert im Internet Informationen zu den Bewegungen, die auf den Bildern dargestellt sind. Stellt eure Ergebnisse in Form von Referaten dar. > M5
5. Warum ist es für jede nachkommende Generation wichtig, eine eigene Jugendkultur zu entwickeln? Sprecht darüber. > M5
6. Wie steht es mit eurer Generation? Gibt es bei euch eine Jugendbewegung? Gibt es vielleicht gleich mehrere? Erstellt einen Teaser zu einer Jugendbewegung, der ihr euch verbunden fühlt.

Teaser
> S. 94f.

Wie kann ich Karikaturen analysieren?

Detail:
Einzelheit

Symbol:
Sinnbild, Zeichen für etwas (z. B. eine weiße Taube als Zeichen für Frieden)

Methodenkompetenz: **Karikaturen analysieren**

Eine Karikatur stellt zeichnerisch ein (aktuelles) Thema aus Politik oder Gesellschaft dar. Der Zeichner oder die Zeichnerin interpretiert in überspitzter Weise einen Sachverhalt, so dass versteckt seine/ihre Sicht des Problems deutlich wird. Um eine Karikatur zu analysieren, kannst du wie folgt vorgehen:

1. Beschreibe die Karikatur genau: Was ist zu erkennen (Personen, Orte, Symbole ...)? Was wird gesagt? Was fällt auf? Was wird besonders übertrieben dargestellt?
   Beachte: Oft erkennt man wichtige Details erst beim genauen Beschreiben.
2. Deute nun die Aussage der Karikatur: Um welches Thema geht es? Was bedeuten die Symbole? Auf welches Problem möchte der Karikaturist hinweisen? Welche Meinung hat der Zeichner? Welche Fragen hast du noch an die Karikatur?
3. Beurteile: Teilst du die Sichtweise des Zeichners oder bist du anderer Meinung? Nimm begründet Stellung. Wie ist deine Meinung zu dem Thema? Wie ist deine Meinung zur Aussage des Karikaturisten?

Und so könnt ihr gemeinsam eine „Karika-Tour" durchführen:

- Hängt verschiedene Karikaturen (zu einem oder mehreren Themen) an den Wandseiten eures Klassenzimmers aus.
- In kleinen Gruppen betrachtet ihr nun die einzelnen Darstellungen: Wie sieht der Karikaturist oder die Karikaturistin das Thema? Auf welches Problem wird aufmerksam gemacht? Dies könnten Fragen sein, auf die ihr eine Antwort finden sollt.
- Nach zwei bis drei Minuten wechseln die Gruppen auf ein Signal der Lehrkraft im Uhrzeigersinn zur nächsten Karikatur. Diese wird unter der gleichen Fragestellung betrachtet.
- Wenn der Rundgang mit der Kurzbesprechung der übrigen Karikaturen abgeschlossen ist, werden die Bilder abgehängt.
- Jede Gruppe zieht nun verdeckt eine Karikatur. Mit Hilfe eines Frage-Leitfadens bespricht dann jede Gruppe ausführlich „ihre" Karikatur.
- Als Ergebnis solltet ihr euch in der Klasse auf jeweils eine Kernaussage für jede Karikatur einigen.

M1 Ehrlich?

1. Beschreibung: Ein Erwachsener spricht mit einem Kind (vermutlich Vater und Tochter). Im Hintergrund ist eine Landschaft zu sehen – es gibt aber nur wenige Bäume und diese wenigen Bäume sind kahl. Die Landschaft wirkt dadurch sehr trostlos und zerstört. Der Erwachsene legt dem Mädchen begütigend die Hand auf die Schulter und sagt: „Ja meinst du denn im Ernst, da wäre auch nur einer noch in sein Auto gestiegen, wenn wir das gewusst hätten damals?!"

2. Deutung: Thema ist die Umweltzerstörung durch Autos und Autoabgase. Die kahlen Bäume stehen für die zerstörte Natur. Der Erwachsene steht für die Generation, die diese Zerstörung noch hätte verhindern können. Dieser Meinung widerspricht der Erwachsene in der Zeichnung durch seine Aussage. Er selbst erklärt seine Generation für ahnungslos und schuldlos. Da jedoch seit Jahrzehnten die schädlichen Auswirkungen von zu viel Verkehr und Abgasen auf Umwelt und Klima bekannt sind, die Erwachsenen jedoch keine ausreichenden Gegenmaßnahmen getroffen haben (vgl. das lange Ringen um ein wirksames Klimaabkommen), stellt der Karikaturist diese Aussage des Erwachsenen als Heuchelei dar.

3. Beurteilung: …

Freimut Wössner / Baaske Cartoons

M2 Was kümmert es mich?

Gerhard Mester / Baaske Cartoons

AUFGABEN

1 Beschreibe die Karikatur und erläutere ihre Aussage. > M1

2 Lies nun die Hinweise zur Analyse der Karikatur und vergleiche sie mit deiner Beschreibung und Deutung. Ergänze gegebenenfalls eigene Beobachtungen und formuliere eine Beurteilung. Vergleicht und besprecht eure Ergebnisse. > M1

3 Analysiere die Karikatur nach der Methodenanleitung und präsentiere dein Ergebnis. > M2

plus 4 Sammelt Karikaturen zu einem Thema eurer Wahl und führt eine „Karika-Tour" durch.

Was wir wissen – was wir können

M Fragen und Antworten

Was versteht Aristoteles unter „Natur“?

Was ist der Klimawandel?

Inwiefern ist der Mensch verantwortlich für die globale Erwärmung?

Was müsste die Menschheit unternehmen,
um die Zunahme von CO_2 in der Atmosphäre aufzuhalten?

Wer ist Al Gore?

Welche Position vertreten die Religionen laut der Erklärung
„Religionen für biologische Vielfalt“ zum Thema Naturschutz?

Was versteht man unter dem Begriff „Holismus“?

Wie kannst du dich ganz praktisch
in deinem Leben für die Natur engagieren?

Welche unterschiedlichen Formen von Kultur gibt es?

Wie begründet Arnold Gehlen,
dass der Mensch ein Kulturwesen ist?

Welche Fähigkeiten und Fertigkeiten erlernt
der Mensch erst in der Erziehung durch andere Menschen?

Welche Jugendkulturen kennst du?

...?

...?

AUFGABEN

Im Kapitel „Die Welt gestalten“ habt ihr euch mit dem Verhältnis des Menschen zur „Natur“ und der „Kultur“ beschäftigt. Ihr habt nicht nur die Begriffe definiert, sondern verschiedene Positionen der Umweltethik kennen gelernt und euch ausführlich mit Themen wie z. B. dem Klimawandel sowie der Bedeutung der Erziehung für den Menschen auseinandergesetzt.

1 Entwickelt nun einzeln oder zu zweit mit einer Mitschülerin oder einem Mitschüler Fragekärtchen zu den Themen des Kapitels. Einige Beispiele findet ihr auf dieser Doppelseite. Schreibt dann auf die Rückseite eurer Fragekärtchen die entsprechenden Antworten.

2 Ordnet eure Fragekärtchen: Welche Fragen beziehen sich auf die Lebensgestaltung von Menschen, welches sind ethische und welches religionskundliche Fragestellungen? Falls ihr zu einem der drei Aspekte noch keine Fragen formuliert habt, ergänzt mindestens eine Frage dazu.

3 Ihr könnt euch dann auch mit einer neuen Partnerin oder einem neuen Partner zusammenfinden und euch gegenseitig eure Fragen stellen und beantworten.

KOMPETENZ-CHECK

1 Übertrage die Tabelle in dein Heft oder lade sie als Arbeitsblatt aus dem Inernet herunter und fülle sie aus. Wenn deine Antwort 😮 oder 😐 lautet, schlage die passende Schulbuchseite nach, die dir bei dem Thema weiterhelfen kann, und lies noch einmal nach.

2 Ergänzt im Anschluss die Tabelle zusammen: Was könnt ihr noch?

Ich kann ...	Meine Einschätzung 😀	🙂	😮	😐
die Begriffe „Natur“ und „Kultur“ definieren.				
Aristoteles‘ Definition von „Natur“ wiedergeben.				
die Ursachen der globalen Erwärmung skizzieren.				
begründen, warum es wichtig ist, Verantwortung für die Erde zu übernehmen.				
die vier Positionen der Umweltethik wiedergeben und beurteilen.				
erläutern, wie Arnold Gehlen die Stellung des Menschen in der Welt sieht.				
verschiedene philosophische Auffassungen zur Erziehung vergleichen.				
...				

Arbeitsblatt:
Kompetenz-Check „Die Welt gestalten“

Mediencode: 20107-05

Die Gestaltung der Zukunft beginnt jetzt!

Die (Um-)Welt von morgen?

Die Welt von morgen

> Zukunft zusammen gestalten
> Handeln für eine bessere Zukunft
> Utopien

AUFGABEN

1 Beschreibe und interpretiere die obere Abbildung.
2 Erläutere anhand von Beispielen aus deinem Alltag, inwiefern du deine Zukunft in den Alltagsmomenten gestaltest (auch, wenn du vielleicht nichts tust).
3 Beschreibe und interpretiere das untere Bild. Erläutere dabei insbesondere die beiden Zukunftsvisionen, die darin zum Ausdruck kommen.
4 Warum ist der Titel des unteren Bildes „Die (Um-)Welt von morgen?" als Frage formuliert? Begründe deine Antwort.
5 Gestalte selbst ein Bild oder eine Collage mit dem Titel „Die Zukunft beginnt jetzt!". Stelle das Ergebnis deinen Mitschülerinnen und Mitschülern vor.

Mir ist eine ganze Welt offen?

M1 Ich heb ab

M2 Ich heb ab – mein mögliches Leben

Christopher Boone ist die Hauptfigur des Romans „Supergute Tage oder Die sonderbare Welt des Christopher Boone". Er ist 15 Jahre alt und ein Jugendlicher mit Autismus-Spektrum-Störung. Braun und Gelb sind Farben, die Christopher nicht mag, Rot hingegen beschert ihm gute Laune. Da er überdurchschnittlich intelligent ist, möchte er bereits die Abiturprüfung in Mathematik ablegen. Toby ist seine Hausratte und sein bester Freund. Den Kontakt zu anderen Menschen empfindet Christopher hingegen oft als kompliziert, was sich auch darin äußert, dass er selbst das gegenseitige Händeschütteln zur Begrüßung vermeidet.

Autismus-Spektrum-Störung: eine tiefgreifende Entwicklungsstörung, die in unterschiedlichen Ausprägungen vorliegen kann. Im Mittelpunkt steht dabei eine schwere Störung der Beziehung und der Kommunikation mit anderen Menschen.

Klaustrophobie: krankhafte Angst vor dem Aufenthalt in geschlossenen Räumen

Boiler: Warm- bzw. Heißwasserspeicher

Ich glaube, ich wäre ein sehr guter Astronaut.

Ein guter Astronaut muss intelligent sein, und ich bin intelligent. Er muss auch verstehen, wie Maschinen funktionieren, und ich verstehe, wie Maschinen funktionieren. Außerdem muss er es gut finden, ganz allein in einem winzigen Raumschiff Tausende und Abertausende von Meilen über der Erdoberfläche zu schweben, ohne dass er in Panik gerät und von Klaustrophobie, Heimweh oder Wahnsinn gepackt wird. Und ich mag enge Räume, solange außer mir niemand drin ist. Manchmal, wenn ich allein sein möchte, steige ich in den Trockenschrank vor dem Bad, schiebe mich neben den Boiler und ziehe die Tür hinter mir zu. Da sitze ich dann, denke stundenlang nach und werde ganz ruhig.

Ich müsste als Astronaut also allein im Raumschiff sein oder meinen eigenen Bereich haben, den niemand sonst betritt.

Außerdem gibt es in einem Raumschiff nichts Gelbes oder Braunes, das wäre also auch okay.

Ich müsste zwar zu den Leuten von der Bodenstation sprechen, aber das liefe ja über eine Funkschaltung und einen Monitor; und deshalb wäre es gar nicht so, als würde man mit echten Menschen, also mit Fremden, sprechen, sondern als säße man vor einem Computerspiel.

Ich hätte auch keinerlei Heimweh, weil ich ja von Dingen umgeben wäre, die ich mag, von Maschinen und Computern und vom Weltall. Und ich könnte aus einem kleinen Fenster gucken und wüsste, dass hier über Tausende und Abertausende von Meilen hinweg niemand ist außer mir; und genau das stelle ich mir manchmal nachts im Sommer vor: Ich strecke mich auf dem Rasen aus, schaue zum Himmel hinauf und lege seitlich die Hände ums Gesicht, damit ich den Zaun, den Kamin und die Wäscheleine nicht mehr sehe und so tun kann, als wäre ich im Weltall. Und ich könnte nichts als die Sterne sehen. Und dort, in den Sternen, wurden vor Billionen von Jahren die Moleküle gebaut, aus denen das Leben besteht. Das viele Eisen zum Beispiel, das in unserem Blut enthalten ist und Anämie verhindert, ist in einem Stern entstanden.

Und am liebsten hätte ich Toby mit im Weltall dabei, und vielleicht wäre das sogar erlaubt, denn Ratten werden ja manchmal zu Experimenten mitgenommen. Wenn mir also ein gutes Experiment einfiele, das der Ratte nicht wehtut, würde man mir vielleicht erlauben, Toby mitzunehmen. Falls nicht, würde ich trotzdem fliegen, weil damit für mich ein Traum in Erfüllung ginge.

Mark Haddon

Experiment: wissenschaftlicher Versuch, der etwas erforschen oder zeigen soll

Anämie: Blutarmut

M3 Kümmer dich um dein Leben

Wenn die Zeit es zeigt wird man sehen,
ob wir die richtigen Wege gehen.
Die Überlebenszeit ist jetzt,
denn die Messer sind gewetzt.
Der Schwätzer hat geschwätzt.
Die Kampagne hat gehetzt.
Die Regeln sind verletzt.
Überlebenszeit ist jetzt!

Refrain
Kümmer dich um dein Leben
Und dann, kümmer dich um uns!
Die Schäden können wir beheben,
das ist nicht die Kunst.
Wir müssen was bewegen,
sonst bewegt sich nichts.
Es geht nicht nur um dein Leben,
sondern ob es ein Leben ist.

Mach es dir nicht zu schwer,
zu viele Blicke sind schon leer.
Wir stellen die Ordnung wieder her,
die keine Ordnung ist.
Gib die Sorgen wieder her.
Wenn das in Ordnung ist,
dann lebt jeder wieder mehr
und alles ordnet sich.
Hoffnung ist größer als das Meer.

Refrain

Söhne Mannheims

AUFGABEN

1 Schreibe alle Ideen und Gedanken auf, die dir beim Betrachten des Bildes kommen. > M1
2 Charakterisiere Christopher Boone anhand des Textes. Welche Eigenschaften besitzt er? Welche Gedanken macht er sich über seine Zukunft? > M2
3 Fasse Christopher Boones Entwurf seines möglichen Lebens mit eigenen Worten zusammen. Erläutere dann, inwiefern Christophers Zukunftsvorstellungen realistisch sind. > M2
4 Christopher Boone schreibt: „... weil damit für mich ein Traum in Erfüllung ginge." Diskutiert, warum es wichtig sein kann, Träume über das eigene zukünftige Leben zu haben. > M2
5 Lies dir den Songtext genau durch und notiere dir dann, welchen Aussagen du zu stimmst und welchen nicht. > M3
6 Schreibe den Text oder einzelne Textteile so um, dass er für dich ausdrückt, was du persönlich glaubst. > M3
7 Verfasse nun einen Entwurf deines eigenen Lebens. Wie könnte es gestaltet sein? > M1-M3

Meine, deine, unsere Zukunft

M1 Meine Gedanken zur Zukunft

Aristoteles, Jean-Jacques Rousseau, Philosophie
> Glossar

zóon politikón: staatenbildendes Lebewesen. Aristoteles bezog sich dabei auf die Polis, einen typischen Staatsverband seiner Zeit, welcher schon über ein Rechtssystem verfügte und in dem Wahlen abgehalten wurden.

Instrument: (hier) Werkzeug

M2 Gesellschaftliche und individuelle Angelegenheiten

Die Frage, inwieweit der Mensch in seinem die Zukunft gestaltenden Denken und Handeln auf die Gesellschaft bezogen ist oder inwieweit nicht, ist eine der wichtigsten Fragen, mit der sich Philosophen seit jeher beschäftigen. Einer der ersten bekannten Philosophen, der dieser Frage systematisch nachging, war Aristoteles. Für ihn war der Mensch ein „zóon politikón". Der wesentliche Unterschied zwischen Mensch und Tier liegt nach Aristoteles in der Sprache: Während das Tier mit seiner Stimme nur unmittelbar Schmerz oder Lust anzeigen kann, ist der Mensch über die Sprache in der Lage, Bezug auf gesellschaftliche Dinge zu nehmen. Der Mensch kann das Nützliche vom Schädlichen und das Gerechte vom Ungerechten trennen. Mit der Sprache ist dem Menschen letztlich ein Instrument gegeben, sich Gedanken über sein unmittelbares Dasein hinaus zu machen. Er kann über die Zukunft der Gesellschaft nachdenken, in der er lebt. Gerade Vorstellungen von Gerechtigkeit, aber auch vom Schädlichen bzw. Nützlichen, zielen immer auf das Zusammenleben in einer größeren Gemeinschaft bzw. Gesellschaft und sind an das Denken bzw. die Sprache – und die nur dadurch gegebenen Absichten – gebunden.

Dabei hat das Denken, Sprechen und Handeln in seiner Ausrichtung auf die Gesellschaft (bzw. den Staat) für Aristoteles immer Vorrang gegenüber den Privatinteressen. Er begründet das damit, dass das Ganze ursprünglicher sein müsse als seine Teile. So, wie eine Hand nur im Zusammenhang mit dem Körper existieren kann, so könne ein Mensch, anders als ein Tier, nur im gesellschaftlichen Zusammenhang existieren.

Die Gedanken von Aristoteles fanden bei späteren Philosophen wie beispielsweise Jean-Jacques Rousseau ihren Niederschlag im Begriff des Gemein- bzw. Allgemeinwohls.

existieren: leben, da sein

Gemeinwohl: Wohl einer größeren Gemeinschaft

M3 Der Eigennutz

AUFGABEN

1 Führt ein Blitzlicht zu folgender Frage durch: Welche Gedanken zur Zukunft sind euch wichtig? > M1

2 Schaut euch nun die Gedanken anderer Kinder an und vergleicht diese mit euren. Gibt es Übereinstimmungen – und wenn ja, welche? > M1

3 Erläutere die Gedanken zur Zukunft, die dir wichtig sind (siehe Aufgabe 1). Du kannst auch Aussagen aus M1 aufgreifen. Vergleicht eure Ergebnisse. > M1

4 Erkläre in eigenen Worten, wie Aristoteles zwischen Tier und Mensch unterscheidet. Beziehe diese Unterscheidung auf das Thema „Zukunftsgestaltung". > M2

5 Ordne die Aussagen aus M1 sowie deine eigenen Gedanken in einer Tabelle den Kategorien „individuelle Angelegenheiten" oder „gesellschaftliche Angelegenheiten" zu. Gibt es bei der Zuordnung Probleme? Welche? > M1/M2

6 Welche Kategorie („individuelle Angelegenheiten" oder „gesellschaftliche Angelegenheiten") erscheint dir wichtiger? Begründe deine Antwort. > M2

7 Finde vor dem Hintergrund der Grafik Beispiele, die für und gegen folgende Aussage sprechen: „Viele Menschen achten nur auf ihren eigenen Vorteil." Überlegt dann gemeinsam, welche Beispiele am überzeugendsten sind. > M3

Kategorie: Einteilung von Dingen und Begriffen nach bestimmten Eigenschaften

Einer für alle – alle für einen?

M1 Initiative „Gemeinwohl hat Vorfahrt"

Die Initiative „Gemeinwohl hat Vorfahrt" wurde im Mai 2014 im hessischen Wiesbaden gegründet und setzt sich für den Erhalt öffentlicher Güter ein. Dazu zählen vor allem öffentliche Krankenhäuser und der öffentliche (soziale) Wohnungsbau.

M2 Unfall auf der Autobahn

M3 Das Gemeinwohl

Antike:
Die philosophische Antike dauerte von ca. 600 vor bis 600 nach Christus und spielte sich im Mittelmeerraum ab. Die berühmtesten Philosophen dieser Zeit waren Sokrates, Platon und Aristoteles (> Glossar)

Jean-Jacques Rousseau, Philosophie
> Glossar

Mit dem Gemeinwohl wird die Orientierung am Wohl eines größeren Gemeinwesens, welches über die Familie bzw. eine Gruppe hinausgeht, bezeichnet. Es steht somit oft der Orientierung am Gruppen- oder Einzelinteresse entgegen. Bereits in der Antike haben Philosophen Bezug auf das Gemeinwohl genommen. Der Philosoph Jean-Jacques Rousseau entwickelte den Begriff des Gemein- bzw. Allgemeinwohls im 18. Jahrhundert entscheidend weiter. Die Grundlage des Allgemeinwohls bildet bei ihm der „Volonté générale" (französisch: Allgemeiner Wille). Dieser lasse sich nur finden, wenn die einzelnen Menschen wohlunterrichtet und frei über die Dinge, die sie angehen, entscheiden können. Frei entscheiden bedeutet für Rousseau vor allem, sich für das Wohl der Gemeinschaft entscheiden zu können, ohne durch starke Einzelinteressen beeinflusst zu werden. Dabei ist auch der Einfluss starker Interessengruppen nicht zu vernachlässigen. Die Grundlage für den „Volonté générale" ist deshalb nicht die Summe von Einzelinteressen (die eben von Interessengruppen beeinflusst werden können), sondern ein gemeinsamer Wille, der auf unabhängige Weise die Förderung des Gemeinwesens und dessen Wohl ins Zentrum seiner Anstrengungen setzt.

M4 Tempo 130 – nein danke!

Sehr geehrte Damen und Herren, liebe Autofahrer,

Mobil in Deutschland e.V. startet als erster Verkehrsverein eine große Initiative gegen das von SPD, Grünen und Linkspartei geforderte Tempolimit 130 auf deutschen Autobahnen. Und Sie können mit abstimmen und die Sache unterstützen.
Wenn wir 100 000 Stimmen gesammelt haben, werden wir die Liste an Bundeskanzlerin Merkel und Bundesverkehrsminister Dobrindt in Berlin übergeben. Wenn möglich persönlich.
Kein Tempolimit 130 in der Autonation Nr. 1, in Deutschland, wo so viel vom Auto abhängt!
Jetzt eintragen!

Mobil in Deutschland e.V.

Limit: Grenze, Begrenzung

M5 Freie Fahrt für freie Bürger?!

„Freie Fahrt für freie Bürger" lautete das Motto einer Kampagne, die der Allgemeine Deutsche Automobil-Club (ADAC) in den 1970er Jahren gegen eine geplante Geschwindigkeitsbegrenzung auf deutschen Autobahnen ins Leben gerufen hatte. Dieses Motto wird heute neben dem ADAC auch von manchen anderen Vereinen und Automobilclubs eingesetzt, um Vorschlägen einer allgemeinen Geschwindigkeitsbegrenzung auf Autobahnen zu entgegnen. Durch eine Geschwindigkeitsbegrenzung, so die Kritiker, werde weder der Schadstoffausstoß gesenkt noch sinke die Zahl der Unfälle auf Autobahnen. Befürworter einer Begrenzung argumentieren dagegen, dass Rasen noch immer Ursache Nummer 1 für tödliche Unfälle sei und die Unfallzahlen in Deutschland in jüngster Zeit steigen. Im Jahr 2014 lag die Zahl der Todesopfer durch Autobahnunfälle in der Bundesrepublik bei 375 Menschen. Das Thema „Tempolimit" spaltet die Gesellschaft. Laut einer Umfrage ist eine knappe Mehrheit der Deutschen zwar für ein Tempolimit von 150 Stundenkilometern. Bei Tempo 130 aber schlägt das Pendel um. Hier ist eine knappe Mehrheit dagegen.

AUFGABEN

1 Beschreibe die Bilder. Erläutere vor dem Hintergrund des Unfallbildes, was sich die Verantwortlichen der Initiative wohl bei der Gestaltung des Bildes M1 gedacht haben. > M1/M2

2 Erläutere, was bei Rousseau mit dem „Volonté générale" gemeint ist. Gehe dabei insbesondere auf den Unterschied des „allgemeinen Willens" zur Summe der Einzelinteressen der Menschen ein und veranschauliche den Unterschied mit Beispielen. > M3

3 Beschreibe den Aufruf, gegen eine Geschwindigkeitsbegrenzung auf deutschen Autobahnen zu stimmen. Würdest du dich für den Aufruf eintragen? Begründe deine Entscheidung kurz. > M4

4 Wie aus dem Text M5 hervorgeht, hat die deutsche Bevölkerung eine gespaltene Meinung zu einer Geschwindigkeitsbegrenzung. Diskutiert, ob es sich bei den genannten Mehrheiten (siehe Zeilen 21-25) um einen „Volonté générale" im Sinne von Rousseau handelt. Vertritt der Allgemeine Deutsche Automobil-Club einen allgemeinen Willen? > M3/M5

5 Überlegt, ob die Einführung eines Tempolimits mit dem allgemeinen Willen, wie Rousseau ihn versteht, begründet werden könnte. Diskutiert dabei auch Schwierigkeiten und Gefahren in Rousseaus Darlegung. > M3-M5

Die Welt im Jahr 20...

M1 Unsere Welt im Jahr 2017

M3 Unsere Vorstellungen für das Jahr 20...

Transrapid: Magnetschwebebahn für den Hochgeschwindigkeitsverkehr

Solar: (hier) Sonnenenergie

„Es kommt auf die Gegenwart an, wie die Zukunft wird. Verändert man die Gegenwart, verändert man auch die Zukunft. Ich stelle mir das Leben so vor: modern und mit Technik wie Autos, Schulen, Haushaltsgeräte, Flugzeuge, Hilfsgeräte und Arbeitsgeräte ... […] Wir sollten vorsichtig mit der Natur und den Tieren sein, sonst könnten wir sie in Zukunft zerstören. Aber wenn man in der Gegenwart die Natur und die Tiere zerstört, gibt es in der Zukunft gar keine Natur mehr. Die Politiker sollten mehr auf die Bürger und auf Kinder hören. Vielleicht werden […] Roboter die besten Freunde des Menschen. Vielleicht werden auf der Erde Außerirdische leben. Wie es in Deutschland sein könnte, weiß ich nicht. Vielleicht gibt es in Zukunft kein Deutschland mehr, wer weiß das schon?“

Iwan K., 12 Jahre

„Ich stelle mir unsere Zukunft so vor, dass alle Menschen nett zueinander sind. […] Es gibt keine Atomkraftwerke mehr, alles wird mit Solar betrieben. Alle Tiere, die ausgestorben waren, gibt es wieder, und es werden viele Parks gebaut.“ *Sandra K., 9 Jahre*

„Ich stelle mir für das Leben in Zukunft vor, dass alle Häuser, auch in den armen Ländern, erdbebensicher sind. Die Strecke des Transrapid wird zu allen Städten der Welt führen. Es wird für jeden einen kleinen Übersetzer geben, der 400 Sprachen spricht und übersetzt. […] Alle Fortbewegungsmittel fahren mit Sonnenenergie, nichts braucht noch Erdöl.“ *Steffen Sch., 12 Jahre*

„Die Wissenschaft könnte soweit sein, dass sie Medikamente erfindet, durch die Menschen neue Körperteile wie Arme und Beine wachsen. Oder Prothesen könnten so perfekt sein, dass man mit ihnen alles machen kann, was man mit den richtigen Körperteilen auch machen kann.“

Manuel M., 14 Jahre

„Ich weiß ganz genau, dass für viele Menschen – insbesondere für Jugendliche – das zukünftige Leben nicht gerade rosig sein wird: Arbeitslosigkeit, Ozonloch, Naturkatastrophen. Die Menschheit wir in zwei Hälften unterteilt: „ärmere Schicht“ und „reichere Schicht“. […]“ *Sevda U., 17 Jahre*

M2 Unsere Welt im Jahre 20...?

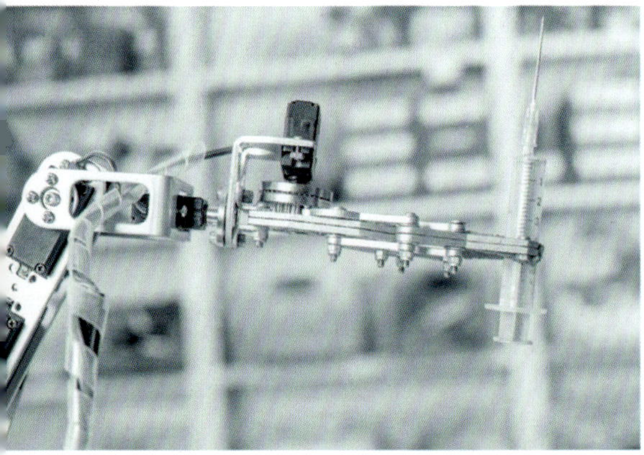

„Ich stelle mir vor, dass in zwanzig Jahren Krieg herrscht. Hungersnot und Zerstörung auf der ganzen Welt. Krebskranke durch Atombomben. Kranke Kinder, von Hunger überfallen. Menschen, die keine Unterkunft mehr haben. [...] Ich hoffe, dass die Menschen endlich mal auf die Umwelt und ihre Mitmenschen achten und nicht nur an sich denken, dass sie mehr Umweltschutzvereine gründen und aufhören, Tiere zu fangen und in Gefangenschaft leben zu lassen." *Sabuíne G., 14 Jahre*

„Ich denke, dass es in der Zukunft immer wichtiger wird, die Verschiedenheit der Menschen als eine Bereicherung zu begreifen. Globale Probleme wie Umweltzerstörung und Kriege werden zu mehr Migration führen. Wir sollten und bemühen, Menschen, die dadurch in Not geraten, zu helfen." *Alexander K., 14 Jahre*

Uwe Britten (Hg.)

global: weltumspannend

Migration: Abwanderung in ein anderes Land oder an einen anderen Ort

AUFGABEN

1 Beschreibe die in M1 dargestellten Fotos und erläutere die Probleme, die darin zum Ausdruck kommen. > M1

2 Erläutere, welche Zukunftsthemen die Bilder M2 veranschaulichen. Welche Probleme könnten damit einhergehen? > M2

3 Formuliere zu den zwei Problemen, die dir am wichtigsten sind (siehe Aufgaben 1 und 2), jeweils einen Gegenentwurf. > M1/M2

4 Nimm Stellung zu den Ansichten der Kinder und Jugendlichen. Erläutere, inwieweit einige ihrer Vorstellungen mit den Themen, die die Bilder M1/M2 veranschaulichen, zu tun haben. > M1-M3

5 Überlegt, in welchen Bereichen sich unser Leben in Zukunft verändern könnte. Erstellt gemeinsam eine Liste: Fortbewegung, Arbeit, Medizin etc. > M1-M3

plus 6 Stell dir vor, du wirst morgen wach und lebst in der Zukunft. Wie sieht dein Tag aus? Schreibe eine Geschichte oder male ein Bild: „Mein Tag im Jahre 20 ..."

Gedankenexperiment
> S. 184f.

ZUKUNFTS-ENTWÜRFE I:

Was machen wir mit den Tieren?

M1 An der Fleischtheke

M2 Optimierte Produktion der Ware Fleisch, sinkende Preise

Es gibt verschiedene Methoden, Tiere zu töten. [...] Beispiel Schweine: In großen Schlachthöfen gleiten sie in Gondeln in die Tiefe. Die Grube ist mit Gas gefüllt, das die Tiere betäubt. Oben wieder angekommen, werden sie ausgekippt und aufgehängt. Ein Halsbruststich sorgt dafür, dass sie entbluten, was zum Tode führt. Normalerweise. Manchmal sterben die Tiere besonders qualvoll, weil sie eben nicht ordnungsgemäß entbluten. Dann gehen sie lebendigen Leibes in die Brühanlage, die dafür sorgt, dass die oberste Hautschicht und die Borsten entfernt werden können. Manchmal klappt es aber auch schon mit der Betäubung nicht richtig. Ein Kilo Schweinebraten kostet im Supermarkt derzeit um die 4 Euro. Das Lieblingsgericht der Deutschen sind Schnitzel nach Wiener Art. Sie werden heute bereits im XXL-Großformat angeboten. Überhaupt liegt Schweinefleisch an der Spitze des Verbrauchs. Insgesamt verlassen satte 8,2 Millionen Tonnen Fleisch Deutschlands Schlachthöfe jährlich, zum Teil schon portionsfertig verpackt. Gearbeitet wird oft im Akkord. So bleiben manchen Stechern, die den Tieren den fachmännischen Schnitt verpassen müssen, nur wenige Sekunden Zeit dafür. Zwischen dem lebendigen Tier und dem toten auf dem Teller liegt ein effizienter Produktionsprozess. Der Wettbewerb verlangt es so. Entscheidend ist nicht nur der richtige Einsatz und die profitable Auslastung von Gasgruben, Bolzenschussanlagen, Flammöfen oder Enthaarungsmaschinen, sondern auch die Bandgeschwindigkeit, die den Takt zum Töten, Zerlegen und Verpacken vorgibt.

Gunhild Lütge

Ware: Gegenstand des Handelsverkehrs

Akkord: Bezahlung nach erzeugter Stückzahl bzw. Warenmenge

effizienter Produktionsprozess: Produktion mit wirtschaftlich hoher Ausbeute

profitabel: gewinnbringend

Bolzenschussanlage: Anlage, welche den Tieren zur Tötung automatisch einen dicken Metallstift in den Kopf schießt

Verantwortung > Glossar

M3 Aus dem Tierschutzgesetz

§ 1 Zweck dieses Gesetzes ist es, aus der Verantwortung des Menschen für das Tier als Mitgeschöpf dessen Leben und Wohlbefinden zu schützen. Niemand darf einem Tier ohne vernünftigen Grund Schmerzen, Leiden oder Schäden zufügen.

M4 Meine Welt von morgen

Mit 18 Jahren war Lara Mitglied im Landesvorstand der Grünen Jugend Nordrhein-Westfalen und sprach sich für ein Umdenken aus, was unsere Ernährung und den Umgang mit Tieren betrifft.

Umfangreiche Rechte könnten Tieren in Zukunft ein wirklich artgerechtes Leben in der Wildnis ermöglichen – vollkommen frei von Eingriffen des Menschen. Jegliche Tiere, die noch in einem natürlichen Ökosystem überlebensfähig sind, sollten nach und nach in geschützten Gebieten ausgewildert werden. Viele überzüchtete Rassen können das nicht mehr. Sie haben mit der Natur nicht mehr viel zu tun. Sie sind in ihrer Betreuung anspruchsvoll wie Hochleistungssportler [...]. Um ihr Leid zu verhindern, sollte man sie nicht weiter züchten. Der Ausbeutungsstop würde sich auch auf Haus-, Zirkus- und Zootiere beziehen. [...] Eine vegane Landwirtschaft käme mit 1/3 ihrer Anbaufläche hin. Mensch könnte vermehrt auf ökologischen Anbau und Produkte aus der eigenen Region setzen. Die umweltschädigenden und pestizidverseuchten Futtermittelimporte aus Ländern, in denen selber gehungert wird, würden schlagartig überflüssig werden. Grundwasserverschmutzung, Methanemissionen und Waldsterben durch Ammoniak nähmen ab. Ebenso Wohlstandkrankheiten wie Übergewicht und Herzinfarkte. [...] Mein Wunsch: Die Ernährung der Zukunft passt sich möglichst gut an die Natur an [...].

nach Lara Haasper

M5 Weg von der Wurst?

Der Wursthersteller Rügenwalder Mühle rät ab vom häufigen Fleischverzehr. „Ernährungsphysiologisch ist die Wurst nicht so der Brüller", sagte der Geschäftsführer und Inhaber Christian Rauffus [...]. „Abgesehen davon, dass eine Wurst unzweifelhaft eine leckere Sache ist, gibt es ja nicht viel Positives, was daran auszuloben ist." Daher will Rügenwalder in den kommenden Jahren konsequent Fleisch durch vegetarische Zutaten ersetzen. Denkbar scheint eine komplett fleischlose Herstellung. „Ich kann mir vorstellen, dass wir in 20 Jahren ohne Fleisch arbeiten", sagte Rauffus, „es kann aber auch sein, dass wir dann bei einem Anteil von 50:50 stehen."

Jan Grossarth

Ökosystem: Lebensraum samt ihn bewohnender Lebewesen (Tiere und Pflanzen)

vegane Landwirtschaft: rein pflanzliche Landwirtschaft ohne Nutztiere oder deren Produkte

Pestizid: Schädlingsbekämpfungsmittel

Emission: Ausstoß

Methan: Gas, welches zur Erderwärmung beiträgt (Treibhausgas)

Ammoniak: giftige Substanz, die zur Herstellung von Düngemitteln verwendet wird und so ins Grundwasser gelangt

AUFGABEN

1 Beschreibe das Bild und erläutere, welche Gedanken es bei dir auslöst. > M1
2 Notiere, wie viel Fleisch von welcher Art du in einer Woche durchschnittlich verzehrst. >M1
3 Erläutere anhand des Textes die Vor- und Nachteile der industriellen Fleischproduktion. > M2
4 Nimm Stellung dazu, ob die optimierte Fleischproduktion, wie sie im Text M2 dargestellt ist, den Vorgaben des Tierschutzgesetzes entspricht und begründe deine Stellungnahme nah an den Texten. > M2/M3
5 Fasse die Materialien M4 und M5 stichpunktartig zusammen. Wodurch unterscheiden sich beide Zukunftsentwürfe? > M4/M5
6 Nimm vor dem Hintergrund der auf dieser Doppelseite vorgestellten Materialien begründet Stellung zur Produktion und zum Verzehr von Fleisch in Deutschland. > M1-M5
plus 7 Bedenke deine zu Aufgabe 2 gemachten Angaben und erläutere begründet ob bzw. inwieweit du auf Fleischverzehr verzichten könntest. > M1-M5

ZUKUNFTS-ENTWÜRFE II:

Wie gehen wir mit der Natur um?

M1 Überflutet

Tuvalu: Inselstaat in der Nähe Australiens

Auf Tuvalu spielen Kinder auf einem Platz, der vom Meerwasser überflutet wurde.

Klimawandel: Veränderung des Klimas auf der Erde, unabhängig davon, ob die Ursachen auf natürlichen oder menschlichen (anthropogenen) Einflüssen beruhen; der Weltklimarat warnt seit Jahren vor den Folgen eines derzeit vom Menschen verursachten Klimawandels (siehe auch Kapitel „Mensch und Natur", S. 132-137)

Idylle: Zustand oder Bild, der / das beschaulich und friedlich wirkt

Atoll: Insel bzw. verbundene Inselgruppe

Tribunal: Gerichtshof

M2 Asyl wegen des Klimawandels

Es ist die Flucht aus einem kleinen Paradies, die die Familie Alesana angetreten hat. Zusammen mit seiner Frau hat Sigeo Alesana seine Heimat, den Pazifik-Inselstaat Tuvalu, im Jahr 2007 verlassen – und sie werden nicht mehr zurückkehren. Denn sie sind die ersten anerkannten Flüchtlinge des Klimawandels. Von der Idylle Tuvalus, von den weißen Stränden und Palmen, die ins Meer ragen, ist nicht mehr viel geblieben, denn der steigende Meeresspiegel aufgrund des Klimawandels macht das Leben auf den Korallenatollen immer weniger paradiesisch. In Neuseeland haben Sigeo und seine Frau deswegen für sich und ihre beiden Kindern im Alter von fünf und drei Jahren um Asyl gebeten. Mit Erfolg: Erstmals hat damit ein Staat bei dem Antrag einer Familie auf Bleiberecht den Klimawandel als Gefahr berücksichtigt. [...] Der Inselstaat Tuvalu im Südwesten des Pazifischen Ozeans östlich von Papua-Neuguinea, der nur 26 Quadratkilometer groß ist, ragt durchschnittlich nur zwei Meter aus dem Wasser. Durch den steigenden Meeresspiegel haben die etwa 10 500 Bewohner mit verseuchtem Trinkwasser, dem Ausfall von Ernten und Überschwemmungen zu kämpfen. Die Kinder der Familie Alesana seien wegen ihres Alters besonders stark durch Naturdesaster und Folgen des Klimawandels gefährdet, urteilte das Einwanderungstribunal in Neuseeland. [...] In Kiribati [einer in der Nähe gelegenen Pazifik-Insel] macht sich die Regierung auf die Suche nach anderen Lösungen: Diskutiert wird dabei auch über das Anlegen von künstlichen Inseln.

Sonja Gillert

M3 Der ökologische Fußabdruck

Ob Lebensmittel, Kleidung, Energie und Baumaterial oder schlicht die Luft zum Atmen – unser ganzes Leben hängt davon ab, was die Natur uns zur Verfügung stellt. Aber wie viel können die Ökosysteme uns zur Verfügung stellen? Und wie viel nutzen wir? Was müssen wir tun, damit alle Menschen auf dieser Erde gut leben können? Bei der Beantwortung dieser Fragen hilft der „ökologische Fußabdruck". […] Auf der Angebotsseite wird gemessen, welche Flächen der Planet hat: Wälder, Felder, Seen, Meere, Wüsten, Weiden, Steppen, Straßen und Städte. Dabei wird auch die unterschiedliche „biologische Produktivität" der Erdoberfläche berücksichtigt. Das Ergebnis entspricht der Biokapazität der Erde. Auf der Nachfrageseite wird berechnet wie viel Biokapazität die Menschen nutzen. Energiegewinnung, Bauland, Viehzucht: Jedes Wirtschaften beansprucht Fläche. Auch Abfälle und Abgase muss die Umwelt verarbeiten. Mit dem ökologischen Fußabdruck kann man Angebot und Nachfrage vergleichen. Wie viel Natur haben wir? Wie viel brauchen wir? Und wer nutzt wie viel? Die Einheit in diesem Buchhaltungssystem ist die biologisch produktive Fläche – dargestellt in der Maßeinheit „globale Hektar" (gha). […] Die pro Erdenbürger verfügbare Biokapazität beträgt derzeit 1,7 gha. Dabei ist die Biokapazität noch nicht berücksichtigt, die benötigt wird, um die Vielfalt der Tier- und Pflanzenwelt zu erhalten. Der sinnvoll zu nutzende Fußabdruck liegt also eigentlich deutlich unter 1,7 gha.

Der Fußabdruck in Deutschland lag im Jahr 2012 bei 4,6 gha, in Dänemark bei 8,3 gha und in den USA bei 7,2 gha. An unterer Stelle liegen Afrika und Zentralamerika mit 1,4 bzw. 1,7 gha. Die Weltbevölkerung verbraucht durchschnittlich 2,7 gha pro Kopf.

Johannes Küstner/ Bericht des Footprintnetworks

Ökosystem: Lebensraum samt ihn bewohnender Lebewesen (Tiere und Pflanzen)

M4 Der Fußabdruck in Deutschland

Ernährung	Wohnen	Mobilität	Konsum
35 %	25 %	22 %	18 %

Mobilität: Möglichkeit zur Bewegung, z. B. durch Autofahrten

TIPP
Im Internet kannst du auch einen kleinen Test zu deinem ökologischen Fußabdruck machen: http://www.fussabdruck.de/

AUFGABEN

1 Erläutere die Probleme in Tuvalu. > M1/M2

2 Erkläre den Begriff „ökologischer Fußabdruck". > M3

3 Nenne Beispiele für die Zusammensetzung des ökologischen Fußabdrucks (Wohnen, Mobilität usw.) in Deutschland und erläutere, wie du im Alltag zum ökologischen Fußabdruck beiträgst. > M3/M4

4 Diskutiert, wie sich der Fußabdruck durch Maßnahmen auf der Angebots- und Nachfrageseite verkleinern ließe. Recherchiert dazu auch im Internet. > M3/M4

plus 5 Erstelle deinen eigenen ökologischen Fußabdruck, indem du (d)einen Fußabdruck auf ein Blatt malst und seine Zusammensetzung beschriftest bzw. gestaltest. Berücksichtige dabei die Ergebnisse aus Aufgabe 3. > M3/M4

ZUKUNFTSENTWÜRFE III:

Religiös leben?

M1 Fußball Halleluja!

M2 Liegt die Zukunft der Religion im Fußball?

Die Frage nach der Zukunft der Religion wird man […] nicht auf die Frage nach der Zukunft der Kirche reduzieren dürfen. […] Ein […] Beispiel für eine außerkirchliche Religionspraxis ist die Fußballbegeisterung. Was in deutschen Kirchen undenkbar ist, gelingt im Fußballstadion problemlos: Es wird öffentlich gebetet, inbrünstig gesungen und mutig ein Bekenntnis zum eigenen Verein abgelegt. „Schalke ist meine Religion", heißt es etwa auf weiß-blauen Schals, die sich die Fans anlässlich ihrer kultischen Begehungen am Samstagnachmittag umlegen. Fußballspieler bekreuzigen sich beim Betreten des Spielfeldes und nach erfolgreichem Torschuss. Bemerkenswert ist ein Service des Hamburger Sportvereins (HSV): Er bietet seinen Fans eine eigene Grabstätte auf dem Altonaer Friedhof an. Man betritt das Grabfeld durch ein Fußballtor. Die Toten werden mit Blick auf das Volksparkstadion bestattet – in einem Rasen, der (wie immer man sich das vorstellen soll) „Originalrasen" vom Spielfeld des Stadions ist. Die Grabstätten können mit dem HSV-Emblem verziert werden, bei der Beerdigung werden HSV-Schlachtgesänge gespielt.

Rolf Schieder/Hendrik Meyer-Magister

reduzieren: beschränken, verringern

kultisch: (hier) höchste Verehrung ausdrückend

M3 Jeder dritten Kirche droht bis 2026 die Schließung

Die Mitgliederzahlen schrumpfen, die Kassen werden immer leerer und das hat Konsequenzen: Weil den Gemeinden die Mitglieder abhanden kommen, werden in Hamburg in den kommenden Jahren diverse Kirchen und Gemeindehäuser geschlossen. Die Synode (Kirchenparlament) des Kirchenkreises Hamburg-Ost hat jetzt ein Gebäudekonzept beschlossen, wonach bis 2026 rund ein Drittel der Kirchen und Gemeindehäuser nicht mehr genutzt werden soll. [...] Rund die Hälfte der 138 Kirchen und 140 Gemeindehäuser im Kirchenkreis wurden nach 1945 gebaut. Doch deren Unterhaltung kann nach Einschätzung des Kirchenkreises künftig schlicht nicht mehr bezahlt werden. Die Mitgliederzahlen sinken rapide – lebten auf dem Gebiet des Kirchenkreises 1992 noch 660 000 Kirchenmitglieder, so sind es heute nur noch 440 000. Gespart wurde bisher vor allem am Personal: Wo einst drei Pastoren Hand in Hand gearbeitet hätten, müsse heute einer allein den Betrieb organisieren [...]. Die Zahl der Pastoren, Kirchenmusiker und Diakone ist um bis zu 30 Prozent zurückgegangen [...].

epd/gt

Konsequenzen: Folgen

diverse: verschiedene

rapide: überaus schnell

M4 Neuauslegung der Religionen?

Religionen sind keine einmal notierten und dann für alle Zeiten feststehenden Glaubenssysteme, sondern werden, wie Theater oder Musikstücke, von jeder Generation neu ausgelegt, neu interpretiert, manchmal sogar erweitert oder in Teilen eliminiert. [...] Die Säkularisierung schreitet nicht unaufhaltsam fort. Vielmehr wandelt sich nur die gesellschaftliche Erscheinungsform von Kirche, bzw. die Art und Weise, wie religiöse Bedürfnisse aufgefangen, ausgedrückt und gelebt werden.

Falk Fischer

M5 Am Ball bleiben!

eliminieren: herauslösen, ausschalten

Säkularisierung: Verweltlichung, Abkehr von den Religionen

AUFGABEN

1. Beschreibe und interpretiere die Bilder. > M1
2. Fasse den Text M2 in eigenen Worten zusammen. > M2
3. Erläutere die Entwicklung, die in den Bildern und dem Text deutlich wird. > M1/M2
4. Fasse den Text M3 in eigenen Worten zusammen. Nenne mögliche Gründe für die steigende Zahl der Kirchenaustritte. > M3
5. *plus* Recherchiert im Internet, wie die Situation in Brandenburg aussieht (z. B. Zahl der Kirchenmitglieder, Vergleich mit anderen Bundesländern). > M3
6. Erläutere, was mit „religiösen Bedürfnissen“ gemeint sein könnte. > M4
7. Diskutiert, ob es für euch problematisch wäre, wenn Kirchen und Fußballclubs in Zukunft gemeinsame Symbole benutzen und stärker zusammenarbeiten würden. > M5
8. In M4 ist von der „gesellschaftlichen Erscheinungsform von Kirche“ die Rede. Sammelt Ideen, wie ihr euch die zukünftige Entwicklung von Kirchen und Religionen vorstellt. > M1-M5

Symbol: Sinnbild, Zeichen für etwas

Utopien – Vorstellungen einer anderen Welt

M1 Im Zukunftsstaat

Friedrich Eduard Bilz, Das Volk im Zukunftsstaat, 1904

M2 Was eine Utopie ist

Der Begriff Utopie setzt sich aus den beiden griechischen Wörtern „ou" und „topos" zusammen. „Ou" bedeutet „nicht" und „topos" lässt sich mit „Ort" übersetzen.

Die Utopie ist also ein Nicht-Ort oder anders gesagt, ein Ort, den es in der Gegenwart nicht gibt. Das Ziel einer Utopie besteht darin, eine bessere, ja sogar die bestmögliche aller Welten darzustellen, um auf diese Weise die Welt, wie man sie derzeit vorfindet, zu kritisieren. Mit Hilfe der Utopie kann man seinen Zeitgenossen einen kritischen Spiegel vorhalten und deutlich machen, was gesellschaftlich und politisch im Argen liegt. Es handelt sich um eine Wunschvorstellung, die aufzeigt, dass in der bestehenden Welt etwas besser und vollkommener sein könnte. Die Einschätzung, dass etwas geändert werden könnte und sollte, und was denn dann genau, hängt natürliche von demjenigen ab, welcher die Utopie entwirft.

AUFGABEN

1. Beschreibe zunächst einzelne Bildszenen aus der linken Bildseite, danach aus der rechten und erkläre, wodurch sich die Bilder der linken und der rechten Bildhälfte voneinander unterscheiden. > M1
2. Erläutere in eigenen Worten, was unter einer Utopie zu verstehen ist. > M2
3. Zeichne oder beschreibe in Form einer Utopie, wie du dir den besten Ort der Welt wünschst. > M2
4. Prüfe, inwieweit sich deine Vorstellungen einer Utopie (Aufgabe 3) in denen des Malers Friedrich Eduard Bilz (Aufgabe 1) wiederfinden bzw. wo sie sich unterscheiden. > M1/M2

Die Utopie einer klassenlosen Gesellschaft

M1 Am Fließband

Arbeiter und Arbeiterinnen in einem Logistikzentrum.

Solidarität
> Glossar

industrielle Revolution: tiefgreifende wirtschaftliche und gesellschaftliche Umgestaltung vor allem durch Entwicklung neuer Produktionstechniken im 18. und 19. Jahrhundert

Kapitalist: jemand, der Güter, Geld, Betriebe oder andere wirtschaftliche Werte (Kapital) besitzt (von Kommunisten abwertend gebrauchter Begriff)

Sowjetunion: ein kommunistisch regierter Staat im Osten Europas und in Asien, der von 1922 bis 1991 bestand

M2 In einer anderen Gesellschaftsform zu sich selbst finden

Karl Marx und Friedrich Engels gelten als Hauptvertreter des Kommunismus. Der Kommunismus steht ursprünglich für Forderungen nach sozialer Gleichheit, Solidarität und Gerechtigkeit. Vor dem Hintergrund der industriellen Revolution und der damit aufkommenden sozialen Spannungen zwischen Arbeiter- und Kapitalistenklasse („Proletariat" und „Bourgeoisie"), kam mit dem Kommunismus im 19. Jahrhundert verstärkt die (utopische) Forderung nach Abschaffung des Privateigentums vor allem an Produktionsmitteln (Betriebe, Betriebsmittel) auf. Die Theorie von Karl Marx hatte historisch eine große Wirkung, da sich im 20. Jahrhundert viele Staaten unter Führung der Sowjetunion darauf beriefen. Im Folgenden erklären Marx und Engels in einem fiktiven Interview ihre politische Utopie:

Herr Marx und Herr Engels, Sie vertreten die Ansicht, dass Arbeiter in einer kapitalistischen Gesellschaft leben, nur um zu arbeiten; aber nicht arbeiten, um auch im Sinne von Muße und Genuss zu leben. Der Arbeiter, so sagen Sie weiter, könne erst in einer kommunistischen Gesellschaft zu sich finden. Was meinen Sie damit?

Karl Marx: Das liegt doch auf der Hand. Jeder Mensch flieht in einer kapitalistischen Gesellschaft vor der Arbeit, wenn es ihm möglich ist, da er in der Regel nicht für sich oder die Gemeinschaft, sondern für einen Kapitalisten arbeitet. Von dem Zeitpunkt an, an dem die Arbeit verteilt wurde, wurde jedem ein bestimmter Tätigkeitsbereich aufgedrängt, aus dem er nicht mehr heraus kann; er ist Jäger, Fischer oder Hirt oder kritischer Kritiker und muss es bleiben, wenn er seinen Lebensunterhalt verdienen will. In einer kommunistischen Gesellschaft dagegen hat keiner einen ausschließlichen Tätigkeitsbereich. Jeder kann sich in einem beliebigen Zweig ausbilden lassen, weil die Gesellschaft die allgemeine Produktion regelt und es jedem somit ermöglicht, heute dies, morgen jenes zu tun, morgens zu jagen, nachmittags zu fischen und abends Viehzucht zu treiben, wie er gerade Lust hat, ohne je Jäger, Fischer oder Hirt zu werden.

Was bedeutet das für die einzelnen Menschen?

Karl Marx: Wenn die Arbeit erst einmal emanzipiert ist, dann ist jeder Mensch ein Arbeiter und nicht nur diejenigen, die bereits jetzt Produkte herstellen. Man kann es philosophisch auch so ausdrücken: Die produktive Arbeit hört auf, eine Klasseneigenschaft zu sein, da es dann keine Klassen mehr geben könnte. Mit Klasse meine ich eine Gruppe von Menschen, welche weitgehend die gleichen sozialen Merkmale haben. Diese Merkmale sind vor allem wirtschaftlicher Art. So definiert sich die Klasse der Kapitalisten dadurch, dass ihre Angehörigen die Produktionsmittel, also Unternehmen, Fabriken und Maschinen besitzen. Die Klasse der Arbeiter definiert sich darüber, dass ihre Angehörigen nur ihre Arbeit zu verkaufen haben. Somit können die Kapitalisten Herrschaft über die Arbeiter ausüben.

Und was heißt die Emanzipation der Arbeit für die Arbeitszeit des Einzelnen?

Friedrich Engels: Wenn alle Menschen – und ich meine wirklich alle, die dazu fähig sind – arbeiten bzw. arbeiten müssen, dann fällt der Gegensatz von Überarbeiteten und Faulen oder auch der Klassengegensatz weg. Die Konsequenz wäre, dass das Kapital aufhören würde zu existieren. Die kommunistische Gesellschaft wird innerhalb von 6 Stunden den benötigten Überfluss produzieren, und es ist abzusehen, dass in dieser Zeit mehr geleistet wird als bislang in 12 Stunden. Alle werden 6 Stunden Freizeit, den wahren Reichtum, haben. Damit meine ich jene Zeit, die nicht der unmittelbar produktiven Arbeit zum Opfer fällt, sondern dem Genuss, der Muße dient, so dass sie zur freien Tätigkeit und Entwicklung Raum gibt.

Können Sie das noch genauer erklären?

Karl Marx: Natürlich. Friedrich Engels sagt, in einer kommunistischen Gesellschaft muss jeder nur so viel arbeiten wie nötig, um so viel Freizeit wie möglich zu erhalten. Dies setzt aber voraus, dass die Arbeit auf alle, die in der Lage sind zu arbeiten, verteilt werden muss. Die Arbeitszeit eines jeden kann dann so beschränkt werden, dass für alle genug freie Zeit bleibt, um sich an den allgemeinen Angelegenheiten der Gesellschaft theoretisch oder praktisch zu beteiligen. Wenn dies gelingt, dann ist jede herrschende und ausbeutende Klasse überflüssig, ja ein Hindernis der gesellschaftlichen Entwicklung geworden.

Konsequenz: Folge

existieren: (hier) da sein

emanzipiert: gleichberechtigt

sich definieren: (hier) sich bestimmen

AUFGABEN

1 Beschreibe und interpretiere das Foto aus dem Logistikzentrum. > M1
2 Arbeite aus dem fiktiven Interview die zentralen Aussagen von Marx und Engels heraus. > M2
3 Formuliere die Utopie von Marx und Engels in Stichworten. > M2
4 Vergleiche die zentralen Aussagen des Interviews mit der Aussage des Bildes. Erläutere, ob du einen Zusammenhang siehst und begründe deine Antwort. > M1/M2
5 Beurteile die Kritik, die Marx und Engels an der kapitalistischen Arbeit äußern. Beziehe auch deine Interpretation des Fotos (M1) in die Beurteilung ein. > M1/M2

Atlantis oder: Was ist der ideale Staat?

M1 Der untergegangene Staat Atlantis

Das Inselreich Atlantis wurde zum ersten Mal von dem griechischen Philosophen Platon erwähnt und beschrieben. Das Bild von Jose Antonio Penas zeigt eine (Nach-)Gestaltung von Platons Atlantis.

M2 Platons Skizze eines idealen Staates

Philosophie, Platon
> Glossar

Dialog: Zwiegespräch zwischen zwei oder mehreren Personen

Atlas: nach Platons Dialog der König von Atlantis

Plethron: altgriechisches Längenmaß; 1 Plethron = 100 Fuß = 30,83 Meter

Platon stellt in seinem Dialog „Kritias" seine Vorstellungen von einem bestmöglichen Staat dar. Hier einige Auszüge aus der Originalschrift:

Es wohnten nun damals in diesem Lande die Klassen der Bürger, welche sich mit den Gewerben und mit dem Gewinne von den Früchten der Erde beschäftigten, das Geschlecht der Krieger aber, welches durch gottbegeisterte Männer gleich im Anfang von ihnen ausgesondert war, wohnte getrennt von ihnen, ausgerüstet mit allem, was zur Erziehung und Bildung erforderlich ist, und keiner von ihnen hatte ein ausschließliches Eigentum, sondern alle sahen alles als ihnen gemeinsam an, so wie sie denn auch über den erforderlichen Unterhalt hinaus irgendetwas von den übrigen Bürgern anzunehmen verschmähten [...]. So war nun das übrige Land [...] in gehöriger Weise angebaut von Ackerleuten [...]. Das Meiste aber bot die Insel selbst für die Bedürfnisse des Lebens dar, zunächst alles, was durch den Bergbau gediegen oder in schmelzbaren Erzen hervorgegraben wird [...]. Ferner brachte sie alles, was der Wald zu den Arbeiten der Handwerker darbietet, in reichem Maße hervor und nährte reichlich wilde und zahme Tiere. [...]

Indem nun Atlas und seine Nachkommen dies alles aus der Erde empfingen, gründeten sie Tempel, Königshäuser, Häfen und Schiffswerfte, und richteten auch das ganze übrige Land ein, wobei sie nach folgender Anordnung verfuhren.

Zuerst schlugen sie Brücken über die Ringe von Wasser, welche ihre alte Mutterstadt umgaben, um sich so einen Weg von und zu der Königsburg zu schaffen. Dieselbe errichteten sie nämlich gleich im Anfange eben auf jenem Wohnsitze des Gottes und ihrer Vorfahren [...]. Diese selbst nun umgaben sie rings herum, und ebenso die Ringe und die Brücke, welche ein Plethron breit war, von beiden Seiten mit je einer steinernen Mauer, und errichteten bei den Brücken nach beiden Seiten hin Türme und Tore gegen die Durchfahrten vom Meere zu.

Platon

M3 Der Staat der Philosophen

In seinem Roman „Sofies Welt" erläutert Jostein Gaarder Platons Entwurf eines idealen Staates:

Er [Platon] stellt sich einen Musterstaat vor – oder das, was wir als „utopischen" Staat bezeichnen. In aller Kürze können wir sagen, dass Platon meint, der Staat solle von Philosophen gelenkt werden. Bei seiner Begründung nimmt er den Ausgang vom einzelnen Menschen. Platon zufolge besteht der menschliche Körper aus drei Teilen, nämlich *Kopf*, *Brust* und *Unterleib*. Jedem dieser Teile entspricht eine Charaktereigenschaft. Zum Kopf gehört die Vernunft, zur Brust der *Wille* und zum Unterleib die *Lust* oder das *Begehren*. Zu jeder dieser Charaktereigenschaften gehört außerdem ein Ideal oder eine *Tugend*. Die Vernunft soll nach *Weisheit* streben, der Wille soll *Mut* zeigen, und das Begehren muss gezügelt werden, damit der Mensch *Mäßigkeit* zeigt. Erst, wenn die drei Teile des Menschen als Einheit fungieren, erhalten wir einen harmonischen oder rechtschaffenen Menschen. In der Schule müssen die Kinder erst lernen, ihr Begehren zu zügeln, dann wird der Mut entwickelt, und zum Schluss sollen sie Vernunft und Weisheit erlangen. Platon stellt sich nun einen Staat vor, der genau wie ein Mensch aufgebaut ist. Wie der Körper „Kopf", „Brust" und „Unterleib" hat, hat der Staat *Herrscher*, *Wächter* (oder Soldaten) und den *Handelsstand* (zu dem, außer den eigentlichen Händlern, auch die Handwerker und Bauern zählen). [...] Wie ein gesunder und harmonischer Mensch Gleichgewicht und Mäßigung zeigt, kennzeichnet es einen *gerechten Staat*, dass jeder darin seinen Platz im Ganzen kennt. Wie Platons Philosophie insgesamt ist auch seine Staatsphilosophie vom *Rationalismus* geprägt. Entscheidend für die Schaffung eines guten Staates ist, dass er mit Vernunft geleitet wird. So wie der Kopf den Körper lenkt, müssen die Philosophen die Gesellschaft lenken. [...] Heute würden wir Platons Staat vielleicht als totalitären Staat bezeichnen, und es gibt Philosophen, die Platon deshalb hart kritisieren. Aber wir müssen immer bedenken, dass er in einer ganz anderen Zeit gelebt hat. [...] Platon wollte bei den Herrschern des Staates und seinen Wächtern Familie und Privateigentum abschaffen. Die Kindererziehung war auf jeden Fall zu wichtig, um den Einzelnen überlassen zu werden. Die Kindererziehung musste in die Verantwortung des Staates fallen. (Platon war der erste Philosoph, der sich für öffentliche Kindergärten und Ganztagsschulen aussprach.)

Jostein Gaarder

Jostein Gaarder: norwegischer Schriftsteller (*1952), der durch sein Kinder- und Jugendbuch „Sofies Welt" (1991) bekannt wurde

Rationalismus
> Glossar

totalitärer Staat: Staat, der sich das gesamte (politische, kulturelle usw.) Leben der Menschen unterwirft und gegebenenfalls gewaltsam regelt

AUFGABEN

1 Beschreibe und interpretiere das Bild. > M1
2 Gib in eigenen Worten wieder, wie sich Platon einen Idealstaat vorstellt. Nimm dabei besonders Bezug auf die Dreiteilung zwischen Kopf, Brust und Unterleib. > M2/M3
3 Erläutere, was Platon wohl dazu bewogen haben könnte, den Menschen als Vorbild zu seinem Musterstaat zu nehmen. > M3
4 Haltet die Vor- und Nachteile, die sich aus Platons streng geordnetem Staatsmodell ergeben, in einer Tabelle fest. > M1-M3
5 Diskutiert darüber, ob ihr gerne in Platons Musterstaat leben würdet. > M1-M3
plus 6 Sucht im Internet, in Lexika, Büchern, Magazinen und anderen Quellen nach Informationen, Bildern und Darstellungen zu Atlantis. Gestaltet mit dem gesammelten Material eine Wandzeitung. Macht dabei deutlich, inwiefern es sich um eine Utopie handelt. > M1-M3

Das neue Atlantis

M1 Fortschritt

Illustration zu Francis Bacons „Neu-Atantis" von 1627

M2 Wissenschaft und Technik

Francis Bacon
> Glossar

Das Bild, das ihr oben seht, zeigt einige der Errungenschaften auf der Insel Bensalem, die ich in meinem 1627 erschienenen Buch „Neu-Atlantis" beschreibe. Oh, ich vergaß mich vorzustellen. Mein Name ist Francis Bacon. Das Neue an meinem „Neu-Atlantis" ist, dass hier Wissenschaft und Technik den eigentlichen Kern des Gemeinwesens darstellen. Die Grundlage für diese Form eines Staates bildet die Gesetzgebung Bensalems, die auf zwei unveränderbaren Voraussetzungen fußt, seit der weise Herrscher Solamonas sein Reich im Jahre 300 v. Chr. auf dieser Insel gründete: 1. Das Reich und das Volk müssen glücklich sein. 2. Alle Einrichtungen, die Solamonas schuf, sollen für alle Zeiten festgelegt sein. Die Politik wird dort von erstklassigen Naturwissenschaftlern bestimmt. Sie haben das Herrschaftsmonopol inne, weil sie durch ihre Kenntnisse ganz entscheidend zum Staatszweck beitragen, nämlich Reich und Volk zu beglücken. Du fragst, warum das so ist? Ganz einfach: Die Naturwissenschaften haben eine aufklärerische Aufgabe. Durch Experimente können sie die Welt entzaubern, so dass Magie, Aberglauben, Dämonen etc. keinen Platz mehr in ihr finden. Auf der anderen Seite kann ihr Wissen dazu benutzt werden, die Natur zu unter werfen. Die Ausbeutung der Natur ist nämlich die Voraussetzung für die Erreichung des Staatszwecks: das Glück des Volkes.

Herrschaftsmonopol:
Vorrecht oder auch alleiniges Recht auf Herrschaft

Dämon:
Geistwesen, böser Geist

M3 Gullivers Reisen

Jonathan Swift übt in seinem Buch „Gullivers Reisen" (1726) unter anderem Kritik an der Utopie von Francis Bacon. Sein Held Gulliver erreicht auf einer seiner Reisen die Inseln Laputa und Balnibarbi.

Nach zwei Monaten auf Laputa gestattete mir Seine Majestät die Insel Balnibarbi zu besuchen. [...] Am nächsten Morgen machten Lord Munodi und ich einen Spaziergang durch Lagado. Die Gebäude waren sehr heruntergekommen und die Menschen gingen in Lumpen; auf ihren Gesichtern stand Verzweiflung geschrieben. [...] Mein Gastgeber erklärte mir, dass dieses Elend [...] begonnen hatte, als einflussreiche Bewohner der Insel mit dem Kopf voller Pläne von einem Besuch auf Laputa zurückgekehrt waren. Sie verlangten, dass alles nach neuen Theorien organisiert werden sollte, und verwarfen die bewährten praktischen Methoden. In jeder Stadt wurde eine Akademie der Erfinder gegründet, in der neue Ideen entwickelt wurden; aber keine dieser Ideen hatte eine Verbesserung, sondern im Gegenteil immer nur Verschwendung und Verarmung zur Folge gehabt. Da mich Erfindungen stets interessierten, besuchte ich die Akademie der Erfinder in Lagado. Dort wurde in über 500 Räumen an so zahlreichen und verschiedenartigen Projekten gearbeitet, dass ich hier nur wenige davon beschreiben kann. [...] Lord Munodi wusste, dass die Erfinder die Besucher immer anbettelten, und hatte mir ausreichend Kleingeld zugesteckt. Aus einem [...] Raum drang entsetzlicher Gestank, weil der Wissenschaftler darin versuchte, menschliche Ausscheidungen in ihre ursprünglichen Bestandteile zurück zu verwandeln. [...] Ein Labor war voller Spinnweben. Dort versuchte man, von den Spinnen farbige Fäden zu erhalten, indem man sie mit gefärbten Fliegen fütterte. Nachdem ich [...] [das gesehen hatte,] begann ich über meine Rückkehr nach England nachzudenken.

Jonathan Swift

Jonathan Swift:
irischer Schriftsteller (1667-1745)

AUFGABEN

1 Beschreibe das Bild möglichst genau. Welche (meist viel später erst Wirklichkeit gewordenen) wissenschaftlichen bzw. technischen Errungenschaften werden hier schon dargestellt? Liste diese Errungenschaften auf. > M1

2 Erläutere das Ziel der von Bacon entworfenen Utopie. > M2

3 Fasse die Kritik, die Swift an Bacons Utopie übt, in eigenen Worten zusammen. > M3

plus 4 Veranschauliche anhand von aktuellen Beispielen, wie der Mensch durch sein Wissen die Natur unterwirft bzw. ausbeutet. > M2/M3

5 Diskutiert die Gründe, die Swift dazu bewogen haben könnten, Bacons Utopie anzugreifen. > M2/M3

Schöne neue Welt?

M1 Herzlich willkommen ...

Die Welt geht unter, doch bei uns ist Party, Halli-Galli,
alles im Eimer, doch wir hüpfen wie bei Dalli-Dalli.
Jeder sagt: Das Klima ist 'ne Riesenkatastrophe.
Doch bald brauchen wir nur noch Bikini und 'ne Badehose.
Ich will mehr Fastfood fressen, wer braucht schon Regenwald?
Solang mein Konto voll ist und für mich noch Luft zum Leben bleibt.
Alle sind Hammer drauf, keiner braucht mehr Angst zu haben,
keiner wird mehr krank, weil wir eh schon jede Krankheit haben.
Und fliegt das Kraftwerk in die Luft, fängt jeder an zu strahlen!

[Refrain]

Herzlich willkommen, herzlich willkommen,
in unsrer schönen neuen Welt.
Ab heute bleibt nichts wie es war,
alles wird auf den Kopf gestellt!
Herzlich willkommen, herzlich willkommen,
in unsrer schönen neuen Welt.
Was morgen wird, ist scheißegal.
Wir feiern – bis alles zerfällt.

Überall sind Kameras, was für 'ne Riesenshow.
Egal wer meine Daten hat, ich hab mein eigenes Video!
Dank Überwachungsstaat kann ich jetzt selig schlafen,
jeder hat 'nen Chip im Kopf, liegt im Bettchen, zählt die Schafe.
Alle sind fröhlich, ha'm ihr Botox-Lächeln aufgesetzt,
Fett abgesaugt und weg, die Nase sitzt jetzt auch perfekt.
Wir können so viel aus uns machen, auch für kleines Geld,
Brust raus, Bauch rein, schön wie aus dem Ei gepellt.
Aufgestellt in Reih und Glied, ein Hoch auf unsre heile Welt!

[Refrain]

Uns geht es blendend, alles Lüge, was die Zeitung sagt,
ich betreibe Klimaschutz, mein Auto fährt mit Treibhausgas!
Von wegen Öl geht aus, die lügen doch die Ölstaaten.
Es gibt genug, wenn sogar Enten schon in Öl baden!
Die Erde füllt sich weiter, und es geht immer schneller.
Halb so wild, zum Glück ha'm wir 'ne zweite Welt im Keller.
Wozu den Kopf zerbrechen? Es kann so einfach sein.
Lasst uns einfach mit Computerspielen unsre Zeit vertreiben!
Herzlich willkommen, hier bei Jubel-Trubel-Heiterkeit!

Treibhausgas
> S. 134f., M1/M2

[Refrain]

Culcha Candela

M2 Brave New World

In Aldous Huxleys Roman „Brave New World" werden die Menschen gezielt gezüchtet und nach den Buchstaben des griechischen Alphabets eingeteilt.

Ein grauer […] Bau, nur vierunddreißig Stockwerke hoch. Über dem Haupteingang, die Worte:

BRUT- UND NORMZENTRALE
BERLIN-DAHLEM.

Auf einer Tafel der Wahlspruch des Weltstaats:

GEMEINSCHAFTLICHKEIT,
EINHEITLICHKEIT,
BESTÄNDIGKEIT.

Der Direktor […] erklärte […] das Bokanowskyverfahren, mit dem gleiche Menschen produziert werden: „Ein Embryo – ein Mensch: Das ist der natürliche Weg. Ein bokanowskysiertes Ei dagegen knospt und sprosst und teilt sich. Bis zu 96 Menschenleben können heute entstehen, wo früher nur eines entstand. Das Bokanowskyverfahren ist eine der Hauptstützen für eine stabile Gesellschaft." Päppler, der Assistent des Direktors, erläuterte dann weiter: „Wir normen auch. Wenn wir unsere Kleinlinge, früher nannte man sie Babys, entkorken, sie also aus ihrer Flasche, in der sie in Fruchtwasser liegen, herausholen, haben sie bereits einen festen Platz in der Gesellschaft, als Alphas oder Epsilons, als künftige Kanalreiniger oder künftige Brutdirektoren." Weiter führte er aus: „Die Embryos werden mit Blutsurrogat versorgt. Dieses zirkuliert langsamer und fließt daher in längeren Abständen durch die Lunge, führt also dem Embryo weniger Sauerstoff zu. Es geht nichts über Sauerstoffverknappung, wenn man einen Embryo unter dem Durchschnitt halten will. […] Daher erhält ein Embryo weniger Sauerstoff, je niedriger sein Rang ist." Die Flaschen legten den Rest der Reise in einer Art Tunnel zurück. „Wärmegewöhnung", erklärte Päppler. Hitzetunnel wechselten mit Kältetunneln ab. Kälte war gekoppelt mit Unbehagen, das durch starke Röntgenstrahlen verursacht wurde. Wenn die Embryos entkorkt wurden, war ihnen das Grauen vor Kälte bereits eingefleischt. Sie waren dafür geeignet, in die Tropen auszuwandern, Bergarbeiter oder Stahlarbeiter zu werden. Später wurde ihr Verstand dazu gezwungen, dem Instinkt ihres Körpers zu folgen. „Wir normen sie darauf, dass es ihnen bei Hitze gutgeht", schloss Päppler. „Die Kollegen im Stockwerk über uns bringen ihnen die Liebe zu ihr bei." „Und darin", warf der Direktor salbungsvoll ein, „liegt das Geheimnis von Glück und Tugend: Tue gern, was du tun musst! Unser ganzes Normungsverfahren verfolgt dieses Ziel: die Menschen lehren, ihre unumstößliche soziale Bestimmung zu lieben." *nach Aldous Huxley*

Aldous Huxley:
britischer Schriftsteller (1894-1963); sein bekannter Roman „Brave New World" (Schöne neue Welt) erschien im Jahr 1932 und stellt eine Gesellschaft in der Zukunft (im Jahr 2540) dar

Surrogat:
Ersatz

Instinkt:
die angeborene Fähigkeit von Lebewesen, auf bestimmte innere oder äußere Reize mit einem gleichförmigen Verhaltensablauf zu antworten

AUFGABEN

1 Nenne und erläutere die Themen, die in dem Lied angesprochen werden. > M1
2 Vergleiche die Darstellungen im Lied mit der heutigen Welt. Wo siehst du Übereinstimmungen, Übertreibungen bzw. Unterschiede? >M1
3 Erläutere das Bokanowskyverfahren. > M2
4 Nenne Aspekte des Bokanowskyverfahrens, die sich im Lied wiederfinden lassen. > M1/M2
5 Stelle die gesellschaftliche Funktion der hier vorgestellten Zukunftsvisionen dar. > M1/M2
plus 6 „Die Würde des Menschen ist unantastbar" lautet der erste Artikel im Grundgesetz. Nimm vor diesem Hintergrund Stellung zur „Brave New World" von Aldous Huxley. > M2

Menschenwürde
> S. 112f.

Grundgesetz:
Verfassung der Bundesrepublik Deutschland, in der die wichtigsten Regeln für den Staat und das Zusammenleben der Menschen festgelegt sind

Wie kann ich mit Gedanken experimentieren?

Philosophie
> Glossar

Methodenkompetenz: Gedankenexperiment

Das Gedankenexperiment ist eine zentrale Methode in der Ethik und Philosophie. Wenn du mit Gedanken experimentierst, kannst du dir neue Welten erschaffen und mit ihnen einen anderen Blick auf die vorhandene Welt richten. Du schaust also auf das, was sein könnte und gelangst so zu neuen Erkenntnissen über das, was ist. So kannst du mögliche Antworten auf ethische und philosophische Fragen finden. Um mit Gedanken zu experimentieren, solltest du folgende Schritte einhalten:

Szenario: (hier) Vorstellung, ausgedachtes Ereignis

- Formuliere eine ethische bzw. philosophische Frage, die dich interessiert.
- Entwirf ein Szenario, das aus Annahmen zur Frage besteht und die Beantwortung möglich macht. In dem Szenario stellst du dir eine Situation vor, die in der Welt, so wie sie dir jetzt erscheint, nicht vorliegt, dir aber zur Beantwortung deiner Frage hilft. Folgende Satzanfänge können dir bei der Formulierung der Annahmen helfen:
  – Stell dir vor, es gäbe ...
  – Nehmen wir einmal an, dass ...
  – Angenommen, ...
- Überlege dir nun, was aus diesem Szenario folgt, und schreibe es auf. Behalte dabei immer deine ursprüngliche Frage im Auge.
- Beantworte deine Frage. Bedenke, dass ethische oder philosophische Fragen meist keine abschließende Antwort zulassen.
- Betrachte also deine Antwort als vorläufig und überlege, welche neuen Fragen nun auftreten.

M1 Eine Welt ohne Fernseher, PC-Spiele und Smartphones

Stell dir vor ...: Szenario mit Annahmen zur Frage

Stell dir vor, du wachst morgens auf und alle Fernseher, Spielecomputer (einschließlich PC, X-Box, Playstation etc.) sowie Handys bzw. Smartphones funktionieren nicht mehr. Die Fachleute, die Wissenschaftlerinnen und Wissenschaftler der Welt, sind ratlos. Tage und Wochen vergehen, aber es ist keine Änderung in Sicht. Du musst dich für ungewisse Zeit auf ein Leben ganz ohne diese technischen Geräte einrichten.

Formulierung einer ethischen bzw. philosophischen Frage

Welche Auswirkungen auf dein Leben hätte es, wenn es nicht mehr möglich wäre, Fernsehen zu schauen, PC-Spiele zu spielen und das Smartphone zu benutzen?

Überlegungen: Was folgt aus dem Szenario – positiv wie negativ?

Zunächst einmal wäre diese Situation für viele Menschen wohl sehr ungewohnt, da sie sich an das Leben mit diesen elektronischen Geräten gewöhnt haben. Sie müssten – wieder oder auch neu – lernen, die ihnen zur Verfügung stehende Zeit ohne diese Geräte zu gestalten. Du selbst kennst vermutlich gar keine Welt ohne Smartphones ... Negativ dabei wäre die Langeweile, die am Anfang herrschen könnte. Du wüsstest vielleicht mit deiner Zeit nichts anzufangen, weil du vorher viele Stunden am Tag vor dem Fernseher, dem PC oder Smartphone verbracht hast. Positiv jedoch könnten neue Möglichkeiten sein, die sich daraus entwickeln. Das heißt auch, dass andere Interessen und Hobbys intensiver betrieben werden bzw. neue Hobbys entdeckt werden müssten. Du würdest vielleicht öfter deine Freunde treffen und ihre Anwesenheit mehr wertschätzen. Ihr würdet euch vermutlich mehr verabreden und unterhalten und würdet eher andere Fähigkeiten ausbilden als z. B. jene, im gerade angesagten PC-Spiel schnellstmöglich das nächste Level zu erreichen. Beispielsweise könnten Fähigkeiten im zwischenmenschlichen Bereich und in den Bereichen Bildung und Sport wichtiger werden. Eine Welt ohne Fernseher, PC-Spiele und Smartphones könnte dazu führen, dass du mehr über deine Interessen nachdenkst. Interessen im Sinne eigener Fähigkeiten, aber auch im Sinne von Interesse an anderen Menschen.

(vorläufige) **Antwort auf die Fragestellung**

Was bedeutet es für dich, wenn du deine Zeit aus eigener Kraft und ohne die Möglichkeit der Ablenkung (z. B. durch Spiele am Smartphone) sinnvoll gestalten musst? Löst die Vorstellung einer solchen Zukunft bei dir Unbehagen aus? Oder löst diese Zukunftsvorstellung bei dir eher Neugierde oder sogar Vorfreude aus? Welche Fähigkeiten bildest du am Fernseher, PC und dem Smartphone aus? Machen dich diese Fähigkeiten zufrieden? Würdest du dir die Ausbildung anderer Fähigkeiten wünschen? Wenn ja, welche? Wie sähe eine zukünftige Gesellschaft aus, in der die Menschen ein Jahr lang ohne Fernseher, PC-Spiele und Smartphones auskommen müssten?

neue Fragen, die sich stellen

M2 Eine Welt ohne nationalstaatliche Grenzen?

Stell dir vor, du wachst morgens auf und hörst in den Nachrichten, dass alle politisch Verantwortlichen auf dieser Erde sich dazu entschieden haben, die Nationalgrenzen aufzuheben und alle Menschen sich völlig frei auf der Welt bewegen können. Es werden für alle Menschen auch Transportmöglichkeiten (Schiffe, Flugzeuge, Bahn) bereit gestellt, damit sie ohne Probleme in die Gebiete kommen können (Länder bzw. Nationen gibt es ja dann nicht mehr), die ihnen am besten gefallen.

AUFGABEN

1. Lies dir die Methodenanleitung durch und erläutere in eigenen Worten den Sinn eines Gedankenexperiments.
2. Gib die einzelnen Überlegungen des Gedankenexperiments M1 in eigenen Worten wieder. Nimm Stellung zu der (vorläufigen) Antwort auf die Fragestellung und formuliere gegebenenfalls eigene Überlegungen zu den Folgen. > M1
3. Führe das Gedankenexperiment zur Welt ohne Nationalgrenzen durch. Das Szenario ist vorgegeben. Formuliere dazu eine philosophische Fragestellung und erläutere etwaige Auswirkungen. Verfasse (d)eine vorläufige Antwort und überlege dir neue Fragen. > M2

Was wir wissen – was wir können

M Fragen und Antworten

Warum ist die Sprache so wichtig, um die Zukunft zu gestalten?

Welcher Unterschied besteht zwischen dem Handeln aus Eigennutz und für das Allgemeinwohl?

Darf man einem Tier Schmerzen zufügen?

Wie setzt sich der ökologische Fußabdruck zusammen und wie können wir seine Größe reduzieren?

Können Kirchen und Fußballvereine verglichen werden?

Welche Kritik äußern Marx und Engels an der kapitalistischen Arbeit?

Welchen Sinn haben Utopien in unserer heutigen Gesellschaft?

Was ist mit der Utopie einer klassenlosen Gesellschaft gemeint?

Was ist mit der Dreiteilung zwischen Kopf, Brust und Unterleib bei Platon gemeint, und was hat diese Dreiteilung mit seiner Utopie vom idealen Staat zu tun?

Welchen Wert haben Wissenschaft und Technik in der Utopie von Francis Bacon?

Welche Kritik übt Jonathan Swift an Bacons Utopie?

...?

Was ist mit Normung in der Utopie von Aldous Huxley („Brave New World“) gemeint?

Müssen Utopien immer schön und angenehm sein?

...?

AUFGABEN

Im Kapitel „Die Welt von morgen" habt ihr einen Überblick darüber bekommen, worauf man bei der Gestaltung der Zukunft achten sollte. Ihr habt verschiedene Zukunftsentwürfe und Utopien diskutiert und euch Gedanken zu den Motiven des Handelns gemacht.

1 Entwickelt nun einzeln oder zu zweit mit einer Mitschülerin oder einem Mitschüler Fragekärtchen zu den Themen des Kapitels. Einige Beispiele findet ihr auf dieser Doppelseite. Achtet darauf, dass sowohl Fragen zur Lebensgestaltung als auch ethische und religionskundliche Fragen enthalten sind. Schreibt auf die Rückseite eurer Fragekärtchen die entsprechenden Antworten.

2 Ihr könnt euch dann mit einer neuen Partnerin oder einem neuen Partner zusammenfinden und euch gegenseitig eure Fragen stellen und beantworten.

KOMPETENZ-CHECK

1 Übertrage die Tabelle in dein Heft und fülle sie aus. Wenn deine Antwort oder lautet, schlage die passende Schulbuchseite nach, die dir bei dem Thema weiterhelfen kann, und lies noch einmal nach.

2 Ergänzt im Anschluss die Tabelle zusammen: Was könnt ihr noch?

	Meine Einschätzung			
Ich kann ...				
die Funktionen der Sprache für die Gestaltung der Zukunft erklären.				
das Gemeinwohl (volonté générale") im Sinne Rousseaus erklären.				
erläutern, was der Klimawandel mit dem ökologischen Fußabdruck zu tun hat.				
zur Frage nach der Zukunft der Religion(en) Stellung nehmen.				
den Begriff „Utopie" erklären.				
erläutern, was sich Platon unter seinem Musterstaat vorstellte.				
begründen, warum es sich bei der „Brave New World" um eine kritische Zukunftsvision handelt.				
die gesellschaftlichen Funktionen von verschiedenen Zukunftsvisionen erläutern.				
...				

Arbeitsblatt:
Kompetenz-Check „Die Welt von morgen"

Mediencode: 20107-06

Gut ist,
wer ein Leben
ohne Hass, Gier
und Verblendung
führt.

Gott führt,
wen er will, in die Irre.
Und wen er will, den
bringt er auf einen
geraden Weg.

Die vier Stufen der
wahren Existenz erreichen:
Wissen und Erkenntnis,
Hausvater, Waldeinsiedler
und die Weltentsagung.
(Der rechte Weg)

Es gibt keinen
besseren Weg zu Gott
als durch das Herz
eines Mitmenschen.

Wie einer handelt,
wie einer wandelt, ein
solcher wird er. Wer
gut handelt, der wird
Gutes, wer böse han-
delt, etwas Böses.

Der Mensch
kann von sich
aus nichts Gutes
tun, er ist auf die
göttliche Gnade
angewiesen.

Und wenn einer tut,
was recht ist und dabei
gläubig ist, wird er ein
angenehmes Leben führen
können und den Lohn
für seine Taten erwarten
können.

Wer nur *ein*
Menschenleben
rettet, rettet eine
ganze Welt.

Der Mensch muss
bestrebt sein, gute Taten
zu begehen. Sie bringen
ihm Glück und Seligkeit.
Schlechte Taten lösen
früher oder später
Unglück aus.

Nur durch
Werke erreicht
man
Vollendung.

Die Weltreligionen kennen lernen

Gut ist, wer ein reines Herz hat.

Es kommt auf das Gute in Gedanken, Worten und Werken an.

Gut ist, wer Gott liebt und gerecht ist zu den Menschen.

Nicht wer 1.000.000 Mann am Schlachtfeld besiegt hat, sondern wer sich selbst besiegt, der ist der stärkste Held.

Übe dich im Glauben und in der Nächsten-liebe.

AUFGABEN

1. Was wisst ihr bereits über die Weltreligionen Judentum, Christentum, Islam, Hinduismus und Buddhismus? Welche Zeichen und Symbole kennt ihr? Tauscht eure Informationen aus.
2. Haltet die ethischen Grundsätze für jede Religion auf einem Plakat fest (rot = Islam, grün = Hinduismus, braun = Buddhismus, lila = Christentum und blau = Judentum). Gestaltet die Plakate ansprechend.
3. Vergleicht die ethischen Grundsätze miteinander. Welche Gemeinsamkeiten und Unterschiede fallen euch auf?

Religionspuzzle

Zum WIEDERHOLEN oder KENNENLERNEN

Liebe Schülerinnen und Schüler,

auf dieser Doppelseite könnt ihr euch auf spielerische Weise über die drei Religionen Judentum, Christentum und Islam informieren. Ihr erfahrt etwas über das Erkennungszeichen (Symbol), die Heilige Schrift, das Gotteshaus, die religiösen Berufe sowie die Kleidungsvorschriften, die für diese Religionen wichtig sind. Viel Spaß!

BILD 1

TEXT 1

Die zentralen religiösen Figuren im Islam sind Mullahs und Imame. Ein Imam ist ein Vorbeter in der Moschee. Größere Moscheen haben angestellte Imame, die auch „Khatib" (Kanzelprediger) sein können.

BILD 2

TEXT 2

Die *Mondsichel* mit dem Stern ist das Symbol der islamischen Welt. Die Mondsichel deutet an, dass sich der Islam von einem zum anderen Ende der Welt ausbreiten soll. Die fünf Zacken des Sterns weisen auf die fünf Säulen des Islam hin (Glaubensbekenntnis, Gebet, Spenden, Fasten und Pilgerfahrt).

BILD 3

TEXT 3

Die *Moschee* ist der Ort, an dem Muslime – wenn möglich – ihre Gebete verrichten. Außerdem ist die Moschee ein Treffpunkt, an dem unter anderem Unterricht und Feiern stattfinden.

BILD 4

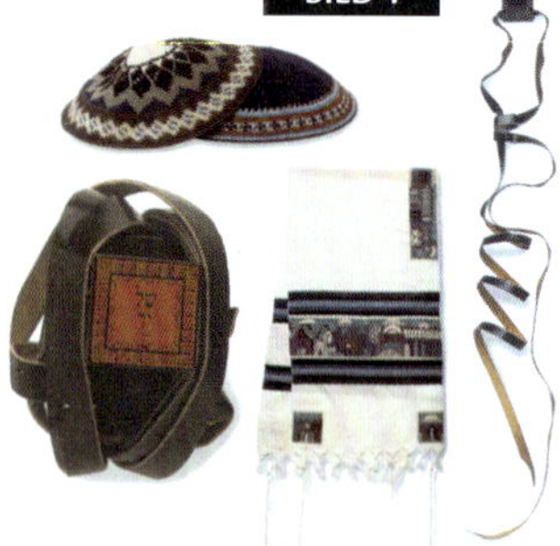

TEXT 4

Die *Bibel* ist die heilige Schrift der Christen. Sie umfasst zwei Teile: Im ersten Teil, dem Alten Testament, sind vor allem die Offenbarungen Gottes gegenüber den jüdischen Propheten enthalten. Im zweiten Teil, dem Neuen Testament, geht es um die Lebensgeschichte von Jesus und seine Lehre.

TEXT 5

Um dem christlichen Glauben Ausdruck zu verleihen, bedarf es *keiner besonderen Kleidung* und keines besonderen Zeichens. Allerdings tragen viele Christen eine Halskette mit Kreuz.

BILD 5

BILD 6

TEXT 6

Der *Davidstern* ist nach König David benannt und besteht aus zwei ineinander verschränkten Dreiecken. Er stellt die Beziehung zwischen den Menschen und Gott dar. Die sechs Dreiecke stehen für die sechs Schöpfungstage. Das Sechseck in der Mitte soll den siebten Tag, den Ruhetag, anzeigen.

BILD 7

TEXT 7

Als *Kirche* (vom griechischen Wort *kyriake*: dem Herrn gehörig) wird bei den Christen ein Bauwerk bezeichnet, in dem sich Gläubige zum Gebet, zur Andacht oder zum Gottesdienst treffen.

BILD 8

TEXT 8

Die zentrale religiöse Figur im Judentum ist der *Rabbi*. Er ist ein frommer Gelehrter, der sich mit Glaubensfragen beschäftigt und der Gemeinde mit Rat zur Seite steht.

BILD 9

TEXT 9

Der christliche Glaube wird in erster Linie von Priestern gelehrt. Priester der katholischen Kirche dürfen nicht heiraten. Für sie gilt ein Keuschheitsgelübde. Evangelische Pfarrer dagegen dürfen heiraten und eine Familie gründen.

BILD 10

TEXT 10

Eine *Synagoge* ist ein jüdisches Versammlungs- und Gebetshaus, das außerdem der Unterweisung in und dem Studium der Thora dient. Es werden mindestens zehn männliche Beter benötigt, ein sogenanntes *Minjan*, um eine Gemeinde aufbauen zu können.

BILD 12

BILD 11

TEXT 11

Muslimische Kleidung darf nicht körperbetont sein. Männer müssen von der Hüfte bis zum Knie bekleidet sein. Für Frauen schreibt der Koran eine Verhüllung der weiblichen Reize vor.

TEXT 12

Der *Koran* ist das heilige Buch der Muslime. Darin sind Gottes Offenbarungen an Mohammad in 114 Kapiteln, Suren genannt, enthalten. Ebenfalls ein Leitfaden ist die Sunna, in der der vorbildliche Weg des Propheten dargestellt ist.

BILD 14

TEXT 14

Die heilige Schrift der Juden ist die *Thora*, deren Kernstück aus den fünf Büchern Mose besteht.

TEXT 13

Das christliche Symbol ist das *Kreuz*. Es weist auf den Tod von Jesus hin, der am Kreuz gestorben ist. Es zeigt aber auch die Beziehung zwischen Gott und Mensch (von oben nach unten) und zwischen den Menschen (von links nach rechts) an.

BILD 13

TEXT 15

Für jüdische Männer ist das Tragen von *Gebetsschal* und *Gebetskapseln an Stirn und Arm* während der Gebete Pflicht. Die *Kippa*, das Käppchen der Männer, ist weit verbreitet, doch nicht überall Pflicht. In orthodoxen (strenggläubigen) Gemeinden tragen die Männer *schwarze Hüte, Anzüge* und *Mäntel*, die Frauen *Perücken, Kopftücher* und *lange Gewänder*.

BILD 15

AUFGABEN

1 Die Texte und Bilder zum Judentum, Christentum und Islam sind durcheinander geraten. Informiere dich über diese drei Religionen, indem du die Texte den richtigen Bildern zuordnest. Schlage unbekannte Begriffe gegebenenfalls nach.

2 Ordne deine Informationen, indem du die folgende Tabelle in dein Heft überträgst und ausfüllst. Lass unter der Tabelle genügend Platz für weitere Zeilen, damit du später zusätzliche Informationen zu den Religionen ergänzen kannst.

	Judentum	Christentum	Islam
Erkennungszeichen (Symbol)			
Heilige Schrift			
Gotteshaus			
religiöse Berufe			
Kleidungsvorschriften			

plus 3 Recherchiere Informationen zu den folgenden Fragen und ergänze dann deine Tabelle:
a) Welche heiligen Orte sind für Juden, Christen und Muslime besonders wichtig?
b) Wie viele Juden, Christen und Muslime gibt es auf der Welt bzw. in Deutschland?

plus 4 Erstellt gemeinsam eine Tabelle mit Informationen zum Hinduismus und Buddhismus.

Symbol:
Sinnbild, Zeichen für etwas (z. B. eine weiße Taube als Zeichen für Frieden)

Die Zehn Gebote im Judentum

M1 Die Zehn Gebote

Moses
> Glossar

In der Bibel wird erzählt, dass Moses auf dem Berg Sinai die Zehn Gebote von Gott erhalten hat. Die Zehn Gebote gelten sowohl für Juden als auch für Christen, wobei im Christentum eine etwas andere Zählweise erfolgt.

Schabbat: (auch: Sabbat) Ruhetag; im Judentum der siebte Wochentag, an dem nicht gearbeitet werden soll

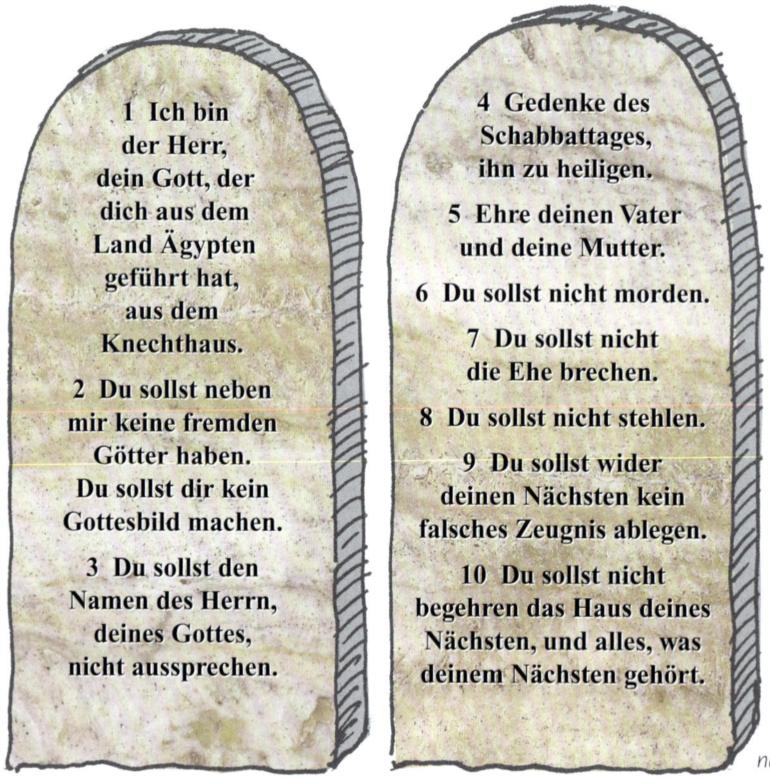

nach 2. Mose 20, 2-17

M2 Wer ist schuld?

Talmud: Tausende von Rabbinern studierten im Laufe der Zeit die heilige Schrift der Juden, die Thora, und schrieben ihre Deutungen auf. Der Talmud ist eine Sammlung ihrer Kommentare zur Thora und damit ein sehr wichtiges Buch des Judentums.

Die Freunde Ben Schwarz und Abe Reich sind zerstritten. Ben behauptet, der Motor seines fast neuen Wagens wäre durch Abes Schuld ruiniert worden. Er fordert deshalb Schadensersatz. Diesen will Reich aber nicht leisten, weil er sich keiner Schuld bewusst ist.

„Was würden Sie vorschlagen, Rabbi, wenn sich zwei Gemeindemitglieder streiten?", fragte Wasserman. „Ich schlage einen *din-tojre* vor, eine Verhandlung, einen Urteilsspruch", erklärte der Rabbi, „denn das ‚Zu Gericht sitzen' gehörte früher zu den Hauptaufgaben des Rabbiners, und er fällte seine Entscheidungen nach dem Talmud". „Damit kämen wir wohl kaum weiter", meinte Schwarz, „weil sich der Talmud nicht mit Autos befasst." „Der Talmud befasst sich mit allem", erklärte der Rabbi. „Selbstverständlich ist im Talmud nicht von Autos die Rede, aber von Schadensersatzpflicht. Bestimmte Gegebenheiten sind zwar in jeder Zeit verschieden, die allgemeinen Grundsätze jedoch nicht."
Bald darauf trafen sich Schwarz und Reich beim Rabbi. „Sie sind der Geschädigte, Mr. Schwarz", sagte der Rabbi. „Ich schlage deshalb vor, Sie berichten uns, was vorgefallen ist." „Wir sind zu fünft zum Skilaufen in die Berge gefahren. Bevor es los-

ging, habe ich mein neues Auto noch getankt und fast zwei Liter Öl aufgefüllt." „Dann ist da ja wohl noch Garantie drauf!?" „Ja, aber kein Händler erkennt die Garantie an, wenn der Schaden aus Fahrlässigkeit des Besitzers entstanden ist. Becker Motors, wo ich den Wagen gekauft habe, ist eine anständige Firma, aber als ich Al Becker damit kam, hat er mich ganz schön abblitzen lassen." „OK, fahren Sie mit Ihrer Schilderung fort", sagte der Rabbi. „Also, Sarah Weizbaum ist bei uns im Wagen mitgefahren, während die Reichs mit ihrem Auto angereist sind. Abe bekam noch am selben Abend hohes Fieber und wollte nach Hause. Mrs. Weizbaum erhielt einen Anruf, eines ihrer Kinder habe einen Unfall gehabt. Daher drängte sie darauf, abzureisen. Abe bot sich an, sie nach Hause zu fahren." „Stimmt das, Mr. Reich?", fragte der Rabbi. „Es war genauso, wie Ben erzählt hat. Ich fuhr mit Mrs. Weizbaum los. Kurz vor Barnard's Crossing blieb der Wagen stehen und ich ließ ihn abschleppen. In der Werkstatt erfuhr ich, dass der Motor nicht mehr zu reparieren ist. Und genau das habe ich Ben mitgeteilt."

Damit war die „Beweisaufnahme" abgeschlossen. Der Rabbi las im Talmud, dachte eine Zeitlang nach und wandte sich dann Ben Schwarz zu. „Nach den Ausführungen im Talmud war Mr. Reich kein Entleiher des Wagens, sondern Ihr Bevollmächtigter. Als Entleiher wäre er haftbar, wenn er Ihnen den Wagen nicht einwandfrei zurückgegeben hätte. Als Ihr Bevollmächtigter musste Mr. Reich aber voraussetzen, dass Ihr Wagen in einem einwandfreien Zustand war. D. h. Sie, Mr. Schwarz, sind für den Zustand des Wagens verantwortlich, es sei denn, Mr. Reich hat fahrlässig gehandelt. – Aber da ist etwas, das ich noch nicht recht verstehe: Wieso braucht ein neuer Wagen gleich zwei Liter Öl?" „Irgendeine Dichtung war defekt. Al Becker sagte, er bringt das bei der nächsten Inspektion in Ordnung; ich könnte inzwischen ruhig weiterfahren." Der Rabbi lehnte sich in seinem Stuhl zurück, las in verschiedenen Büchern des Talmuds und dachte nach. Dann sagte er zu Schwarz: „Sie wussten, dass Ihr Wagen Öl verlor. Da Mr. Reich als Ihr Bevollmächtigter eingesetzt wurde, hätten Sie ihn auf den Ölverlust hinweisen müssen. Da das nicht geschehen ist, ist Mr. Reich von jeder Fahrlässigkeit freizusprechen." „Heißt das, ich muss die Kosten für einen neuen Motor tragen?", fragte Ben Schwarz entsetzt. „Nein. Sie haben einen Wagen gekauft, der Öl verlor und den Schaden sofort dem Hersteller durch seinen Vertreter, Mr. Becker, gemeldet. Weder Mr. Becker noch Sie konnten ahnen, dass sich der kleine Defekt unmittelbar verschlimmern würde." „Dann ist also eigentlich die Fabrik schuld, Rabbi?" „Genau, Mr. Schwarz. Ich behaupte, die Schuld liegt beim Hersteller, und er muss seine Garantie erfüllen."

nach Harry Kemelman

Fahrlässigkeit: auch: fahrlässiges Handeln (Begriff aus der Rechtssprache); fahrlässig handelt z. B., wer im Straßenverkehr nicht so sorgfältig und aufmerksam ist, wie es erforderlich ist

Inspektion: allgemein eine prüfende Tätigkeit, eine Kontrolle (hier des Zustandes des Autos) durch einen Experten

Bevollmächtigter: jemand, der mit dessen Erlaubnis stellvertretend für einen anderen handelt oder entscheidet

AUFGABEN

1 Erläutert jedes Gebot an einem eigenen Beispiel. > M1
2 Erklärt, inwiefern sich die Gebote 1-3 von den Geboten 4-10 unterscheiden. > M1
3 Erläutert die Aufgabe der Gebote und beurteilt, ob die Gebote heute noch wichtig sind. > M1
4 Erklärt, was ein „din-tojre" ist. > M2
plus 5 Beschreibt in eigenen Worten, wie der Rabbi das Auto-Problem löst. > M2
6 Erklärt, inwieweit der Talmud herangezogen werden kann, um Probleme der Gegenwart zu lösen. > M2

Die Lehre Jesu

M1 Vom Berg herab gesprochen

rechtschaffen: ehrlich und anständig

Nach seinem Kreuzigungstod wurde Jesus von Nazareth von seinen Anhängern als Christus (der Gesalbte) bezeichnet und als Sohn Gottes verehrt. Es entstand eine neue Weltreligion, das Christentum. In seinen Predigten wich Jesus stark von den allgemein üblichen Auslegungen der Schriften der jüdischen Tradition ab, wodurch er bei vielen Gläubigen Aufsehen erregte. Er verkündete den Juden auch das nahe Reich Gottes und forderte sie deshalb in seiner Bergpredigt auf, rechtschaffen zu leben.

Cosimo Rosselli, Bergpredigt, 1481-1482

M2 Liebe ohne Schranken

Thora: allgemein Bezeichnung im Judentum für Weisung bzw. Lehre; im engeren Sinn für die fünf Bücher Mose, die auch Teil des sogenannten „Alten Testaments" der christlichen Bibel sind

Die Bergpredigt zeigt deutlich, wie wichtig Jesus die Thora und deren Einhaltung ist. An manchen Stellen kommt es sogar zu einer Verstärkung der Gebote.

38 Ihr habt gehört, dass gesagt ist (2. Mose 21,24): „Auge um Auge, Zahn um Zahn."
39 Ich aber sage euch, dass ihr nicht widerstreben sollt dem Bösen, sondern: Wenn dich jemand auf deine rechte Backe schlägt, dem biete die andere auch dar.
40 Und wenn jemand mit dir rechten will und dir deinen Rock nehmen, dem lass auch den Mantel.
41 Und wenn dich jemand eine Meile nötigt, so geh mit ihm zwei.
42 Gib dem, der dich bittet, und wende dich nicht ab von dem, der etwas von dir borgen will.

Matthäus 5,38-41

43 Ihr habt gehört, dass gesagt ist: „Du sollst deinen Nächsten lieben" (3. Mose 19,18) und deinen Feind hassen.
44 Ich aber sage euch: Liebt eure Feinde und bittet für die, die euch verfolgen,
45 auf dass ihr Kinder seid eures Vaters im Himmel. Denn er lässt seine Sonne aufgehen über Böse und Gute und lässt regnen über Gerechte und Ungerechte.

Matthäus 5,43-45

M3 Nächstenliebe

Einmal fragte ein gelehrter Mann Jesus nach seiner Meinung zu den Zehn Geboten. Der Gelehrte kannte sich in Überlieferungen der Väter genau aus. Er war sehr darauf bedacht, alle Gebote genau einzuhalten. Mit seiner Frage allerdings wollte er Jesus prüfen. Er dachte: Alle Gebote sind doch gleich wichtig. Wenn ich jetzt nach dem wichtigsten Gebot frage und Jesus eines besonders herausstellt, dann zeigt er damit, dass er über die Gebote nicht richtig nachgedacht hat. Umgeben von einigen Menschen, mit denen Jesus geredet hatte, fragte der Gelehrte: Lehrer, welches ist das wichtigste Gebot des Gesetzes? Jesus schaute ihn lange an und antwortete dann: Du sollst den Herrn, deinen Gott, lieben von ganzem Herzen, von ganzer Seele und mit all deiner Kraft. Dies ist das höchste und größte Gebot. Das andere aber ist dem gleich: Du sollst deinen Nächsten lieben wie dich selbst.

Frank-Christian Raatz

M4 Die Bergpredigt heute

„Wenn Ihr Land und das meinige aufgrund der Lehren zusammenkommen, die von Christus in der Bergpredigt niedergelegt wurden, werden wir die Probleme gelöst haben, nicht nur diejenigen unserer Länder, sondern auch die der ganzen Welt."

Mahatma Gandhi

„Der Geist des Friedens will von unsern Herzen Besitz nehmen. Wer es im Ernst unternimmt, ihm Gehorsam zu leisten, wird etwas von Jesu Seligpreisung der Friedfertigen erleben."

Albert Schweitzer

„Je älter ich werde, desto mehr bin ich davon überzeugt: Diese Welt wird auch in ihren Machtstrukturen nur überleben, wenn sie sich Schritt für Schritt den Grundwerten der Bergpredigt annähert."

Heinrich Albertz

„Die großen Konflikte der Zeit wären lösbar, wenn wir Menschen die Kraft fänden, persönlich und politisch gemäß der Bergpredigt zu handeln."

Richard von Weizsäcker

AUFGABEN

1. Beschreibe und analysiere das Bild. Wiederhole dabei auch, welche Rolle ein Berg in den Erzählungen über Moses gespielt hat. > M1
2. Gib den Inhalt der beiden Bibelstellen in eigenen Worten wieder. Was fordert Jesus in der Bergpredigt? > M2
3. Erkläre, wie sich die Gebote der Gottesliebe und Nächstenliebe zu den Zehn Geboten (siehe S. 192, M1) verhalten. > M3
4. Formuliere eine kurze Stellungnahme zur Bedeutung der Bergpredigt heute. Beziehe dich dabei auf eine der Aussagen. > M4

Mahatma Gandhi: indischer Freiheitskämpfer und Verfechter des gewaltfreien Widerstandes (1869-1948)

Albert Schweitzer: deutsch-französischer evangelischer Theologe, Musiker, Arzt und Philosoph (1875-1965)

Heinrich Albertz: deutscher evangelischer Theologe und SPD-Politiker (1915-1993)

Machtstrukturen: Art der Machtverteilung

Richard von Weizsäcker: deutscher CDU-Politiker (1920-2015); ehemaliger Bundespräsident der Bundesrepublik Deutschland

Konflikt: Auseinandersetzung

Werte > Glossar

Bilder analysieren > S. 202f.

Der Koran – moralische Richtschnur für Muslime

M1 Aus der himmlischen Schrift des Islam

Der Koran entstand zwischen 610 bis 632 n. Chr. und bietet seither für Muslime eine moralische sowie weltliche Orientierung. Zur Offenbarungszeit war Mekka sowohl eine ökonomische als auch eine religiöse Handelsstadt. Die Muslime glauben, dass der Koran dem Propheten Mohammad durch den Erzengel Gabriel vorgetragen wurde und somit Gottes verschriftlichtes Wort ist, das für immer Gültigkeit haben wird. Mohammad ließ den Koran zu Lebzeiten durch Mitglieder seiner Gemeinde aufschreiben. Der Koran ist thematisch in 114 Suren untergliedert. Dabei kann man im Wesentlichen feststellen, dass die Suren des frühen Islam (d. h. der „mekkanischen Phase", etwa 610 bis 622 n. Chr.), von dem einen Gott (Allah) handeln. In diesen Suren wird das Jenseits im besonderen Maße betont, sowie auf den Tag des jüngsten Gerichts verwiesen. In den späteren Jahren stehen die alltäglichen Belange des Muslims im Vordergrund (Gebote und Verbote) und die grundlegenden gesellschaftlichen Normen (z. B. Almosensteuer).

Moral, Normen
> Glossar

Im Namen des barmherzigen und gnädigen Gottes.
Setz nicht dem einen Gott einen anderen Gott zur Seite.
Und dein Herr hat bestimmt, dass ihr ihm allein dienen sollt.
Und zu den Eltern sollst du gut sein.
Und gib dem Verwandten, was ihm zusteht, ebenso dem Armen und dem, der unterwegs ist.
Und tötet nicht eure Kinder aus Furcht vor Verarmung.
Und tötet niemand, den Gott zu töten verboten hat.
Und lasst euch nicht auf Unzucht ein.
Und tastet das Vermögen der Waise nicht an.
Und erfüllt die Verpflichtung, die ihr eingeht.
Und gebt, wenn ihr zumesst, volles Maß und wägt mit der richtigen Waage.
Und geh nicht einer Sache nach, von der du kein Wissen hast.
Und schreite nicht ausgelassen auf der Erde einher. *Sure 17, 22-38*

Aus euch soll eine Gemeinschaft (von Gläubigen) entstehen, die zum Guten aufrufen, das Rechte gebieten und das Verwerfliche verbieten. Das sind die, denen es wohl ergeht. *Sure 3, 104*

O ihr, die ihr glaubt, tretet für Gott ein und legt Zeugnis für die Gerechtigkeit ab. Und der Hass gegen bestimmte Leute soll euch nicht dazu verleiten, nicht gerecht zu sein. *Sure 5, 8*

Helfet einander zur Rechtschaffenheit und Gottesfurcht und helfet einander nicht zur Sünde und Feindschaft. *Sure 5, 3*

Und wenn sie sich dem Frieden zuneigen, dann neige auch du dich ihm zu. *Sure 8, 61*

Hast du den gesehen, der das Gericht für Lüge erklärt? Das ist der, der die Waise zurückstößt und nicht zur Speisung des Bedürftigen anhält. Wehe den Betenden, die auf ihr Gebet nicht achtgeben, die nur gesehen werden wollen und die Hilfeleistung verwehren. *Sure 107, 1-7*

So meidet den Gräuel der Götzen und meidet die falsche Aussage. *Sure 22, 30*

Die Almosen gehören nur den Armen und Bedürftigen und denen, welche sich mit deren Austeilung befassen, und denen, deren Herz sich bekehrt hat, und sie dienen zur Auslösung der Gefangenen und für die, welche ihre Schulden nicht bezahlen können, und für die Förderung der Religion Allahs, und für den Wanderer. *Sure 9, 60*

Götzen: abwertende Bezeichnung für einen der eigenen Religion fremden Gott, oft auch gebraucht für allgemeine Dinge, die zu wichtig genommen werden

Almosen: Gabe aus Mitgefühl an einen Bedürftigen, ohne dass eine Gegenleistung erwartet wird. Im Islam ist es die Pflicht jedes Gläubigen, Almosen zu geben, es sei denn, er hat selbst nur das Nötigste zum Leben.

M2 Der Koran heute

Der muslimische Theologen Fazlur Rahman schlägt folgendes Vorgehen zur Auslegung des Koran vor:

Um den Koran zu verstehen, müsse man ihn im Kontext der Zeit seiner Verkündigung auslegen. Der erste Schritt ist also die Rückkehr in die Offenbarungszeit. Man muss versuchen zu verstehen, was die Aussagen des Koran zur Zeit Mohammads bedeutet haben. Der zweite Schritt besteht darin, die den Einzelregelungen zugrunde liegenden allgemeingültigen ethischen Prinzipien zu erschließen. Drittens folgt der Schritt in die Gegenwart. Es muss herausgearbeitet werden, was diese Prinzipien in der heutigen Zeit bedeuten. Eine solche Methode macht es möglich, den Koran ernst zu nehmen, ohne ihn sklavisch zu befolgen. Dann geht es eben nicht mehr ums Hände-Abschlagen bei Diebstahl (Sure 5, 38), sondern darum, dass der Respekt vor dem Eigentum anderer wichtig ist. *nach Felix Körner*

Prinzip:
Regel, Richtschnur (Plural: Prinzipien)

Respekt:
Achtung, die man etwas oder jemandem schuldet

M3 Über die Freundschaft zwischen Muslimen, Juden und Christen

Die Islamwissenschaftlerin Johanna Pink zeigt anhand einer Koranstelle verschiedene Deutungen auf:

» Ihr, die ihr glaubt! Nehmt euch die Juden und Christen nicht zu Freunden! Sie sind einander Freunde. Wer von euch sich ihnen anschließt, der gehört zu ihnen. Siehe, Gott leitet die Frevler nicht recht. «

Hört man diesen Vers, scheint die Aussage klar: Muslime sind dazu angehalten, größtmögliche Distanz zu Juden und Christen zu wahren. Tatsächlich ist das arabische Wort walî, das hier als „Freund" übersetzt ist, jedoch mehrdeutig und schwer zu fassen; seine Bedeutung war und ist unter muslimischen Exegeten umstritten. Einig sind sie sich bloß darin, dass es um eine enge persönliche Beziehung geht, die Verbindlichkeiten umfasst. In der Stammesgesellschaft, in der der Koran entstand, waren das zum Beispiel Bündnisverpflichtungen: Ein walî, das war jemand, der im Fall eines Krieges oder einer Blutfehde Beistand leistete oder Lösegeld zahlte. Viele klassische muslimische Korankommentare gingen in ihren Auslegungen trotzdem weit darüber hinaus. Sie erklärten sehr wohl, man solle generell mit Juden und Christen keine zu freundschaftliche, vertrauensvolle oder intime Beziehung eingehen. […] [Aber:] Erlaubt nicht der Koran an anderer Stelle muslimischen Männern, eine jüdische oder christliche Frau zu heiraten, legitimiert also zweifellos intime Beziehungen? *Johanna Pink*

Distanz:
Abstand; auch: Zurückhaltung

Exeget:
jemand, der einen Text (wissenschaftlich) erklärt und auslegt

intim:
sehr nahe, vertraut; auch: körperlich nah

legitimieren:
als berechtigt erscheinen lassen

AUFGABEN

1 Formuliert die in den Suren enthaltenen Gebote und Verbote mit eigenen Worten in Form eines Gruppenpuzzles. > M1

2 Vergleicht den islamischen Pflichtenkatalog mit den Zehn Geboten (siehe S. 192, M1). Haltet wichtige Gemeinsamkeiten und Unterschiede in einer Tabelle fest. > M1

3 Erläutert die hier vorgeschlagene Methode zur Auslegung des Korans. > M2

4 Wendet die vorgeschlagene Methode auf Sure 24,2 an, in der es heißt, dass Ehebrecher mit 100 Schlägen gegeißelt werden sollen. Arbeitet das ethische Prinzip heraus, das hier gemeint sein könnte. > M3

5 Fasse das Problem, auf das Johanna Pink hinweist, in eigenen Worten zusammen. > M3

plus 6 Folgere aufgrund der Ausführungen von Johanna Pink, ob Muslime mit Nichtmuslimen befreundet sein dürfen. Begründe deine Position. > M3

Ethik im Hinduismus und Buddhismus

Karma, Wiedergeburt
> Glossar

M1 Vollkommen werden

50. Wie der Vollkommne daraufhin
Zum Brahma weiterschreiten muss,
Erfahre es, du Kunti-Sohn!
Es ist der Weisheit letzter Schluss.
51. Wer sein Gemüt geläutert hat,
Wer in Beständigkeit sich übt,
Wer sich der Sinnenwelt verschließt,
Wen weder Hass noch Neigung trübt;
52. Wer in der Einsamkeit gern lebt,
Mit Fasten Leib und Sinn kasteit,
Wer fromme Selbstbetrachtung übt,
Sich von der Leidenschaft befreit;
53. Wer Selbstsucht, Wollust, Dünkel, Zorn
Und Prahlsucht völlig abgestreift,
Gelassen, ohne Habe ist,
Der ist zur Göttlichkeit gereift.
54. Zum Brahm geworden, heiter, still,
Erlöst von Kummer und von Gier,
Und allen Wesen gleichgesinnt,
Hegt höchste Liebe er zu mir.
55. Durch Liebe dann erkennt er mich
Nach meinem allerhöchsten Sein
Und geht unmittelbar danach
Zu mir in die Vollendung ein.

Bhagavad Gita

kasteien: sich Entbehrungen auferlegen (oft als Buße)

M2 Drei Wege zur Erlösung

Upanishaden: sehr alte Sammlung philosophischer Schriften des Hinduismus

Ziel im Hinduismus ist es, die Befreiung zu erlangen und den Kreislauf der Wiedergeburten aufzulösen. Hierfür muss alles Karma ausgelöscht werden.

Die Erlösung aus dem Kreislauf der Wiedergeburten ist auf drei Wegen möglich: Auf dem Weg der Taten (karmamarga), auf dem Weg der Erkenntnis (jnanamarga) und auf dem Weg der Hingabe (bhaktimarga).

Kaste: Gesellschaftsform (Kastenordnung), in der die Zugehörigkeit zu einer Kaste den gesellschaftlichen Rang festlegt

Karmamarga ist der Weg der (rituellen) Handlung, die selbstlos und ohne Eigennutz verrichtet werden soll. […] Dies umfasst vor allem die Opfer an die Götter und die Erfüllung aller anderen rituellen Handlungen […]. [D]er Weg der Erkenntnis findet sich zuerst in den Upanishaden, wo die Überwindung der Unwissenheit […], die das Selbst im Kreislauf der Wiedergeburten hält, gelehrt wird. Dies geschieht durch die Erkenntnis, dass die Einzelseele (atman) mit der Allseele (brahman) identisch ist. Dadurch kehrt der Atman zum Brahman zurück und erfährt keine neue Wiedergeburt mehr. […] [D]er Weg der Hingabe oder Liebe bildet den dritten Erlösungsweg, der, unabhängig von Kaste und Geschlecht, jedem Menschen offensteht. Allein durch bedingungslose Liebe und rückhaltlose Hingabe hat der Gläubige Teil an der Allmacht seines Gottes.

nach Heike Michael

M3 Die vier edlen Wahrheiten

Der Kern der Lehre des Buddha sind die vier edlen Wahrheiten, die er in seiner allerersten Rede bei Benares vor seinen ehemaligen Gefährten, den fünf Asketen, erläuterte.

Asket: Mensch, der sehr enthaltsam lebt

Wahrheit vom Leiden: Das Leben im Daseinskreislauf ist letztlich leidvoll. Dies ist zu durchschauen.

Wahrheit von der Ursache des Leidens: Die Ursachen des Leidens sind Gier, Hass und Verblendung. Sie sind zu überwinden.

Wahrheit von der Aufhebung des Leidens: Erlöschen die Ursachen, erlischt das Leiden. Dies ist zu verwirklichen.

Wahrheit von dem Weg zur Aufhebung des Leidens: Zum Erlöschen des Leidens führt ein Weg, der edle achtfache Pfad. Er ist zu gehen.

nach Deutsche Buddhistische Union e. V.

M4 Der achtfache Pfad

Mit Hilfe von acht Geisteshaltungen und Verhaltensweisen kann jedermann diesen Weg zur Erlösung beschreiten. Dieser Weg ist der *edle achtfache Pfad:*

- Rechte Anschauung – die Erkenntnis der *vier edlen Wahrheiten;*
- Rechter Entschluss – sich fernhalten von Habgier, Böswilligkeit und falschen Ansichten;
- Rechte Rede – Lügen, Verleumdungen, barsche Reden, Geschwätz vermeiden;
- Rechtes Handeln – nicht töten, nicht stehlen, keine sinnlichen Ausschweifungen;
- Rechter Lebensunterhalt – keinen Beruf ausüben, bei dem andere Wesen gequält oder getötet werden;
- Rechtes Streben – inneres Ringen darum, „üble Dinge" nicht im eigenen Geist aufsteigen zu lassen und dafür „heilsame Dinge" weiterzuentwickeln;
- Rechte Achtsamkeit – die geistige Kontrolle aller Abläufe des eigenen Körpers und des eigenen Geistes („Gemüts");
- Rechte Konzentration – die richtige Versenkung; der Geist soll sich der äußeren Welt abwenden und den Frieden der inneren Stille genießen. So wird er höheren Einsichten geöffnet.

Cay Rademacher/Andreas Hilmer

M5 Die fünf moralischen Regeln

Laien befolgen im Buddhismus folgende fünf fundamentale Regeln:

1. Ich gelobe abzustehen vom Töten.
2. Ich gelobe abzustehen vom Nehmen dessen, was nicht gegeben.
3. Ich gelobe abzustehen von unrechtem Wandel in Sinnenlüsten.
4. Ich gelobe abzustehen vom Lügen.
5. Ich gelobe abzustehen vom Genuss berauschender Getränke.

Das erste Gelöbnis gilt als das wichtigste: „Ich werde nicht töten!" bezieht sich für den Buddhisten nicht nur auf Menschen. Gemeint sind alle Lebewesen, also auch die zu außermenschlichen Wiedergeburtsbereichen Gehörenden, in erster Linie Tiere, vom kleinsten bis zum größten, von der Mücke bis zum Elefanten.

nach Hans-Jürgen Greschat

AUFGABEN

1 Formuliere aus dem alten Sanskrit-Text des Hinduismus ethische Regeln, die zur Vollkommenheit führen. > M1

2 Vergleiche die hinduistischen Wege zur Erlösung mit den Lebensvorschriften anderer Religionen. Welche Gemeinsamkeiten, welche Unterschiede kannst du entdecken? > M2

3 Gruppenarbeit: Stellt a) die vier edlen Wahrheiten und b) den achtfachen Pfad auf Plakaten dar und erläutert eure Darstellung. > M3/M4

4 Erklärt, in welchem Verhältnis der achtfache Pfad zu den vier edlen Wahrheiten steht. > M3/M4

5 Erläutere die Regeln anhand selbst gewählter Beispiele. Überlege, ob sich diese Regeln auch auf dein eigenes Leben anwenden lassen. > M5

6 Vergleiche die fünf Regeln der Laienethik mit anderen ethischen Grundsätzen, z. B. den Zehn Geboten (siehe S. 192, M1). > M5

Sanskrit: altindische Sprache

Die Goldene Regel und die Religionen

M1 Regeln der Religionen

Konfuzianismus, Naturreligion, Taoismus
> Glossar

Hadith: ein Bericht über das, was Mohammad tat oder sagte

Talmud: Tausende von Rabbinern studierten im Laufe der Zeit die heilige Schrift der Juden, die Thora, und schrieben ihre Deutungen auf. Der Talmud ist eine Sammlung ihrer Kommentare zur Thora und damit ein sehr wichtiges Buch des Judentums.

M2 Religion und Ethik

In den letzten Jahren wurde mir immer deutlicher, dass die Welt, in der wir leben, nur dann eine Chance zum Überleben hat, wenn in ihr nicht länger unterschiedliche oder sogar sich bekämpfende moralische Überzeugungen / Ethiken existieren. Diese Welt braucht verbindende und verbindliche Normen und Werte. Und ich bin der Überzeugung, dass die Religionen einen Beitrag dazu leisten können, denn sie haben – trotz aller Unterschiede – zahlreiche Gemeinsamkeiten.

Gewiss sind sich die Religionen dieser Welt in Bezug auf Fragen der Lebensführung keineswegs einig. Die von ihnen vertretenen moralischen Normen sind verschieden, zum Teil sogar widersprüchlich.

Trotz solcher Unterschiede gibt es aber ein gemeinsames Fundament, das alle Religionen teilen. Allen Religionen geht es letztlich um das Wohl des Menschen, und alle Religionen stellen ethische Grundnormen, die dazu dienen sollen, dieses Wohl zu erreichen. In fünf großen Geboten sind sich alle großen Weltreligionen einig:

1 **nicht töten;**
2 **nicht lügen;**
3 **nicht stehlen;**
4 **nicht Unzucht treiben;**
5 **die Eltern achten und die Kinder lieben.**

Das mag manchen trivial erscheinen; für viele Situationen, die uns im modernen Leben begegnen, scheinen damit noch keine hinreichenden Anweisungen für moralisches Handeln gegeben zu sein.

Aber die Gemeinsamkeit der Religionen in ethischen Fragen geht noch weiter. Alle Religionen fordern nämlich so etwas wie eine Goldene Regel, die besagt, dass man das, was man selbst nicht wünscht, anderen nicht antut bzw. andere so behandelt, wie man selbst behandelt werden möchte. Diese Regel stellt eine oberste Norm dar, die für alle Handlungen leitend ist, ein unbedingtes Prinzip, das nicht von Fall zu Fall, sondern immer und überall gilt. Sie kann ein Fundament darstellen, auf dem sich ein gemeinsames Weltethos begründen lässt. *nach Hans Küng*

existieren: (hier) da sein

Normen, Werte > Glossar

Fundament: (hier) Grundlage, Basis

Weltethos: Formulierung von ethischen Normen und Werten, die unabhängig von Kultur, Religion oder Nationalität anerkannt und geteilt werden

Hans Küng: Schweizer Theologe und Autor (*1928), der das Buch „Projekt Weltethos" geschrieben und die Stiftung Weltethos mitgegründet hat

AUFGABEN

1 Vergleicht die Regeln der verschiedenen Religionen miteinander. > M1
2 Eine Aufschrift auf der Weltkugel in der Mitte soll die Gemeinsamkeit der Weltreligionen zum Ausdruck bringen. Überlegt euch dazu eine passende Formulierung und notiert sie. > M1
3 Erläutert die Gemeinsamkeiten in den Religionen. > M2
plus 4 Gestaltet einen Baum der Weltreligionen. Stellt die Gemeinsamkeiten in den ethischen Überzeugungen im Stamm dar und die Unterschiede in den Ästen und Zweigen. > M1/M2

Wie kann ich Bilder analysieren?

Rezipient: Betrachter; auch: Hörer oder Leser

Mimik: Gesichtsausdruck (vermittelt Gefühle und Stimmungen)

abstrakt: nicht gegenständlich; eine Darstellung, die Dinge und Figuren nur andeutet oder sich völlig von ihnen loslöst

Methodenkompetenz: Bilder analysieren

Um Bilder bzw. Fotos zu analysieren, solltest du unter anderem wissen, wie die Sprache der Bilder funktioniert, wie bildliche Darstellungen die Wirklichkeit präsentieren und dabei auch die Sichtweise der Rezipienten beeinflussen (können). Folgende Vorgehensweise kann dir helfen:

1. Betrachte das Bild kurz und formuliere einen ersten Eindruck: Was fällt zuerst ins Auge (Eyecatcher)? Wie wirkt das Bild auf dich?
2. Untersuche das Bild nun genauer: Was genau ist abgebildet? Achte dabei zum Beispiel bei Personen auf Aussehen, Kleidung, Körpersprache, Mimik und Handlungen.
3. Untersuche das Bild nun nach formalen Merkmalen, z. B.: Ist das Dargestellte abstrakt oder figürlich? Wie ist das Bild aufgebaut? (Zum Beispiel Ausschnitt oder Gesamtschau: „Nahaufnahme oder Weitwinkel"?) Welche Perspektive (Blickwinkel) nimmt der Künstler/Fotograf in seinem Bild ein? (Zum Beispiel Froschperspektive, Normalperspektive oder Vogelperspektive?) Sind bestimmte Farben vorherrschend?
4. Versuche nun, die Einzelaspekte zu einer Gesamtinterpretation zusammenzufügen. Welche Botschaft hat das Bild? Welche (ethische) Fragestellung kann sich aus dem Bild ableiten?

M1 Die Auferstehung Jesu

Was ist abgebildet?

Jesus Christus schwebt aus dem Grab zum Himmel empor; deutlich wird das Leid, das Jesus durch die Kreuzigung erfahren hat; die Wundmale sind in gelbes Licht getaucht; auch Jesus selbst ist von einem sonnenförmigen Strahlenkranz (Nimbus) umgeben; …

Aussehen, Kleidung, Körperhaltung, Mimik?

Jesus hat die Hände zum Himmel erhoben; der Nimbus bildet das Zentrum des Bildausschnitts; …

Perspektive?

Normalperspektive, wobei Jesus etwas erhöht (schwebend) dargestellt ist; …

Farben?

Der sonnenförmige Nimbus leuchtet innen gelb, außen ähnelt er einem Regenbogen; deutlicher Kontrast im Bild: Nacht vs. Christus als Lichtgestalt; …

Stimmung?

Verklärt und ausdrucksstark (Jesus hat den Tod überwunden!); …

Matthias Grünewald, Auferstehung (Ausschnitt), Isenheimer Altar (1505-1516), 2. Schauseite, rechte Tafel

Vordergrund/Hintergrund/Zentrum?

Hinter Jesus befindet sich ein großer Stein des Grabmals; …

Matthias Grünewald: Künstler, der im 16. Jahrhundert gelebt hat (Lebensdaten unsicher). Grünewald hat einen berühmten Flügelaltar im Antoniterkloster von Isenheim („Isenheimer Altar") geschaffen.

M2 Die Erschaffung Adams

Was ist abgebildet?

Aussehen, Kleidung, Körperhaltung, Mimik?

Vordergrund/ Hintergrund?

Michelangelo, Die Erschaffung Adams (Sixtinische Kapelle), zwischen 1508 und 1512

Michelangelo: italienischer Maler, Bildhauer, Architekt und Dichter (1475-1564). Besonders berühmt sind seine Decken- und Wandmalereienin der Sixtinischen Kapelle in Rom.

Perspektive?

Farben?

Stimmung?

AUFGABEN

1 Betrachte das Bild zur Auferstehung Christi und beschreibe, was du siehst. Führe die Bildanalyse mit den Hilfestellungen aus M1 durch, formuliere die Botschaft des Bildes und präsentiere deine Ergebnisse. Wiederhole gegebenenfalls, was du über die Auferstehung Christi und deren Bedeutung für das Christentum weißt. > M1

plus 2 Das Bild M1 zeigt nur einen Ausschnitt von Grünewalds Darstellung der „Auferstehung Christi". Recherchiert das ganze Bild und ergänzt eure Bildanalyse. Ändert sich dadurch etwas in eurer Interpretation? > M1

3 Analysiere das Bild Michelangelos und präsentiere dein Ergebnis. Hintergrundinformationen zum Bild und seiner religiösen Bedeutung findest du auf S. 118f. > M2

Glossar

Aristoteles (384-322 v. Chr.): bedeutender griechischer Philosoph, dessen Schriften das gesamte Wissen des Altertums umfassen. Aristoteles, der ein Schüler des Philosophen > Platon war, formulierte unter anderem den Grundsatz, dass es für den Menschen am besten sei, einen Mittelweg zu wählen und Extreme zu vermeiden.

Augustinus (354-430): Kirchenvater und Philosoph des Mittelalters. Er beschäftigte sich in seinem Werk mit der Allmacht und dem Wesen Gottes sowie der Bestimmung des Menschen.

Bacon, Francis (1561-1626): englischer Staatsmann und Philosoph. Begründer des modernen englischen Empirismus, nach dem die Erfahrung die einzige verlässliche Quelle der Erkenntnis ist (Gegensatz: > Rationalismus). Bacon vertrat die Auffassung, die höchste Aufgabe der Wissenschaft sei die Beherrschung der Natur.

Cicero, Marcus Tullius (106-43 v. Chr.): römischer Anwalt, Politiker, Schriftsteller und Philosoph; besonders berühmt für seine Redekunst.

Coming-out: Bezeichnung für die gesamte Entwicklung der > Selbstwahrnehmung der sexuellen Orientierung und das „Herauskommen" oder „Heraustreten" von Menschen, die > homosexuell sind, aus dem Schweigen. In einer ersten Phase („inneres" Coming-out) werden dabei die eigenen Gefühle und Wünsche wahrgenommen und vor sich selbst anerkannt. Danach folgt die Phase des „äußeren" Coming-outs, in der die Homosexualität weiteren Menschen bekannt wird.

Egoismus: Eigenliebe (lateinisch „ego": ich). Egoismus ist eine moralische Einstellung, die sich in selbstsüchtigem Handeln äußert. Eigennützige Zwecke sind Beurteilungsmaßstab für das Handeln. Egoismus wird allgemein verstanden als Selbstinteresse, als Beweggrund eines Menschen, dem es in allem Tun und Lassen letztlich nur um sich selbst geht.

Fremdwahrnehmung: Wahrnehmung und Einschätzung des eigenen Aussehens, von Stärken und Schwächen, der gezeigten Gefühle und geäußerten Wünsche und Interessen durch andere Menschen (davon abzugrenzen: > Selbstwahrnehmung).

Freud, Sigmund (1856-1939): österreichischer Nervenarzt. Er entwickelte die sogenannte Psychoanalyse, ein Verfahren zur Untersuchung unbewusster seelischer Vorgänge.

Fromm, Erich (1900-1980): deutscher Psychoanalytiker (> Freud, Sigmund), Philosoph und Sozialpsychologe. Vor allem seine Bücher „Die Kunst des Liebens" (1956) und „Haben oder Sein" (1976) wurden zu Bestsellern und seine Gedanken viel diskutiert.

Gehlen, Arnold (1904-1976): deutscher Philosoph und Vertreter der sogenannten Philosophischen Anthropologie, die sich mit dem Wesen des Menschen befasst. Gehlen stützte sich auf die Ergebnisse der Biologie und ging vom Tier-Mensch-Vergleich aus.

Gewissen: innere Stimme, moralische Überzeugung einer Person; die Fähigkeit, zwischen Gut und Böse der eigenen Handlungen entscheiden zu können.

Herder, Johann Gottfried (1744-1803): deutscher Philosoph, Schriftsteller und evangelischer Theologe. Herder war überzeugt, dass sich Natur und Geschichte nach festen Gesetzen entwickeln.

Diese Entwicklung verlaufe fortschreitend hin zu einem höchsten Ziel, der Verwirklichung der Humanität (Menschlichkeit).

homosexuell: in seinem sexuellen Empfinden zu Personen des eigenen Geschlechts hingezogen. Bei Männern hat sich der Begriff „schwul sein" durchgesetzt, bei Frauen der Begriff „lesbisch sein" (beides früher abwertend gebraucht).

Hume, David (1711-1776): schottischer Philosoph. Hume war Vertreter des Empirismus und stützte sich als Philosoph deshalb auf Erfahrung und Beobachtung (Gegensatz: > Rationalismus). Er betonte dabei auch die Grenzen der menschlichen Erkenntnis.

Identität: die unverwechselbare Besonderheit und Eigenheit des Menschen; seine Erfahrung, ein einzigartiges Wesen zu sein.

Kant, Immanuel (1724-1804): bedeutendster Philosoph der deutschen Aufklärung, einer europäischen geistigen Bewegung im 17./18. Jahrhundert, deren Kennzeichen unter anderem die Hervorhebung der Bedeutung der Vernunft und des eigenständigen Denkens des Menschen sowie der Kampf gegen > Vorurteile und die Hinwendung zu den Naturwissenschaften waren. Immanuel Kant legte z. B. in seiner Ethik dar, dass moralisches Handeln nicht Sache des Glaubens, der Tradition oder des persönlichen Gefühls ist. Vielmehr gebe sich die sogenannte „praktische Vernunft" das moralische Gesetz selbst.

Karma: wichtiger Begriff in Hinduismus und Buddhismus. Darunter ist diesen Religionen nach ein universelles Gesetz zu verstehen, nach dem das Leben eines Menschen die Folge seiner Handlungen in einem früheren Leben ist. Die Handlungen im jetzigen Leben können entsprechend auch Auswirkungen auf das nächste Leben haben. Hintergrund ist hierbei also der Glaube an eine > Wiedergeburt.

Konfuzianismus: auf Konfuzius (551-479 v. Chr.) zurückgehende Philosophie. Sie gehört neben dem Buddhismus und > Taoismus zu den einflussreichsten philosophischen Richtungen in China und Ostasien.

Kreationisten: Menschen, die sich gegen die Evolutionstheorie wenden und an eine von einem Schöpfer (Gott) geschaffene Welt glauben (lateinisch „creatio": Schöpfung). Es gibt dabei unterschiedliche Strömungen des Kreationismus. Besonders verbreitet ist in den USA eine wortwörtliche Auslegung des Schöpfungsberichts, wie er in der Bibel erzählt wird.

Locke, John (1632-1704): englischer Philosoph. In seinem Buch „Über den menschlichen Verstand" (1690) vergleicht er das Bewusstsein eines Neugeborenen mit einer leeren Tafel. Diese wird im Verlauf des Lebens durch die Erfahrung beschrieben. Als Philosoph prägte er den Liberalismus, das ist eine Auffassung von Staat, Gesellschaft und Wirtschaft, in der die Freiheit des Einzelnen eine wesentliche Rolle spielt.

Menschenrechte: Rechte, die ähnlich wie die Menschenwürde jedem Menschen zustehen, allein weil er Mensch ist (kategorische Gültigkeit). Die Menschenrechte sind in vielen offiziellen Erklärungen durch mehrere Staaten formuliert worden, die sich alle darauf geeinigt haben, sie einzuhalten. Sie gelten für jeden Menschen in jedem Land der Erde (universelle Gültigkeit), und zwar immer gleich (egalitäre Gültigkeit). Sie setzen sich aus vielen einzelnen Rechten zusammen, die miteinander verbunden sind, wie z. B. das Recht auf Leben, das Recht auf körperliche Unversehrtheit, das Recht auf Freiheit und Sicherheit. Die bekannteste Menschenrechtserklärung wurde durch die Vereinten Nationen (derzeit 193 Staaten) im Jahr 1948 formuliert.

Montaigne, Michel de (1533-1592): französischer Schriftsteller und Philosoph. Während der französischen Bürgerkriege erlebte er Nähe und großes Vertrauen in einer Freundschaft mit Étienne de La Boétie. Dieser starb sehr jung mit 33 Jahren. Montaigne betrauerte seinen Freund sehr lange und schrieb das Buch „Über die Freundschaft".

Moral: spiegelt den „Ist-Zustand" von sittlichen Verhaltensweisen, Übereinkünften und Wertvorstellungen in einer Gemeinschaft wieder. In > Normen und > Werten äußert sich die Moral.

Moses (auch: Mose): wichtige biblische Gestalt, die als Mittler zwischen Gott und dem Volk Israel gilt. Die Juden verehren Moses als ihren bedeutendsten Lehrer. Dem jüdischen Glauben nach hat Gott mit Moses gesprochen und ihm die zehn Lebensregeln (Zehn Gebote) übergeben.

Naturreligion: frühere Bezeichnung für eine Stammesreligion. Eine Stammesreligion ist auf einen recht kleinen Kreis von Anhängern (den Stamm) beschränkt und unter anderem durch die mündliche Weitergabe von religiösen Traditionen gekennzeichnet.

Norm(en): Verhaltensregeln bzw. Verhaltenserwartungen. Man kann sie nach ihrer Herkunft und Geltung in rechtliche und moralische Normen unterscheiden. Moralische Normen ergeben sich aus den Moralvorstellungen der Menschen. Ein Teil der moralischen Normen entspricht den rechtlichen Normen (z. B. du sollst nicht töten), ein anderer Teil jedoch nicht (z. B. du sollst nicht lügen). Wer gegen moralische Normen verstößt, muss damit rechnen, dass er z. B. verachtet wird, dass niemand mehr mit ihm zu tun haben will, dass man ihm nicht mehr vertraut.

Person: bezeichnet die Einheit des Menschen in seinem Denken und Handeln, die Gesamtheit eines Menschen.

Philosophie (griechisch: Liebe zur Weisheit): durchdachte und gezielte Beschäftigung mit den Grundfragen, die > Immanuel Kant wie folgt formuliert hat: Was ist der Mensch? Was kann ich wissen? Was soll ich tun? Was darf ich hoffen? Die Philosophie stellt damit Fragen nach der Erkenntnis, den Ursprüngen der Welt, der Stellung des Menschen, seinem Handeln und dem Sinn des Lebens. Ethik bzw. Moralphilosophie sind nur ein Teilbereich der Philosophie.

Pico della Mirandola, Giovanni (1463-1494): italienischer Philosoph. Er ist vor allem durch seine Rede „Über die Würde des Menschen" bekannt. Darin stellte er die Frage nach dem Wesen des Menschen und der Stellung des Menschen in der Welt.

Platon (427-348/347 v. Chr.): einer der bedeutendsten griechischen Philosophen und Schüler des Sokrates. Seine Werke sind meist kunstvolle Dialoge, in denen Sokrates als wichtigster Gesprächspartner auftritt. Platon begründete mit der sogenannten Akademie in Athen eine philosophische Schule, die rund 1000 Jahre Bestand hatte.

Rationalismus: philosophische Richtung, in deren Mittelpunkt der Gebrauch und die Ausstattung des Menschen mit Vernunft steht (lateinisch „ratio": Vernunft). (Gegensatz: Empirismus > Bacon, Francis; > Hume, David).

Rousseau, Jean-Jacques (1712-1778): französischer Philosoph der Aufklärung (zur Aufklärung > Kant, Immanuel). Rousseau ist unter anderem für seine Auffassung von Erziehung bekannt geworden und für den Gedanken eines „Gesellschaftsvertrags", dem sich die Angehörigen einer Gemeinschaft unterstellen (und für den der „Volonté générale" von Bedeutung ist).

Schmid, Wilhelm (*1953): deutscher Philosoph und Hochschullehrer. Schmid beschäftigt sich unter anderem mit den Themen, Liebe, Glück und auch „Lebenskunst", d. h. der bewussteren Lebensgestaltung und Lebensführung.

Schöpfung: Bezeichnung für die (dem Glauben nach) von Gott (oder auch mehreren Göttern) erschaffene Welt und/oder den Vorgang der Erschaffung der Welt.

Selbstwahrnehmung: Wahrnehmung und Einschätzung der eigenen Person und ihres Aussehens, der persönlichen Stärken und Schwächen, der eigenen Gefühle, Wünsche und Interessen (davon abzugrenzen: > Fremdwahrnehmung).

Seneca, Lucius Annaeus, der Jüngere (um 4. v. Chr.-65 n. Chr): römischer Dichter und Philosoph. Senecas Lehre lautete, dass man die Wechselfälle des Schicksals nicht fürchten und im Einklang mit den Gesetzen der Natur leben solle.

Solidarität: ein Zusammengehörigkeitsgefühl von Individuen (Einzelnen) oder Gruppen in einer Gesellschaft. Sie äußert sich in gegenseitiger Hilfe und Unterstützung.

Taoismus (auch: Daoismus): philosophische Lehre und Religion in China. Für die philosophische Lehre ist der das Tao oder Dao („der Weg") ein wichtiger Begriff.

Thales von Milet (um 624-546 v. Chr.): Ingenieur aus Milet, einer antiken Stadt an der Westküste Kleinasiens (heutige Türkei). Thales wird oft als der erste Philosoph bezeichnet, da er die Erscheinungen der Natur zu erklären versuchte und sich nicht (mehr) mit den Göttererzählungen begnügte. Nach Überzeugung von Thales war das Wasser der Urstoff von allem Seienden. Als Mathematiker geht auf ihn der „Satz des Thales" zurück.

Verantwortung: Sich verantworten heißt letztlich, auf eine Frage antworten: Wer (Täter) verantwortet was (Tat/Handlung) vor wem? In der Ethik muss sich jeder Mensch verpflichtet sehen, die Folgen seines Handelns moralisch zu beurteilen. Menschen tragen die Verantwortung für ihr Handeln. Dabei setzt Verantwortung jedoch „Mündigkeit" voraus, das heißt die Fähigkeit, das eigene Handeln auch frei zu bestimmen und seine Folgen abzusehen.

Vorurteil: meist negative Bewertung einer Person, einer Menschengruppe, einer Nation oder eines Sachverhalts. Diese Bewertung wird häufig in Form von Verallgemeinerungen geäußert, wie z. B. „Deutsche sind humorlos" oder „Beamte sind faul". Solche Verallgemeinerungen gelten natürlich nicht für alle Fälle und den einzelnen Menschen. Vorurteile sind bequemer als die kritische und vernunftgeleitete Sicht und sie ersparen das eigene Nachdenken. Sie sind grundsätzlich übernommen und auch durch entgegengesetzte Erfahrungen nur schwer zu korrigieren.

Werte: Vorstellungen von etwas, das gewünscht, erstrebt, anerkannt ist, allgemeine und grundlegende Orientierungsmaßstäbe bei Handlungen. Ein Wert ist also eine allgemein anerkannte oberste Leitlinie. Eine > Norm dient der Erfüllung dieser Leitlinie. Ein einfaches Beispiel: Für den Straßenverkehr ist es ein Wert, dass eine möglichst hohe Sicherheit herrscht. Es muss also eine Norm geben, die Unfälle verhindert. Daher ist die Norm vorgeschrieben, dass Fahrzeuge auf der Straße rechts – oder in anderen Ländern links – fahren müssen. Wie eine Norm im Einzelnen geregelt ist, spielt zunächst keine Rolle; wichtig ist, dass sie vorhanden ist, umgesetzt werden kann und allgemein anerkannt wird.

Wiedergeburt: Vorstellung vieler Religionen, dass Verstorbene noch einmal geboren werden und ein weiteres Leben auf der Erde führen. Eng verbunden mit dem Wiedergeburtsglauben in den indischen Religionen Hinduismus und Buddhismus ist die Vorstellung von einer Seelenwanderung. Grundlage ist hier letztlich die Lehre vom unendlichen Kreislauf von Geburt, Tod und Wiedergeburt (Samsara).

Methodenübersicht

Du kennst sicher bereits einige Methoden des Lernens und Arbeitens im Unterricht. In „Lebenswelten" findest du in den Aufgaben der Doppelseiten besonders folgende Methoden, die dir beispielsweise helfen können, Informationen zu beschaffen, Sachverhalte zu erfassen oder Probleme zu lösen.

Blitzlicht

Bei dieser Methode werden Stimmungen bzw. Meinungen in einer Momentaufnahme festgehalten. Reihum erhält jeder Teilnehmer die Möglichkeit, kurz (nur ein Satz oder eine Minute für die Äußerung) die eigene Befindlichkeit oder Meinung wiederzugeben. Die einzelnen Äußerungen dürfen nicht von den anderen kommentiert werden.

Brainstorming

Oft schießen uns spontan Ideen und Gedanken durch den Kopf, die wir nur flüchtig wahrnehmen und selten festhalten. Die Methode des Brainstormings hilft dabei, diesen Gedankensturm auch in einer Gruppe zu bändigen. Voraussetzungen für das Brainstorming:

1. Die Frage, zu der Einfälle gesammelt werden sollen, wird klar benannt.
2. Es wird eine zeitliche Begrenzung festgelegt (5-10 Minuten).
3. Es wird vereinbart, wer die Einfälle wie festhält (Moderator/Moderatorin). Am besten eignet sich für die Ideensammlung eine große Tafel oder eine Wandzeitung.

Ablauf: Die Teilnehmerinnen und Teilnehmer äußern alle Gedanken, Ideen oder Vorschläge zu dem Thema, die ihnen einfallen. Diese werden von dem Moderator/der Moderatorin festgehalten (am besten in Stichworten). Kurz vor Ende der vereinbarten Zeit liest der Moderator/die Moderatorin alle Einfälle noch einmal vor. Kommen keine Ergänzungen mehr, ist das Brainstorming abgeschlossen. Nun können die Ideen weiter bearbeitet oder diskutiert werden.

Cluster bilden

Cluster (Knoten) dienen wie Mindmaps dazu, Ideen zu sammeln und Gedanken zu sortieren („Ideennetz"). Man beginnt mit dem Cluster-Kern, einem einzelnen Wort oder einem kurzen Satz. Er wird in die Mitte des Blattes geschrieben und mit einem Kreis versehen. Hiervon ausgehend werden Gedanken, so wie sie gerade auftauchen, aufgeschrieben, und zu jedem neuen Wort werden wiederum weitere Einfälle notiert. Jedes neue Wort, jeder neue Einfall wird wieder umkreist und mit dem vorangehenden Wort durch einen Strich verbunden.

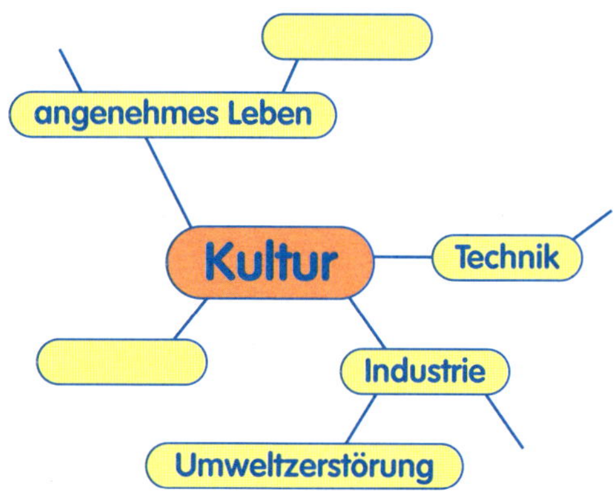

Collage

In einer Collage werden verschiedenen Einzelteile, z. B. Bilder, Fotos, Zeitungsausschnitte, Papierstücke, zu einem neuen Ganzen zusammengefügt. Und so geht ihr dabei vor:

1. Bildet Kleingruppen und sammelt (inhaltliche) Ideen für die Collage. Welche Aspekte oder Gesichtspunkte fallen euch als erste ein, welche sind euch besonders wichtig? Welche Besonderheiten lassen sich gut darstellen oder ausdrücken? Welche Gestaltung passt am besten zu den ausgewählten Inhalten?
2. Für das Erstellen einer Collage benötigt ihr verschiedene Materialien: große Papierbögen (Plakatkarton), Scheren, Klebstoff, Farb- oder Plakatstifte, Textmarker, farbiges Papier zum Hervorheben ...
3. Sammelt aus Zeitungen, Illustrierten, Prospekten usw. möglichst viele verschiedene Bilder und Texte.
4. Eine Collage ist Kunst. Seid kreativ und gebt eurer Collage einen besonderen Ausdruck.

Diskussionen

Wenn ihr komplexe und strittige Sachverhalte in Gesprächen und Diskussionen klären wollt, sollte jeder von euch folgende Regeln einhalten:

1. Höre deinen Mitschülerinnen und Mitschülern gut zu.
2. Falle ihnen nicht ins Wort; lasse sie ausreden.
3. Knüpfe an die Gedanken deiner Vorredner an.
4. Drücke dich so klar wie möglich aus.

Podiumsdiskussion

Hier nehmen einige Schülerinnen und Schüler die Position von Fachleuten oder Vertreterinnen und Vertretern bestimmter Interessengruppen in einem Gespräch vor der Klasse ein. Sie stellen ihre Auffassungen dar und vergleichen sie. Es ist dabei unbedingt zu beachten, dass das Gespräch kein Streitgespräch wird, sondern auf wechselseitigem Verständnis beruht. Es kann hilfreich sein, einen Moderator oder eine Moderatorin zu bestimmen.

Pro- und Kontra-Diskussion (Streitgespräch)

Mit einer Pro- und Kontra-Diskussion oder einem Streitgespräch könnt ihr unterschiedliche Standpunkte zum Ausdruck bringen und auf ihre Tragfähigkeit hin prüfen. Eine Diskussion bietet sich dann an, wenn ein umstrittenes Thema oder eine Entscheidungsfrage ansteht. Der in der Sache harte, aber faire Austausch von Argumenten soll die gegnerische Partei von der eigenen Meinung überzeugen. Eine Diskussion kann zum Beispiel so geführt werden:

1. Vorstellung des zu diskutierenden Problems
2. Erste Abstimmung
3. Sammeln von Argumenten in Gruppen (Pro und Kontra)
4. Vorstellen der Argumente vor der Klasse
5. Gedankenaustausch über die Argumente
6. Zweite Abstimmung

Fünf-Schritt-Lesemethode

Mit dieser Methode kannst du dir die wichtigsten Informationen und Aussagen eines Textes erarbeiten. Du gehst dabei wie folgt vor:

1. Übersicht verschaffen: Zunächst verschaffst du dir einen Überblick darüber, worum es in dem Text geht. Dazu liest du den Text überfliegend.

2. Fragen stellen: Formuliere Fragen, auf die der Text eine Antwort geben könnte.

3. Genaues Lesen: Nun liest du den Text noch einmal genau. Dabei recherchierst du zunächst Wörter, die dir unbekannt sind (Internet, Fremdwörterbuch). Danach unterstreichst du die wichtigsten Aussagen des Textes und die zentralen Schlüsselbegriffe.

4. Text in Abschnitte gliedern und zusammenfassen: Jetzt gliederst du den Text und versuchst, für jeden Abschnitt einen passenden Titel zu finden, der so knapp wie möglich den Inhalt wiedergibt.

5. Hauptaussagen formulieren: Im letzten Schritt formulierst du mit eigenen Worten die Hauptaussagen des Textes.

Gruppenpuzzle

Beim Gruppenpuzzle wird ein großes Thema sozusagen in Puzzle-Teile (Teil-Themen) zerlegt. Die Aufgabe kann nur erfolgreich gelöst werden, wenn jedes einzelne Mitglied der Gruppe seinen Teil dazu beiträgt. Und so funktioniert es:

1. Schritt: Ihr bildet zunächst gleich große Stammgruppen, die die gestellte Aufgabe bearbeiten. Dabei gilt die Regel: Jedes Gruppenmitglied schreibt alles Wesentliche selbst mit.

2. Schritt: Da zur Lösung der Aufgabe weitere Kenntnisse in bestimmten Bereichen (Teil-Themen) erforderlich sind, werden – nachdem alle einzelnen Stammgruppen ihre Arbeit beendet haben – gleich große Expertengruppen gebildet. Diese erarbeiten sich Kenntnisse zu den Teil-Themen bzw. untersuchen die Aufgabenstellung hinsichtlich des Teil-Themas. Dabei ist es auch hier sehr wichtig, dass jedes Gruppenmitglied alle Ergebnisse, aber auch Fragen, Probleme und Kritik mitprotokolliert.

Zu beachten ist: An jeder der Expertengruppen muss mindestens ein Mitglied jeder Stammgruppe teilnehmen.

3. Schritt: Die Experten kehren in ihre Stammgruppe zurück. Jeder Experte stellt nun sein Expertenwissen vor. Gemeinsam wird dann die Lösung der gestellten Aufgabe erarbeitet.

Heißer Stuhl

Hierzu wählt ihr einen Schüler oder eine Schülerin aus, die in die Rolle einer Figur schlüpft. Dazu setzt er oder sie sich auf einen Stuhl in die Mitte und nimmt eine für die Figur typische Körperhaltung ein. Nun befragt ihr die Person in der Mitte abwechselnd, wie sie sich fühlt, wie es ihr geht, warum sie dieses oder jenes getan oder nicht getan hat etc. Die Person auf dem Heißen Stuhl antwortet dabei in ihrer Rolle ganz spontan. Nach fünf Fragen wird eine andere Person in die Mitte gebeten. Wichtig ist, dass der Schüler oder die Schülerin in der Mitte immer daran denkt, dass er/sie immer in der Rolle der Figur spricht und nicht als eigene Person.

Ideenstern

Der Ideenstern dient dazu, erste Ideen und Gedanken zu einem Thema oder einem Begriff zu formulieren. Dabei geht es zunächst noch nicht darum, Zusammenhänge darzustellen, sondern den Gedanken freien Lauf zu lassen. Im weiteren Verlauf des Unterrichts ergänzt man seinen Ideenstern, um zu erkennen, was man Neues gelernt hat. Vorgehensweise:

1. Du schreibst einen Begriff oder ein Thema in die Mitte eines DIN-A4-Blattes und malst darum herum einen Stern mit vielen Zacken.
2. Die Ideen, Einfälle und Gedanken, die du zu diesem Begriff hast, schreibst du in einer bestimmten Farbe jeweils an die einzelnen Zacken des Ideensterns.
3. Dann kannst du noch freie Zacken mit einer anderen Farbe beschriften, wenn du z. B. im Unterricht einen Text über den Begriff oder über ein Thema gelesen hast, der dir noch mehr Informationen dazu geliefert hat.

Internetrecherche

Damit du dich bei deiner Recherche im „world wide web" nicht verlierst, solltest du gezielt vorgehen:

- Stelle dir zunächst eine detaillierte Liste für Suchbegriffe zusammen. Je enger und genauer du den oder die Begriffe formulierst, desto höher sind deine Erfolgschancen.
- Mit Hilfe von sogenannten Operatoren kannst du noch genauer suchen: Schreibe ein +-Zeichen oder „und" zwischen zwei Begriffe, wenn alle Begriffe im Suchergebnis enthalten sein sollen. Setze mehrere Begriffe in Anführungszeichen, wenn du genau diese Formulierung oder den Namen suchst (zum Beispiel „Hans Küng" oder „soziale Rolle").
- Notiere dir stets die gesamte Internetadresse und das Datum deiner Recherche, damit du den Fundort deiner Informationen immer angeben kannst. Am besten kopierst du den Link in eine Datei.
- Vergewissere dich, ob die Informationen zuverlässig und glaubwürdig sind. Da jedermann im Internet seine Meinung verbreiten kann, findet man hier auch viele Unwahrheiten. Vertrauenswürdige Seiten mit zuverlässigen Informationen sind zum Beispiel die Internetseiten von Behörden und Institutionen (zum Beispiel Bibliotheken, Museen, Universitäten) oder von Tageszeitungen und Nachrichtenagenturen, die überregional bekannt sind. Folgende Fragen zur Zuverlässigkeit der Internetseite kannst du beispielsweise stellen: Wer sind die Autoren, wer hat die Seite ins Netz gestellt (Impressum)? Wie aktuell sind die Informationen? Wann war das letzte Update? Gibt es Literatur- oder Quellennachweise?

Mindmapping

Mindmap, wörtlich „Gedächtnislandkarte", ist eine Methode, Informationen zu ordnen und zu veranschaulichen. Dabei werden Gedanken in Begriffe oder Symbole gefasst und in einem Bild dargestellt. Auf diese Weise soll deutlich werden, wie die einzelnen Begriffe zusammenhängen. Das Thema der Mindmap steht im Mittelpunkt des Blattes, die Hauptgedanken bilden die Äste, von denen wiederum Nebenäste abzweigen können. Sie eignen sich auch gut dazu, Assoziationen, Gedanken, Vorstellungen und Wünsche von mehreren Personen in einer „map" darzustellen. Hier ein Mindmap-Beispiel für deine Gruppen als „Rollenspieler" (siehe S. 14f.):

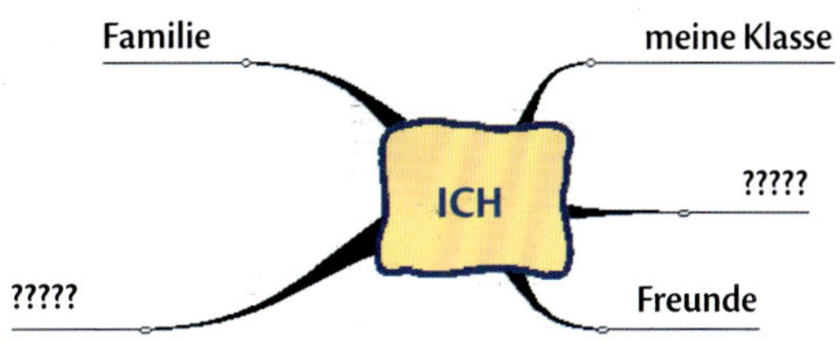

Museumsgang (Gallery Walk)

Bei dieser Methode werden die Ergebnisse unterschiedlicher Gruppen (Expertengruppen) einer Arbeitsphase, z. B. dem > Standbild oder der > Plakatgestaltung, ausgewertet. Nach der Fertigstellung werden die Ergebnisse festgehalten und anschließend wie in einer Ausstellung vorgestellt. Hierzu werden neue Gruppen gebildet, in denen die Mitglieder der früheren Expertengruppe auf alle Gruppen gleichmäßig verteilt werden (bei ursprünglich vier Expertengruppen müssten also in jeder Gruppe des Museumsgangs vier Experten aus den verschiedenen Expertengruppen sein). Die Gruppen gehen dann durch das Museum und begutachten die „Ausstellungsstücke". Jeweils das Gruppenmitglied, das an dem Ausstellungsstück mitgearbeitet hat, präsentiert den anderen das Ergebnis seiner Expertengruppe.

Perspektivenwechsel

Für die moralische Beurteilung ist es wichtig, den Blickwinkel (die Perspektive) zu wechseln und den Platz eines anderen einzunehmen, um ein Problem von einer anderen Seite aus zu sehen. Um dich in die Lage einer anderen Person versetzen zu können, kannst du folgende Vorüberlegungen anstellen:

1. Beschreibe, wie du dich siehst.
2. Stell dir vor, du wärest ein anderer. Zum Beispiel: dein bester Freund oder deine beste Freundin oder die Person, die neben dir sitzt.
3. Kannst du sagen, wie es ist, diese andere Person zu sein? *Wie* kannst du das sagen? Gibt es irgendwelche Anhaltspunkte?

Wenn ihr die Rollen vertauscht und euch selbst mit den Augen des anderen seht, entdeckt ihr vielleicht, welche Bedeutung die Ereignisse für die andere Person haben, und erkennt besser die Probleme des anderen und die Gründe für sein Verhalten.

Placemat

Beim Placemat (deutsch: „Platzdeckchen") wird pro Gruppe eine große Papiervorlage ausgeteilt, die in Einzelfelder und ein großes Gemeinschaftsfeld in der Mitte aufgeteilt ist. Jedem Gruppenmitglied wird ein Einzelfeld zugeordnet. Der Arbeitsauftrag der Gruppe besteht darin, eine Aufgabe aus einer oder mehreren Fragen zu bearbeiten, zu der möglichst viele Antworten gefunden werden sollen. Und so geht ihr dabei vor:

1. Jede Gruppe zeichnet sich auf dem Papier ein „Deckchen" in einer beliebigen Form.
2. Jeder Teilnehmer und jede Teilnehmerin hat außen ein eigenes Feld, um eigene Gedanken zu der Fragestellung zu notieren (Einzelarbeit).
3. Nach der Einzelarbeit tauscht ihr euch in der Gruppe über eure individuellen Antworten aus, indem das „Deckchen" rotiert und ihr gegenseitig eure Ergebnisse zur Kenntnis nehmt.
4. Anschließend einigt ihr euch auf diejenigen Antworten, die ihr als gemeinsames Ergebnis in das mittlere Feld eintragt.
5. Zum Schluss wird das mittlere Feld ausgeschnitten und die Ergebnisse werden im Klassenraum präsentiert.

Plakatgestaltung

Auf folgende Punkte solltet ihr achten:

- Meine Überschrift ist groß und deutlich.
- Mein Plakat ist bunt gestaltet.
- Mein Plakat ist übersichtlich.
- Mein Plakat ist mit Bildern und / oder Zeichnungen geschmückt.
- Mein Plakat enthält alle wichtigen Angaben.
- Ich habe eine besondere Textstelle ausgesucht und auf meinem Plakat festgehalten.
- Ich habe den Inhalt meines Themas kurz in eigenen Worten wiedergegeben.
- Meine Schrift ist sauber, ordentlich und gut lesbar.
- Ich habe alles richtig geschrieben.

Präsentation

Auf dem Weg zum eigenen Thema

Überlege für dich: Wovon bin ich sofort berührt? Was möchte ich untersuchen bzw. klären? Welche Fragen stellen sich mir?

- Überlege zum Thema: Worum geht es? Habe ich schon Vorkenntnisse? Welche unterschiedlichen Auffassungen zum Thema gibt es? In welchem Zusammenhang mit dem Unterricht steht mein Thema?
- Daraus folgen Überlegungen zum Publikum: Was wissen meine Mitschüler und Mitschülerinnen schon über das Thema? Wo kann ich anknüpfen? Wie kann ich ihr Interesse wecken?

Wer sucht, der findet – Recherche

Vergleiche die Hinweise zur > Internetrecherche.

Wie sag ich's dir? – Vortrag

Vergleiche die Hinweise zum Halten einer Rede (> Rede halten).

Das will ich sehen! – Veranschaulichung

- Setze Medien und Anschauungsmaterial ein, um deine Präsentation zu unterstützen. Überlege dir, welche Medien für deinen Vortrag sinnvoll sind und übertreibe nicht mit dem Medieneinsatz.
- Beschränke dich auf die wichtigsten Punkte und gestalte deine Veranschaulichung möglichst knapp. Denke an das Publikum: Jeder im Publikum muss alle Elemente deiner Veranschaulichung (z. B. Powerpoint, Schaubilder) sehen können. Wichtig sind:

1. **Lesbarkeit:** Druckbuchstaben in Groß- und Kleinschreibung verwenden; Stichworte, keine ganzen Sätze; Schriftgröße nicht zu klein
2. **Anordnung:** logische Struktur (vergleichend/gegensetzend, dem zeitlichen Ablauf nach, reihend ...); Übersichtlichkeit, möglichst einfache Darstellung, Leserichtung (von links nach rechts, von oben nach unten)
3. **Gestaltung:** sinnvoller Farbeinsatz (dunkle Töne für die Schrift, maximal drei Farben, Symbolcharakter der Farben beachten); Blattaufteilung vornehmen; Gestaltungselemente sinnvoll einsetzen (Pfeile, Symbole, Diagramme, Karten, Grafiken, Bilder ...); ausgewogenes Verhältnis zwischen Schrift und Bild
4. **Organisation:** Dauer der Präsentation einzelner Darstellungen vorher überlegen; eigenen Standort festlegen

Rede halten

Eine Rede zu halten, der das Publikum auch interessiert folgt, ist gar nicht so einfach. Hier ein paar Tipps zur Vorbereitung und Durchführung:

Rede vorbereiten

1. Checkliste erstellen:
   - Warum halte ich diese Rede? (Ziel)
   - Zu wem rede ich? (Adressaten)
   - Worüber möchte ich sprechen? (Inhalt)
   - Wie möchte ich mein Anliegen „rüberbringen"? (Formulierungen, Körpersprache)
2. Entscheide dich für einen inhaltlichen Schwerpunkt deiner Rede und recherchiere gründlich.
3. Gliedere die Informationen logisch und nachvollziehbar.
4. Formuliere deine Rede aus. Die Anrede richtet sich nach deinem Publikum. Wichtig ist vor allem der Einstieg (denkbare „Aufhänger" sind Fragen, Zitate, eine bewusste Herausforderung/Überraschung ...).
5. Notiere dir Stichpunkte (auch Zahlen oder Punkte, die man leicht vergisst) aus deiner ausformulierten Rede auf Karteikarten.
6. Übe deine Rede am besten vor einer dir vertrauten Person. Achte vor allem auf die Redezeit!

Rede halten

1. Warte ab, bis dein Publikum nicht mehr redet und begrüße es angemessen.
2. Halte Blickkontakt und sprich frei, Ablesen ist ein absolutes Tabu!
3. Sprich nicht zu schnell, sondern klar und deutlich, mit Pausen.
4. Kontrolliere deine Gestik.
5. Fasse deinen Gedankengang am Ende der Rede noch einmal genau zusammen.
6. Bedanke dich bei deinem Publikum für die Aufmerksamkeit.

Rollenspiel

Bei einem Rollenspiel schlüpfen die Teilnehmer wie im Theater in die Rolle einer anderen Person. Im Unterschied zum Theater jedoch sind beim Rollenspiel die Rollen nicht so genau vorgeschrieben, obwohl es auch hier oft sinnvoll ist, Rollenkarten mit genauen Informationen über die zu spielende Person vorzugeben (Beruf, Name, Alter, Einstellungen, Interessen und Verhaltensweisen usw.). Mit Hilfe eines Rollenspiels lassen sich zum Beispiel gut

- die Verhaltensweisen anderer verständlicher und nachvollziehbarer machen,
- Konflikte darstellen und analysieren,
- neue Verhaltensweisen einüben und trainieren,
- die Beobachtungs- und Wahrnehmungsfähigkeit verbessern.

Rollenspiele können in verschiedenen Situationen hilfreich sein. Auch wenn es verschiedene Arten und Einsatzmöglichkeiten von Rollenspielen gibt, sollte jedes Rollenspiel folgende drei Phasen haben:

1. **Vorbereitungsphase:** Hier werden – meist in Gruppen – beispielsweise die Ausgangslage besprochen, die Rollen genauer festgelegt und verteilt. Zugleich werden Beobachtungsaufträge oder Protokolle vergeben.
2. **Durchführungsphase:** Die „Szene" wird gespielt und die Nicht-Spieler beobachten, ob das Spiel realistisch (wirklichkeitsgetreu) abläuft, wer sich wie verhält usw.
3. **Auswertungsphase:** Die Beobachter und Beobachterinnen berichten und tauschen ihre Beobachtungen aus, die Spieler und Spielerinnen beschreiben, wie sie sich gefühlt haben, und erläutern eventuell ihr Verhalten. Man kann auch Verhaltensalternativen besprechen oder das Spiel nochmals wiederholen. Wichtig bei der Auswertung ist, dass „Rollenspieler" mit ihrem Rollennamen angeredet werden, damit sie weiter in ihrer Rolle bleiben und es zu keiner Verwechslung zwischen Person und Rolle kommt. Es kann deshalb hilfreich sein, Namenskärtchen zu tragen.

Schreibanlässe

Durch Schreibanlässe erhaltet ihr Anstöße, eure eigenen Gedanken und Gefühle zu formulieren und dadurch eigene Antworten auf bestimmte Fragen zu finden. Die Schreibanlässe können vielfältig sein und reichen von journalistischen Formen wie Zeitungsartikeln bis hin zu subjektiven, persönlichen Formen wie Blog- oder Tagebucheinträgen und (fiktiven, erdachten) Briefen. Wenn du beispielsweise einen Brief an dich selbst schreibst, kannst du eine fremde Perspektive (einen fremden Blickwinkel) einnehmen, denn dann stellst du dir vor, dass jemand anderes an dich schreibt. Um Figuren in einem Text besser verstehen zu können, kann man auch kreativ in einen Text eingreifen und z. B. eine Szene aus einer anderen Perspektive neu schreiben. Oft werden Texte auch mit einem offenen Ende präsentiert, so dass du aufgefordert wirst, durch das Weiterschreiben eine eigene Lösung zu finden. Weitere Schreibformen sind z. B. das > Schreibgespräch, das Erstellen von Definitionen oder Dialogen oder das Verfassen innerer Monologe.

Schreibgespräch

Beim Schreibgespräch notiert ihr eure Gedanken zu einem Thema. Wichtige Regeln sind:

- Es darf nicht gesprochen werden!
- Das Blatt liegt entweder in der Mitte des Tisches oder wird reihum gereicht.
- Schreibt nicht einfach wild drauflos, sondern lasst euch Zeit, eure Gedanken zu formulieren.
- Es schreibt immer nur eine Person.
- Jeder schreibt nur, wenn er dran ist.
- Alle sollen einmal drankommen.
- Aussetzen ist erlaubt, wenn einer keine Idee hat.
- Es ist erlaubt, Einträge von anderen schriftlich zu kommentieren oder weiterzudenken.

Sprech- und Gedankenblasen

Zu einer Person in einem Bild zeichnet ihr eine Sprech- und Gedankenblase, in die ihr schreibt, was dieser Person durch den Kopf geht bzw. was sie sagen könnte. Verwendet für die Gedanken und Aussagen dabei die Ich-Form, als ob ihr selbst die Person wärt und diesen Gedanken habt.

Standbilder

Bildet Gruppen von vier bis fünf Schülerinnen und Schülern, die gemeinsam ein Standbild bauen. Ein Schüler oder eine Schülerin wird zum „Denkmalbauer" bestimmt. Aus den anderen wird ein Denkmal gebaut, das einen Text am besten darstellt. Der Denkmalbauer darf mit seinen Darstellerinnen und Darstellern nicht reden, sondern muss stumm sein Denkmal bauen und einfrieren lassen („Freeze"). Das Standbild kann anschließend besprochen, festgehalten (Foto) oder verändert werden, z. B. durch einen anderen Denkmalbauer oder die Klasse.

Statistiken und Schaubilder auswerten

Statistiken, oft in Schaubildern dargestellt, sind die zahlenmäßige Erfassung und systematische Ordnung von Informationen. Um sie zu untersuchen, solltet ihr unterschiedliche Schritte beachten:

1. **Fragestellung/Thema bestimmen:** Was ist das Thema des Diagramms oder Schaubilds Lies genau die Überschrift der Darstellung.
2. **Darstellungsform bestimmen**: Werden die Daten in Tabellen, Schaubildern oder Diagrammen dargestellt? Diagramme sind gezeichnete Zahlenwerte. Es gibt verschiedene Arten von Diagrammen:
   a) In **Balkendiagrammen** lassen sich verschiedene Zahlenwerte gut miteinander vergleichen.
   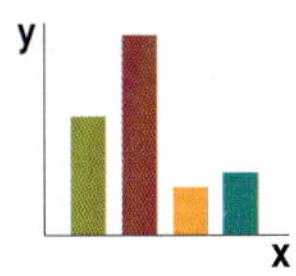

   b) Durch **Kurvendiagramme** können zeitliche Entwicklungen gut dargestellt werden.
   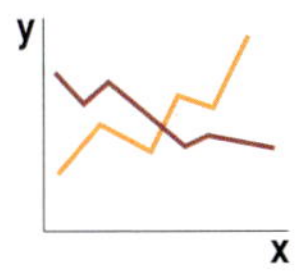

   c) **Kreisdiagramme** lassen die jeweiligen Anteile an der Gesamtmenge gut erkennen.
   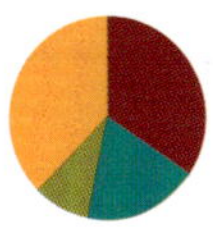

In **Schaubildern** sind die Zahlendiagramme mit grafischen Elementen und Bildern verbunden. Dadurch soll die Aussage der Zahlen deutlicher gemacht und veranschaulicht werden – damit sie sich besser und schneller einprägt.

3. **Diagramm/Schaubild beschreiben:**
   - Welche Informationen wurden gesammelt? Zum Beispiel bei Umfragen: Wer ist gefragt worden? Was genau ist gefragt worden?
   - Werden die Mengenangaben in absoluten Zahlen (dann steht dort zum Beispiel „in tausend" oder „in Millionen") oder in Prozentanteilen angegeben? Bei Prozentanteilen ist wichtig festzustellen, auf welche Basisgröße Bezug genommen wird.
4. **Statistik auswerten:** Um aus einer Statistik Aussagen gewinnen zu können, solltet ihr Auffälligkeiten beachten:
   - Gibt es besonders hohe oder besonders niedrige Werte?
   - Sind bestimmte Entwicklungen festzustellen, wenn beispielsweise die Informationen zu verschiedenen Zeitpunkten erhoben worden sind? Versuche abschließend, die Gesamtaussage des Diagramms in ein bis zwei Sätzen zu formulieren.

Think-Pair-Share

Think-Pair-Share (denken – austauschen – teilen) gliedert sich in drei Phasen:

- In der ersten Phase (Think) denkt jeder von euch still und für sich selbst über die Antwort auf eine bestimmte Frage nach. Es kann hier sinnvoll sein, dass ihr eure Antworten in Stichworten notiert.
- In der zweiten Phase (Pair) bildet ihr Zweiergruppen und teilt eurem Partner oder eurer Partnerin jeweils eure Antworten auf die Frage mit. Achtet darauf, eure Gedanken klar zu formulieren und euch gegenseitig gut zuzuhören.
- In der dritten Phase (Share) stellt ihr eure Antworten jeweils einer anderen Zweiergruppe vor und besprecht sie. So könnt ihr dann in der Gruppe über die verschiedenen Überlegungen ins Gespräch kommen und euch darüber austauschen.

Wandzeitung

Eine Wandzeitung kann dazu dienen, Arbeitsergebnisse zu präsentieren oder zusätzliche Informationen zu vermitteln. Sie besteht aus einer Sammlung von Zeitungsartikeln, selbstgeschriebenen Texten, Fotos etc. Bei der Herstellung muss darauf geachtet werden, dass die Seiten einen klaren Aufbau haben, dass die einzelnen Beiträge eine Struktur aufweisen und gestalterische Teile beinhalten.

Textnachweise

Wer bin ich?

S. 8/9: Monika Sänger

S. 10/11: M2 Steffi Müller (Originalbeitrag); M3 Lewis Carroll: Alice im Wunderland. Deutsch von Siv Bublitz. Hamburg: Rotfuchs 1993, S. 52-53

S. 12/13: M2 Karin Bolte. In: Dietrich Steinwede/Sabine Ruprecht: Vorlesebuch Religion 3. Lahr: Kaufmann-Verlag 1979, S. 43ff.

S. 14/15: M1 nach https://de.wikipedia.org/wiki/Arnold_Schwarzenegger (abgerufen am 25.11.2016); M2/M3 nach Winfried Böhm

S. 16/17: M2/M3 Eike Kühl: Seht her, ich bin beliebt! In: Zeit online, 05.02.2015. Online: http://www.zeit.de/digital/internet/2015-02/younow-streaming-jugendschutz-stalker (abgerufen am 17.06.2016)

S. 18/19: M1 Steffi Müller (Originalbeitrag); M2 Héctor Zagal/José Galindo: Ethik für junge Menschen. Grundbegriffe – Positionen – Probleme. Aus dem Spanischen übersetzt von Bernd Goebel. Reclam: Stuttgart 2000, S. 42, 47; M3 Text vor dem Bild: Werner Stangl: Entwicklungsaufgabe. Lexikon für Psychologie und Pädagogik. Online: http://lexikon.stangl.eu/3896/entwicklungsaufgabe/ (abgerufen am 28.11.2016); Texte im Bild: Steffi Müller (Originalbeitrag)

S. 20/21: M1 Global lernen 03/2002. Institut für Friedenspädagogik (Hg.). Tübingen 2002; M2/M3 Steffi Müller (Originalbeiträge)

S. 22/23: M1 nach Liane von Billerbeck: Wie man in Deutschland erwachsen wird. Sie werden früher geschlechtsreif und später flügge. Dazwischen suchen Jugendliche ihr Ich. In: Die Zeit, 06.11.2003. Online: www.zeit.de/2003/46/D-Erwachsen (abgerufen am 25.11.2016); M2 Wozu erwachsen werden? Online: http://www.labbe.de/mellvil/index_kk.asp?themaid=8&titelid=52&titelkatid=0&move=1 (abgerufen am 25.11.2016); M3 Verlagsredaktion; M4 Steffi Müller (Originalbeitrag)

S. 24/25: M1 nach Eva Müller; M2 nach Jörg Peters; M3 nach Jörg Peters, basierend auf http://de.wikipedia.org/wiki/Konfirmation (Stand: 07.04.2009) und www.augustinus.de/bwo/dcms/sites/bistum/glauben/sakramente/firmung.html (Stand: 07.04.2009); M4 Steffi Müller (Originalbeitrag); M5 Eva Mahongo Rauter: Das Mädchen lernt tanzen. – Die weibliche Initiation bei den Luvale. In: Marie-José van de Loo / Margarete Reinhard: KINDER – Ethnologische Forschungen in fünf Kontinenten. München: Trickster Verlag 1993, S. 351 sowie Eva Mahongo Rauter: *Litungu Lya Mwali. – Mädcheninitiation bei den Luvale und verwandten Ethnien.* Diplomarbeit an der Grund- und Integrativwissenschaftlichen Fakultät der Universität Wien. Wien 1993, S. 19, 22-23. Jeweils zitiert nach: Isabella Andrej: Matrilineare Gesellschaften. Eine Untersuchung aus ethnologischer und historischer Sicht. Diplomarbeit zur Erlangung des Magistergrades der Philosophie an der Grund- und Integrativwissenschaftlichen Fakultät der Universität Wien. Wien 1998. Online: http://elaine.ihs.ac.at/~isa/diplom/ (abgerufen am 12.05.2017)

S. 26/27: M2 Luise Rinser: Die Wozu-Frage. In: Hans Peter Richter (Hg.): Wozu leben wir? Schriftsteller antworten jungen Menschen auf die Frage: Wozu leben wir? Freiburg/Breisgau: Herder 1968, S. 43ff.; M3 Monika Sänger; M4 nach Jörg Peters/Bernd Rolf: Glückseligkeit und Tugend. Aristoteles: Nikomachische Ethik. In: Jörg Peters/Bernd Rolf: Kant & Co. im Interview. Fiktive Gespräche mit Philosophen über ihre Theorien. Stuttgart: Reclam 2009, S. 71-73; M5 Steffi Müller (Originalbeitrag) mit einem Zitat aus der Unabhängigkeitserklärung: „Streben nach Glück". Auszug aus der Unabhängigkeitserklärung vom 4. Juli 1776. In: Spiegel online, 21.10.2008. Online: http://www.spiegel.de/spiegel/spiegelspecialgeschichte/d-61389117.html (abgerufen am 23.10.3016)

S. 28/29: M1/M2 Michael Horeni: Die Brüder Boateng. Drei deutsche Leben zwischen Wedding und Weltfußball. Köln: Bastei Lübbe 2014, S. 33f., S. 94 (Kevin-Prince), S. 148, 42 (George), S. 166 (Jérome)

S. 30/31: M1 Andreas Tillmann: Wie ist das mit dem Magnetismus? Online: http://www.kids-and-science.de/kinderfragen/detailansicht/datum/2009/08/05/wie-ist-das-mit-dem-magnetismus.html (abgerufen am 10.06.2016) und Dursun Tan. In: Bundeszentrale für politische Bildung: Erwachsenwerden vor dem Hintergrund unterschiedlicher Religionen und Weltanschauungen. Hg. von Ursula Röper/Ruthild Hockenjos. Bonn: 2007, S. 33f.; M3 Cat Stevens: Father and son (Eigenübersetzung, frei nach http://www.songtexte.com/uebersetzung/cat-stevens/father-and-son-deutsch-3bd6b074.html); M4 Glasperlenspiel: Geiles Leben. Text: Philipp Albinger/Daniel Grünberg/Philipp Klemz/Carolin Niemczyk/Christian Raab/Peter Stanowsky © At The Beginning Edition/Rudi Schedler Musikverlag GmbH, Reutte/Edition Heimspiel bei Universal Music Publishing GmbH, Berlin/Rolf Budde Musikverlag GmbH, Berlin/Sony/ATV Music Publishing (Germany) GmbH, Berlin

S. 32/33: M1 Winfried Böhm; M2 Steffi Müller (Originalbeitrag)

S. 34/35: Methodenkompetenz/M2/M3 Steffi Müller (Orginalbeiträge); M2 nach Sophia Gerber

S. 36/37: M Steffi Müller (Originalbeitrag)

Miteinander leben

S. 40/41: M2 Fernando Savater: Tu, was du willst. Ethik für Erwachsene von morgen. Aus dem Spanischen von

Wilfried Hof. 9. Auflage. Frankfurt/Main, New York: Campus 1997, S. 60-61; M3 Héctor Zagal/José Galindo: Ethik für junge Menschen. Grundbegriffe – Positionen – Probleme. Aus dem Spanischen übersetzt von Bernd Goebel. Stuttgart: Reclam 2000, S. 96-97; M4 David Hume: Eine Untersuchung über die Prinzipien der Moral. Übersetzt und hg. von Gerhard Streminger. Stuttgart: Reclam 1984, S. 240-241

S. 42/43: M1 Falco: Egoist. Text: Steve Van Velvet. © Edition Diana HC/SMPG Publishing (Germany) GmbH, Berlin/HC Publishing GmbH & Co. KG; M2 nach Monika Sänger; M3 Peter Singer: Wie sollen wir leben? Ethik in einer egoistischen Zeit. Aus dem Englischen von Hermann Vetter. München: dtv 1999, S. 101, 121; M4 Wolfgang Stegmüller: Hauptströmungen der Gegenwartsphilosophie. Band IV. Stuttgart: Kröner 1998, S. 248

S. 44/45: M1 nach Anja Dworski: Was ist Inklusion? Online: http://www.inklusion-in-sachsen.de/de/inklusion-und-brk/inklusion/index.php (abgerufen am 17.01.2017); M2 Mathias Krupa: Der Rollstuhl muss mit! In: Die Zeit, 23.07.2009; M3 Zitate aus Videoporträts. Online: http://www.inklusion-brandenburg.de/videoportraets.html (abgerufen am 17.01.2017)

S. 46/47: M1 basierend auf http://definitiononline.de/zivilcourage/ und https://de.wikipedia.org/wiki/Zivilcourage (abgerufen am 17.06.2015); M2 Katrin Minarek. In: Arbeitsgemeinschaft Jugend und Bildung e.V. (Hg.): Nur Mut – Zivilcourage lernen. Infos, Tipps und Übungen für Jugendliche. Wiesbaden 2006, S. 3. Online: www.bastanet.de/files/21/NurMut_221106.pdf (abgerufen am 17.11.2010); M3 nach Winfried Böhm; M4 nach http://www.aktiontuwas.de/ (abgerufen am 17.06.2015)

S. 48/49: M1 Sabine Thor-Wiedemann: Liebe, Sex & Co. Ravensburg: Ravensburger Buchverlag 2006, S. 50f.; M2 Christa Bohschke; M3 Text: Herbert Grönemeyer: Es hat mich wieder erwischt © Grönland Musikverlag, Berlin

S. 50/51: M1 Zitate teilweise nach http://liebe-ist.net (abgerufen am 13.01.2017); M2 Erich Fromm: Die Kunst des Liebens. Neu übersetzte Ausgabe. Übersetzt von Liselotte und Ernst Mickel. Frankfurt/Main, Berlin, Wien: Ullstein 1980, S. 58, 60; M3 Verlagsredaktion, teilweise basierend auf Erich Fromm: Die Kunst des Liebens. Neu übersetzte Ausgabe. Übersetzt von Liselotte und Ernst Mickel. Frankfurt/Main, Berlin, Wien: Ullstein 1980, S. 85-92; M4 nach Bundeszentrale für gesundheitliche Aufklärung (Hg.): Heterosexuell? Homosexuell? Sexuelle Orientierungen und Coming out ... verstehen, akzeptieren, leben. Erweiterte Neuauflage. Köln 2004, S. 71

S. 52/53: M2 Sprechblasen von Boris und Simone, basierend auf Sabine Thor- Wiedemann: Liebe, Sex & Co. Das Aufklärungsbuch für Jugendliche. Ravensburg: Ravensburger Buchverlag 2006, S. 63, Sprechblase von Max, basierend auf Kirstin Holighaus: Im Chaos der Gefühle. Weinheim, Basel, Berlin: Beltz & Gelberg 2003, S. 99f., Sprechblasen von Philipp, Anna, Judith: nach Christa Bohschke; M3 Silbermond: Symphonie. Text: Stefanie Kloss/Andreas Nowak/ Johannes Stolle/Thomas Stolle © Silbermond Musikverlag GmbH bei BMG Rights Management GmbH, Berlin; M4 nach Wolfgang Lenzen: Sex, Leben, Tod und Gewalt. Eine Einführung in die Angewandte Ethik/Bioethik. Münster 2013. LIT Verlag, S. 52-53

S. 54/55: M1 Henning Engelen: Liebe. Weshalb wir lieben und leiden, uns verbinden, trennen und betrügen müssen. In: GEO 01/1997 und Ursula Nuber: Partnerwahl: Wer passt zu mir? In: Psychologie heute 01/1997; M2 Doris Wolf: Eine Partnerschaft muss keine Lotterie sein. Online: https://www.partnerschaft-beziehung.de/ (abgerufen am 17.02.2017)

S. 56/57: M1 Christa Bohschke; M2/M3 Beate Herkendell/Christine Knödler: Zu zweit, zu dritt, zusammen: Freundschaft. München: dtv pocket reader 2002, S. 16f., 22f.

S. 58/59: M1 Joanne K. Rowling: Harry Potter und der Stein der Weisen. Übersetzt von Klaus Fritz. 17. Auflage. Hamburg: Carlsen Verlag 1998, S. 305-308; M2 nach Cicero: Laelius – Über die Freundschaft. Übersetzt von Robert Feger. München: Heyne Ex Libris, Wilhelm Heyne Verlag, München 1976, § 22, S. 32-34, nach Aristoteles: Nikomachische Ethik. Übersetzung und Nachwort von Franz Dirlmeier. Stuttgart: Reclam 1987, S. 213-218; Michel de Montaigne: Die Essais. Hg. von Arthur Franz. Sammlung Dieterich, Bd. 137. Leipzig: Dieterich'sche Verlagsbuchhandlung 1953, S. 111

S. 60/61: M1 nach Beatrix Schnippenkoetter: Ich wäre gern ein Huhn. Was Kinder aus aller Welt erleben und sich erträumen. Frankfurt/Main: Campus 2006; M2 http://www.internetabc.de/eltern/whatsapp-kinder-jugendliche-funktionen.php (abgerufen am 09.06.2015); M4 Gideon Ötinger: Amerikanerin fotografiert ihre Freunde aus dem virtuellen Leben. In: www.tagblatt.de, 24.04.2014. Online: http://www.tagblatt.de/Nachrichten/Amerikanerin-fotografiert-ihre-Freunde-aus-dem-virtuellen-Leben-85838.html (abgerufen am 09.06.2015)

S. 62/63: M1 Christa Bohschke/Jörg Peters, basierend auf http://www.gutefrage.net/frage/wie-findet-ihr-diesen-spruch-von-einer-freundin (Stand 01.01.2010), Beispiele Lukas und Hilal nach Winfried Böhm; M2 Winfried Böhm; M3 nach Klaus Draken

S. 64/65: Methodenkompetenz/M2/M3 Angelika Rzehak; M1 nach Angelika Rzehak

S. 66/67: M Sebastian Küllmei (Originalbeitrag)

Menschsein

S. 70/71: M1/M3 Peter Menzel (Fotos)/Faith D'Aluisio (Text): What the world eats. Berkeley/Toronto: Tricycle Press, 2008, S. 70-73, 108-113 (Übersetzung/Informationszusammenstellung: Bernd Rolf); M2 Bernd Rolf

S. 72/73: M2 nach Fernando Savater: Tu, was du willst. Ethik für Erwachsene von morgen. Aus dem Spanischen von Wilfried Hof. 9. Auflage. Frankfurt/Main, New York: Campus 1997, S. 70-71; M3 nach Gerhard Gräber

S. 74/75: M2 nach Jörg Peters, basierend auf diversen

Internet-Artikeln; M3 Bernd Rolf, frei nach Interviews von Klaus F. Schmidt mit verschiedenen Fernsehsendern. Online: http://www.nichts-geht-mehr.info (Stand: 20.06.2011)

S. 76/77: M1 Robert Nozick: Anarchie, Staat, Utopia. Aus dem Amerikanischen übertragen von Dr. Hermann Vetter. München: Olzog 2011, S. 74f.; M3 Jörg Peters/ Martina Peters/Bernd Rolf. M4/M5 Christiane F.: Wir Kinder vom Bahnhof Zoo. Nach Tonbandprotokollen aufgeschrieben von Kai Hermann und Horst Rieck. Lizenzausgabe des Deutschen Bücherbundes GmbH&Co. Hamburg: Gruner + Jahr o.J., S. 60f., 76, 123

S. 78/79: M1 Bundeszentrale für gesundheitliche Aufklärung (Hg.): Über Drogen reden. Köln 2005, S. 12-13; M2 http://www.kenn-dein-limit.info/alkohol-in-zahlen.html (abgerufen am 15.12.2016); M3 Warum nicht mal ein Bierchen mit den Kindern, Herr Schmid? Ein Interview von Heribert Klein und Franz Josef Görtz. In: FAZ (Beilage), 29.08.1997, S. 42-43; M4 nach Jugendschutzgesetz. Online: http://www.gesetze-im-internet.de/juschg/ (abgerufen am 17.02.2017)

S. 80/81: M1 Angelika Unger: Jugendliche und Rauchen: „Affig, von 'nem Stängel abhängig zu sein". In: www.stern.de, 31.05.2007. Online: http://www.stern.de/gesundheit/rauchen-aufhoeren/jugendliche-und-rauchen--affig--von--nem-staengel-abhaengig-zu-sein--3356436.html (abgerufen am 15.12.2016); M2 Questions for David Davies, Senior Vice-President, Corporate Affairs, Philip Morris International, National Press Club, Canberra, March 23 2005, Question 7 (Q7). Online: http://www.docstoc.com/docs/32450314/2351-Tobacco-Facts-Press-Club (Stand: 20.06.2011, Übersetzung: Jörg Peters); M3 nach Allen Carr: Was passiert, wenn ich mit dem Rauchen aufhöre?". Online: www.allen-carr.de/privat/rauchen-aufhoeren.aspx (Stand: 22.11.1011) © Easy-well GmbH; M4 Jörg Peters/Martina Peters/ Bernd Rolf

S. 82/83: M1 Warum nicht mal ein Bierchen mit den Kindern, Herr Schmid? Kinder stark machen. Ein Interview von Heribert Klein und Franz Josef Görtz. In: FAZ (Beilage), 29.08.1997, S. 42-43; M2 Kerstin Jüngling. In: Focus Schule online, 23.9.2009. Online: http://www.focus.de/schule/gesundheit/tid-13459/modedrogendrogenpraevention-so-erreicht-manjugendliche_aid_373380.html (Stand: 03.07.2011)

S. 84/85: M1 nach Winfried Böhm; M2 Rainer Erlinger: Lügen haben rote Ohren. Gewissensfragen für große und kleine Menschen. Berlin: List 2004, S. 9-10; M3 nach Rita Sandbrink; M4 Bertolt Brecht: Der Jasager und Der Neinsager. In: Ders.: Lehrstücke. Reinbek bei Hamburg: Rowohlt 1966, S. 17

S. 86/87: M2 Winfried Böhm, basierend auf Rainer Erlinger: Lügen haben rote Ohren. Gewissensfragen für große und kleine Menschen. Berlin: List 2004, S. 49-51; M3 Monika Sänger; M4 nach Augustinus: Sermo 12,4.Vgl. Karl Hörmann: Lexikon der christlichen Moral. Innsbruck: Tyrolia Verlag 1969, Sp. 706f.; Jörg Peters/Bernd Rolf

S. 88/89: M2 www.gewissen.de (abgerufen am 01.03.2016); M3 nach Ernst Tugendhat/Celso López/Ana María Vicuña: Wie sollen wir handeln? Schülergespräche über Moral. Übersetzt von Reinhard Schwemmler. Stuttgart: Reclam 2004, S. 35-36

S. 90/91: M1 Jakob und Wilhelm Grimm: Kinder- und Hausmärchen. Online: http://www.textlog.de/40116.html (abgerufen am 15.5.2015); M2 nach Winfried Böhm; M3 Birgit Danderski, basierend auf Wolfgang Uchatius: Eine Frage des Respekts. In: Die Zeit, 30.04.2009. Online: http://www.zeit.de/2009/19/PD-Juul (abgerufen am 29.02.2016)

S. 92/93: M2 nach Christian Nürnberger: Martin Luther. Auf der Suche nach dem gnädigen Gott. In: Ders.: Mutige Menschen für Frieden, Freiheit und Menschenrechte. Mit Illustrationen von Katharina Bußhoff. Stuttgart, Wien: Gabriel Verlag (Thienemann Verlag GmbH) 2008, S. 81-93; M3 Eric Till: Luther. Er veränderte die Welt für immer. Spielfilm. Mathias Film Stuttgart. BRD 2003

S. 94/95: Methodenkompetenz: Methode entwickelt von Selim Akarsu (Originalbeitrag); M2 Pablo Neruda: The Great Tablecloth. Online: http://bennorton.com/nerudas-el-gran-mantel-the-great-tablecloth/(abgerufen am 10.08.2016), Übersetzung von Larissa und Selim Akarsu

S. 96/97: M Verlagsredaktion

Den Menschen und die Welt denken

S. 100/101: M1 Stephen Law: Philosophie. Abenteuer Denken. Übersetzt von Anne Braun. Mit Bildern von Daniel Postgate. Würzburg: Arena Verlag 2007, S. 176-177; M2 Robert Zimmer: Denksport Philosophie. Fragen, Argumente, Gedankenspiele. München: dtv 2015, S. 193-194

S. 102/103: M1 Idee nach Luigi Malerba: Wahrhaftige Gespenster. Geschichten. Übersetzt von Karin Fleischanderl. Berlin: Wagenbach 1990, S. 78; M2 Johannes Rohbeck, basierend auf Platon: Protagoras. In: Ders.: Sämtliche Werke. Hrsg. von Walter F. Otto/Ernesto Grassi/Gert Plamböck. Band. 1. Übersetzung von Friedrich Schleiermacher. Hamburg: Rowohlt 1984; M3 Johann Gottfried Herder: Ideen zur Philosophie der Geschichte der Menschheit. In: Herders Werke in fünf Bändern. Band 4. Berlin: Akademie-Verlag 1978, S. 31; M4 Arnold Gehlen: Ein Bild vom Menschen. In: Karl-Siegbert Rehberg (Hg.): Gesamtausgabe. Band 4: Philosophische Anthropologie und Handlungslehre. Frankfurt/Main: Klostermann 1983, S. 53-54; M5 nach Susanne Behlert: Sozialisation: Mensch und Tier im Vergleich (AB). Online: www.digitaleschulebayern.de/ds.py?sid=e7d43cf65a51069d8e&_controller=DSController&faecherid=15&themaid=127&Themenbereich_id=2#docs (abgerufen am 25.02.2016)

S. 104/105: M1 in Anlehnung an die Folge „Bart sells his soul" aus der Animationsserie The Simpsons, 7. Staffel, Folge 4; M2 Helmut Engels; M3 Klaus Hurtz: Schöpfergeist. In: Rheinische Post, 21.10.2006; M4/M5 Helmut Engels

S. 106/107: M1 William Shakespeare: Hamlet, II, 2. Übersetzt von August Wilhelm von Schlegel, nachbearbeitet durch O. Lesch. Online: http://www.william-shakespeare.de/hamlet/hamlet2_2.htm (abgerufen am 17.11.2016); M2 Die Bibel. Übersetzung: Lutherbibel, revidiert 2017. © 2016 Deutsche Bibelgesellschaft, Stuttgart. Online: https://www.die-bibel.de/bibeln/online-bibeln/luther bibel-2017/bibeltext/ (abgerufen am 17.11.2016); M3 Gerald Benedict: Der Fünf-Minuten-Philosoph. 80 gute Antworten auf 80 ewige Fragen. München: dtv 2015, S. 69-70

S. 108/109: M1-M5 nach Bernd Rolf; Zitat in Aufgabe 4 nach Giovanni Pico della Mirandola: Rede über die Würde des Menschen. In: Franz Josef Wetz (Hg.): Texte zur Menschenwürde. Stuttgart: Reclam 2011, S. 82

S. 110/111: M1 Die Bibel. Übersetzung: Lutherbibel, revidiert 2017. © 2016 Deutsche Bibelgesellschaft, Stuttgart. Online: https://www.die-bibel.de/bibeln/online-bibeln/lutherbibel-2017/bibeltext/ (abgerufen am 17.11.2016); M2 Roland Simon-Schaefer: Kleine Philosophie für Berenike. Stuttgart: Reclam 1996, S. 135

S. 112/113: M2 Grundgesetz für die Bundesrepublik Deutschland: Artikel 1. Online: http://www.gesetze iminternet. de/gg/ (abgerufen am 15.06.2015); M3/M4 Matthias Gillissen; M5 Bernd Rolf, basierend auf Immanuel Kant: Grundlegung zur Metaphysik der Sitten. BA 64-67. In: Immanuel Kant: Werke in zehn Bänden. Hg. v. Wilhelm Weischedel. Bd. 6: Schriften zur Ethik und Religionsphilosophie. 1. Teil. Darmstadt: Wissenschaftliche Buchgesellschaft 1983, S. 59-61

S. 114/115: M1 Die Blinden und der Elefant. Online: www.clara-elisen-stift-koeln.de/content/pdfs/maer chen.pdf (abgerufen am 09.11.2016); M2 Jostein Gaarder: Sofies Welt. Ein Roman über die Geschichte der Philosophie. Übersetzt von Gabriele Haefs. München, Wien: Hanser 1993, S. 21-22; M3 Immanuel Kant: Beantwortung der Frage: Was ist Aufklärung? In: Ders.: Kants Werke. Akademie Textausgabe. Bd. VIII: Abhandlugen nach 1781. Berlin: Walter de Gruyter & Co 1968, S. 35

S. 116/117: M1/M2 Stephen Law: Philosophie. Abenteuer Denken. Aus dem Englischen von Anne Braun. Mit Bildern von Daniel Postgate. Würzburg: Arena 2007, S. 9-10, 11-12

S. 118/119: M1 Die Bibel. Ausgewählte Texte mit Bildern von Lisbeth Zwinger. Stuttgart: Deutsche Bibelgesellschaft und Verlag Katholisches Bibelwerk 2000, S. 69

S. 120/121: M2 Robert Zimmer: Denksport Philosophie. Fragen, Argumente, Gedankenspiele. München: dtv 2015, S. 141; M3 Roland Simon-Schaefer: Kleine Philosophie für Berenike. Stuttgart: Reclam 1996, S. 64-66; M4 nach Johannes Rohbeck

S. 122/123: M1/M2 Stephen Law: Philosophie – Abenteuer Denken, Aus dem Englischen von Anne Braun. Mit Bildern von Daniel Postgate. Würzburg: Arena 2007, S. 24ff.

S. 124/125: Methodenkompetenz/M1/M2 Methode entwickelt von Selim Akarsu (Originalbeiträge)

S. 126/127: M Sebastian Küllmei (Originalbeitrag)

Die Welt gestalten

S. 130/131: M2 Bernd Rolf

S. 132/133: M2 Umweltbundesamt: Fünfter Sachstandsbericht des Weltklimarats. In: www.umweltbundesamt.de, 03.11.2014. Online: http://www.umweltbundesamt.de/themen/klima-energie/klimawandel/weltklimarat/fuenfter-sachstandsbericht-des-weltklimarats (abgerufen am 10.10.2016); M3 Informationen basierend auf Bernd Rolf und Fünfter Sachstandsbericht des Weltklimarats. In: www.umweltbundesamt.de, 03.11.2014. Online: http://www.umweltbundesamt.de/themen/klima-energie/klimawandel/weltklimarat/fuenfter-sachstandsbericht-des-weltklimarats (abgerufen am 10.10.-2016); Diagramm aus Al Gore: Eine unbequeme Wahrheit. Die drohende Klimakatastrophe und was wir dagegen tun können. Aus dem Englischen von Richard Barth und Thomas Pfeiffer. München: Riemann Verlag 2006, S. 64f. – IPCC

S. 134/135: M1 Bernd Rolf (Z. 1-27) und Al Gore: Eine unbequeme Wahrheit. Die drohende Klimakatastrophe und was wir dagegen tun können. Aus dem Englischen von Richard Barth und Thomas Pfeiffer. München: Riemann Verlag 2006, S. 26f. (Z. 28 -54); Diagramm CO_2-Konzentration aus Al Gore: Eine unbequeme Wahrheit. Die drohende Klimakatastrophe und was wir dagegen tun können. Aus dem Englischen von Richard Barth und Thomas Pfeiffer. München: Riemann Verlag 2006, S. 66-67 – Quelle: Science Magazine; M2/M3 Bernd Rolf

S. 136/137: M1 Bernd Rolf; M2 nach Al Gore: Eine unbequeme Wahrheit. Die drohende Klimakatastrophe und was wir dagegen tun können. Aus dem Englischen von Richard Barth und Thomas Pfeiffer. München: Riemann Verlag 2006, S. 253 – World Ressources Institute; M3 Verlagsredaktion, basierend u. a. auf http://www.kindersache.de/bereiche/schon-gewusst/umwelt-und-mensch/buch/das-kyoto-protokoll-2-2012-2020 (abgerufen am 10.10.2016)

S. 138/139: M1 Al Gore: Eine unbequeme Wahrheit. Die drohende Klimakatastrophe und was wir dagegen tun können. Aus dem Englischen von Richard Barth und Thomas Pfeiffer. München: Riemann Verlag 2006, S.13; M2 Erdcharta. In: Ervin Laszlo: You can change the world. Report des Club of Budapest. Übersetzt von Peter Spiegel. Stuttgart: Horizonte Verlag 2002, S. 131-134; M3 Religionen für biologische Vielfalt. Hg. von dem Abrahamischen Forum in Deutschland in Zusammenarbeit mit dem Interkulturellen Rat, dem Zentrum Gesellschaftliche Verantwortung der Evangelischen Kirche in Hessen und Nassau (EKHN) und dem Bundesamt für Naturschutz (BfN). Online: https://www.bfn.de/fileadmin/BfN/presse/2015/Dokumente/Religionen_fuer_biologi sche_Vielfalt.pdf (abgerufen am 11.10.2016); Zitat von Papst Benedikt XVI. in Aufgabe 5: Rede Papst Benedikts XVI. im Deutschen Bundestag am 22. September 2011.

© Libreria Editrice Vaticana. Online: https://www.bundestag.de/kulturundgeschichte/geschichte/gastredner/benedict/rede/250244 (abgerufen am 11.10.2016)
S. 140/141: M2-M4, Absatz 1: jeweils nach Gotthard M. Teutsch: Lexikon der Umweltethik. Göttingen, Düsseldorf: Vandenhoeck & Ruprecht, Patmos 1985, S. 8-9, 83-84, 17; M2-M4, Absatz 2 und M5 jeweils nach Andrea Müller-Gut: Grundpositionen der Umweltethik. Online: http://www.treffpunkt-ethik.de/download/umweltethik_Grundpositionen_MGut_J.pdf (Stand 26.02.2007)
S. 142/143: M1 nach Al Gore: Eine unbequeme Wahrheit. Die drohende Klimakatastrophe und was wir dagegen tun können. Aus dem Englischen von Richard Barth und Thomas Pfeiffer. München: Riemann Verlag 2006, S. 181, 280f. (Grafik – Quelle: NRDC/von Pacala und Socolow); M2 nach Al Gore: Eine unbequeme Wahrheit. Die drohende Klimakatastrophe und was wir dagegen tun können. Aus dem Englischen von Richard Barth und Thomas Pfeiffer. München: Riemann Verlag 2006, S. 306-321
S. 144/145: M2 nach Bernd Rolf; M3/M4 Bernd Rolf
S. 146/147: M2 Arndt Stermann, basierend auf Arnold Gehlen: Der Mensch. Seine Natur und seine Stellung in der Welt. 7. Auflage. Frankfurt/Main: Athenäum Verlag 1972, S. 33-38; M3 Verlagsredaktion, basierend auf http://www.wakafrika.de/?p=319 (Stand: 20.02.2010)
S. 148/149: M2 Arndt Stermann, basierend auf http://de.wikipedia.org/wiki/Friedrich_II._%28HRR%29 (Stand: 14.10.2010); M3 Annette Scheunpflug: Biologische Grundlagen des Lernens. Berlin: Cornelsen Scriptor 2001, S. 53; M4 nach Bernd Rolf, basierend auf Jörg Peters: Der Arbeitsbegriff bei John Locke. Münster: LIT 1997, S. 208-211 und John Locke: Gedanken über Erziehung. Übersetzt von Heinz Wohlers. Stuttgart: Philipp Reclam jun. 1970, S. 7, 15, nach Bernd Rolf, basierend auf Immanuel Kant: Über Pädagogik, A1-10. In: Ders.: Werke in zehn Bänden. Hg. von Wilhelm Weischedel. Bd. 10: Schriften zur Anthropologie, Geschichtsphilosophie, Politik und Pädagogik. Zweiter Teil, Sonderausgabe. 5. Auflage. Wissenschaftliche Buchgesellschaft, Darmstadt 1983, S. 697-700
S. 150/151: M1 Arndt Stermann; M2/M3 Filmskript: Die Kinder des Monsieur Mathieu (O: Les Choristes). Übersetzung: Mina Kindl. Regie: Christophe Barratier, Frankreich, Schweiz, Deutschland, Paramount 2004; M4 nach Bernd Rolf, basierend auf Hermann August Francke. Online: http://de.wikipedia.org./wiki/August_Hermann_Francke (Stand: 14.10.2010) und nach Bernd Rolf, basierend auf Johann Heinrich Pestalozzi. Online: http://wikipedia.org./wiki/Johann_Heinrich_Pestalozzi (Stand: 14.10.2010)
S.152/153: M1 nach Bernd Rolf; M2 Filmskript: School of Rock. Text: Richard Kahl. Regie: Richard Linklater. USA/Deutschland, UIP (Universal Pictures International Germany) 2003; M3 nach Arndt Stermann; M4 Ton Steine Scherben: Macht kaputt, was euch kaputt macht. Text: Ralph Möbius © David Volksmund VG, Berlin
S. 154/155: Methodenkompetenz/M1 Verlagsredaktion; Text zur Karika-Tour Steffen Kludt
S. 156/157: M Verlagsredaktion

Die Welt von morgen

S. 160/161: M2 Mark Haddon: Supergute Tage oder Die sonderbare Welt des Christopher Boone. Übersetzt von Sabine Hübner. München: cbj Taschenbuch 2015, S. 73-74; M3 Söhne Mannheims: Dein Leben. Text: Xavier Naidoo. © Edition Wortgewandt/Hanseatic Musikverlag GmbH&Co. KG, Hamburg
S. 162/163: M1 Alexander Karallus (Originalbeiträge); M2 Alexander Karallus, basierend auf Aristoteles: Politik: Schriften zur Staatstheorie. Übersetzt und herausgegeben von Franz F. Schwarz. Stuttgart: Reclam 1989, I, 2 (1253a)
S. 164/165: M1 Alexander Karallus, basierend auf https://www.gemeinwohlhatvorfahrt.de/ (abgerufen am 18.01.2016); M3 Alexander Karallus (Originalbeitrag); M4 Mobil in Deutschland e.V. Online: http://www.130-danke-nein.de/ (abgerufen am 05.08.2016); M5 Alexander Karallus, basierend auf SWR Fernsehen: Pro & Contra Tempolimit 120 auf allen Autobahnen? Online: http://www.swr.de/proundcontra/pro-contra-tempolimit-120-auf-allen-autobahnen/-/id=14175868/did=17432412/nid=14175868/11c9139/ (Stand: 13.05.2016) und Bundesanstalt für Straßenwesen: Verkehrs- und Unfalldaten. Kurzzusammenstellung der Entwicklung in Deutschland. Bergisch Gladbach 2015. Online: http://www.bast.de/DE/Publikationen/Medien/Dokumente/Unfallkarten-national-deutsch.pdf?__blob=publicationFile (beides abgerufen am 18.01.2017)
S. 166/167: M3 Uwe Britten (Hg.): 2020. Kinder und Jugendliche über unsere Zukunft. Reinbek bei Hamburg: Rowohlt Taschenbuch Verlag 2000, S. 21f. (Sevda U.), S. 22 (Iwan K.), S. 38 (Sabine G.), S. 46f. (Steffen Sch.), S. 64 (Manuel M.), S. 82 (Sandra K.) und Alexander Karallus (Originalbeitrag; Alexander K.)
S. 168/169: M2 Gunhild Lütge: Die Schlächter... In: Die Zeit online, 23.02.2012. Online: http://www.zeit.de/2012/09/Fleisch-Schlachten/komplettansicht (abgerufen am 18.01.2017); M3 Tierschutzgesetz. Online: https://dejure.org/gesetze/TierSchG/1.html (abgerufen am 18.01.2017); M4 nach Lara Haasper: Meine Welt von morgen (Stand 12.02.2007). Online: https://gruene-jugend.de/meine-welt-von-morgen (abgerufen am 18.01.2017); M5 Jan Grossarth: Ein Wurstfabrikant will weg vom Fleisch. In: www.faz.net, 14.11.2016. Online: http://www.faz.net/aktuell/wirtschaft/unternehmen/wursthersteller-ruegenwalder-will-weg-vom-fleisch-14527466.html?GEPC=s5 (abgerufen am 18.01.2017)
S. 170/171: M2 Sonja Gillert: Erstmals Asyl wegen des Klimawandels erteilt. In: www.welt.de, 04.08.2014.
Online: http://www.welt.de/politik/ausland/article130875679/Erstmals-Asyl-wegen-des-Klimawandels-

erteilt.html (abgerufen am 18.01.2017); M3 Johannes Küstner: Über den Ökologischen Fußabdruck (Z. 1-32). Online: http://www.fussabdruck.de/oekologischer-fussabdruck/ueber-den-oekologischen-fussabdruck/ (abgerufen am 18.01.2017) und Bericht des Footprintnetworks in der Fassung vom 07.05.2012 (Z. 33-38). Online:http://www.linkfang.de/wiki/%C3%96kologischer_Fu%C3%9Fabdruck (abgerufen am 18.01.2017); M4 Zahlen nach http://www.fussabdruck.de/oekologischer-fussabdruck/ueber-den-oekologischen-fussabdruck/ (abgerufen am 18.01.2017)

S. 172/173: M2 Rolf Schieder/Hendrik Meyer-Magister: Neue Rollen der Religion in modernen Gesellschaften. In: Aus Politik und Zeitgeschichte 24/2013: Religion und Moderne. Online: http://www.bpb.de/apuz/162385/neue-rollen-der-religion?p=all (abgerufen am 18.01.2017); M3 epd/gt: Jeder dritten Kirche droht bis 2026 die Schließung. In: www.welt.de, 21.04.2016 Online: https://www.welt.de/regionales/hamburg/article154617126/Jeder-dritten-Kirche-droht-bis-2026-die-Schliessung.html (abgerufen am 18.01.2017); M4 Falk Fischer: Zukunft der Religionen. SWR2 Wissen, Sendung am Samstag 11.08.2007. Online: http://www.swr.de/swr2/programm/sendungen/wissen/zukunft-der-religionen/-/id=660374/did=2271986/nid=660374/1g9wdf3/index.html (abgerufen am 18.01.2017)

S. 174/175: M2 nach Jörg Peters

S. 176/177: M2 Alexander Karallus nach Jörg Peters, basierend auf Karl Marx/Friedrich Engels: Deutsche Ideologie. Kritik der neuesten deutschen Philosophie in ihren Repräsentanten Feuerbach, B. Bauer und Stirner, und des deutschen Sozialismus in seinen verschiedenen Propheten. In: MEW. Bd. 3. 3. Auflage. Berlin (Ost): Dietz Verlag 1978, S. 33, Karl Marx: Der Bürgerkrieg in Frankreich. Adresse des Generalrats der Internationalen Arbeiterassoziation. In: MEW. Bd. 17. 5. Auflage. Berlin (Ost): Dietz Verlag 1973, S. 313-365, S. 342; Karl Marx: Theorien über den Mehrwert (Vierter Band des Kapitals). Dritter Teil. Neunzehntes bis vierundzwanzigstes Kapitel und Beilagen. In: MEW. Bd. 26.3. 5. Auflage. Berlin (Ost): Dietz Verlag 1982, S. 252 und Friedrich Engels: Herrn Eugen Dührings Umwälzung der Wissenschaft (Anti-Dühring). In: MEW. Bd. 20. 7. Auflage. Berlin (Ost): Dietz Verlag 1978, S. 169 (bearbeitet v.a. Z. 30-46)

S. 178/179: M2 nach Platon: Kritias (110-116 St.3 A). Übersetzung von Franz Susemihl. Bearbeitet von Rudolf Haller. Online: http://www.opera-platonis.de/Kritias.pdf (abgerufen am 23.01.2017); M3 Jostein Gaarder: Sofies Welt. Roman über die Geschichte der Philosophie. Übersetzt von Gabriele Haefs. 18. Auflage. München: Hanser 1994, S. 112f.

S. 180/181: M2 nach Jörg Peters, basierend auf Richard Saage: Bacons „Neu-Atlantis" und die klassische Utopietradition. In: UTOPIE kreativ, Heft 93/1998, S. 57-69; auch online: http://www.helles-koepfchen.de/atlantis.html (Stand: 10.09.2010); M3 Jonathan Swift: Gullivers Reisen. Bearbeitet von James Dunbar. Illustrationen von Martin Hargreaves. Übersetzt von Cornelia Panzacchi. Visuelle Bibliothek, Klassiker für Kinder. Hildesheim: Gerstenberg Verlag, Hildesheim 2000, S. 50f.

S. 182/183: M1 Culcha Candela: Schöne neue Welt. Text: Don Cali/Chino Con Estilo/Itchyban/Lafrotino/Larsito/Mr. Reedoo/Simon Müller-Lerch/Johnny Strange. © Culcha Sound Edition/EMI Music Publishing Germany GmbH, Berlin/Hanseatic Musikverlag GmbH & Co. KG/Styleheads Gesellschaft für Entertainment mbH; M2 nach Aldous Huxley: Schöne neue Welt. Übersetzt von Herberth E. Herlitschka. Frankfurt/Main Fischer Verlag 1981, S. 19-30

S. 184/185: Methodenkompetenz: nach Karen Mc Guigan; M1/M2 Alexander Karallus (Originalbeiträge)

S. 186/187: M Alexander Karallus (Originalbeitrag)

Die Weltreligionen kennen lernen

S. 188/189: Texte Jörg Peters /Bernd Rolf

S. 190/191: Texte zum Judentum nach Teja Fiedler/Harald Schmitt: Die sechs Weltreligionen. 6 Teile. Teil 2: Judentum. Gottes auserwähltes Volk. Stern 48/2004 (18.11.2004), S. 132-133; Texte zum Islam nach Teija Fiedler/Harald Schmitt: Die sechs Weltreligionen. 6 Teile. Teil 4: Islam. Die Verheißungen des Propheten. Stern 50/2004 (02.12.2004), S. 100-101;Texte zum Christentum nach Teija Fiedler/Harald Schmitt: Die sechs Weltreligionen. 6 Teile. Teil 6: Christentum. Die Lehre der Liebe. Stern 52/2004 (16.12.2004), S. 100-101

S. 192-193: M1 Wolfgang Straßer, basierend auf „Die vierundzwanzig Bücher der Heiligen Schrift" nach dem masoretischen Text. Übersetzt von Leopold Zunz. Tel Aviv, Stuttgart: Sinai Verlag/Doronia Verlag 1997; M2 nach Harry Kemelman: Am Freitag schlief der Rabbi lang. Übersetzt von Liselotte Julius. Reinbek bei Hamburg: Rowohlt Taschenbuch Verlag 1966, S. 920

S. 194/195: M2 Die Bibel. Übersetzung: Lutherbibel, revidiert 2017. © 2016 Deutsche Bibelgesellschaft, Stuttgart. Online: https://www.die-bibel.de/bibeln/online-bibeln/lutherbibel-2017/bibeltext/ (abgerufen am 01.02.2017); M3 Frank Christian Raatz: Vom Doppelgebot der Liebe – ein Unterrichtsentwurf. Online: http://books.google.de/books?id=82DEPnFKj5EC&pg=PA23&lpg=PA23&dq=Der+Gelehrte+kannte+sich+in+den+%C3%9Cberlieferungen+der+V%C3%A4ter+genau&source=bl&ots=BX9ppBVLfa&sig=IwBv0jjEjWQwr0W7vQEOpHFVKcg&hl=de&ei=v0xATIqcNqeSOJGr4dUM&sa=X&oi=book_result&ct=result&resnum=1&ved=0CBYQ6AEwAA#v=onepage&q=Der%20Gelehrte%20kannte%20sich%20in%20den%20%C3%9Cberlieferungen%20der%20V%C3%A4ter%20genau&f=false (abgerufen am 02.07.2010), S. 23; M4 Zitate online: http://glaubeundkirche.de/bergpredigt_seligpreisungen.htm (abgerufen am 04.07.2010)

S. 196/197: M1 Text Selim Akarsu (Originalbeitrag), Suren: Der islamische Pflichtenkodex. In: Stiftung

Weltethos: Ausstellung „Weltreligionen – Weltfrieden – Weltethos" (12 Tafeln mit Begleitbroschüre). Hg. von der Stiftung Weltethos, Tübingen 2000, S. 16f.; M2 nach Felix Körner: Wie ist der Koran heute zu verstehen? Online: http://www.sg.k12.tr/gemeinde/sg_blatt/2006/02/s7.htm (Stand: 01.10.2010); M4 Johanna Pink: Über die Freundschaft zwischen Muslimen, Juden und Christen. In: Deutschlandfunk, 22.05.2015. Online: http://www.deutschlandfunk.de/sure-5-vers-51-ueber-die-freundschaft-zwischen-muslimen.2395.de.html?dram:article_id=320494 (abgerufen am 02.02.2017)

S. 198/199: M1 Bhagavad Gita: Das Lied der Gottheit. Aus dem Sanskrit übersetzt von Robert Boxberger. Neu bearbeitet und hrsg. von Helmuth von Glasenapp. Stuttgart: Reclam 1968, S. 100; M2 nach Heike Michael: Hinduismus. In: Anton Grabner-Haider/Karl Prenner (Hg.): Religionen und Kulturen der Erde. Ein Handbuch. Darmstadt: Wissenschaftliche Buchgesellschaft 2004, S. 140-143; M3 nach Deutsche Buddhistische Union e.V. Online: http://www.buddhismus-deutschland.de/glossar (abgerufen am 10.04.2014); M4 Cay Rademacher/Andreas Hilmer: Pfad des Wissens. In: GEO Epoche. Bd. 26: Der Buddhismus , S. 154f.; M5 nach Hans-Jürgen Greschat: Die Religion der Buddhisten. München: Basel: E. Reinhardt (UTB) 1980, S. 135-136

S. 200/201: M1 Paul McKenna: The Golden Rule Across the World's Religions. Online: www.scarboromissions.ca/Golden_rule/ sacred_texts_en.php (abgerufen am 30.05.2012; Übersetzung jeweils Jörg Peters); M2 nach Hans Küng: Projekt Weltethos. München: Piper Verlag 1992, S. 14, 80, 82, 84

S. 202/203: Methodenkompetenz: Melanie Heise; M1 Verlagsredaktion, basierend auf Sylvia Kröger

Glossar

Informationen teilweise basierend auf Bibliographisches Institut & F. A. Brockhaus AG: Der Brockhaus multimedial premium 2007 (DVDRom), Der Brockhaus Religionen. Glauben, Riten, Heilige. Hg. von der Lexikonredaktion des Verlags F.A. Brockhaus. Mannheim, Leipzig: F. A. Brockhaus GmbH 2004, Bundeszentrale für gesundheitliche Aufklärung (Hg.): Heterosexuell? Homosexuell? Sexuelle Orientierungen und Coming out ...verstehen, akzeptieren, leben. Erweiterte Neuauflage. Köln 2004, Der JugendBrockhaus in drei Bänden. 6. neu bearbeitete Auflage. Mannheim: Bibliographisches Institut & F. A. Brockhaus AG 2005, Peter Kunzmann/Franz-Peter Burkard/Franz Wiedmann: dtv Atlas zur Philosophie. 6. überarbeitete Auflage. München: dtv 1996, Georgi Schischkoff (Hg.): Philosophisches Wörterbuch. 22. Auflage. Kröner: Stuttgart 1991, Schülerduden Religion und Ethik. Hg. und bearbeitet von der Redaktion Schule und Lernen. 2. Auflage. Mannheim: Bibliographisches Institut & F.A. Brockhaus AG 2008, www.wikipedia.de

Methodenüberblick

Informationen teilweise basierend auf Sigune Barsch-Gollnau/Volker Herrmann/Hubert Rösch/Beate Weiss: Selbstständig arbeiten – überzeugend präsentieren. Ein Trainingsbuch für die Mittelstufe. Bamberg: C.C.Buchners 2007, S. 85-86 (Visualisierung Präsentation), Heinz Klippert: Methoden-Training. Übungsbausteine für den Unterricht.11. Auflage. Weinheim, Basel: Beltz 2000

Auswertung des Tests für Verliebte S. 48/49, M1:

0- bis 3-mal Ja

Na ja, die große Liebe ist das sicher nicht. Vielleicht findest du den Jungen oder das Mädchen ja nur interessant, weil er oder sie in deiner Clique oder Klasse besonders beliebt ist?

4- bis 7-mal Ja

Mit reiner Freundschaft lässt sich so viel Interesse bestimmt nicht erklären. Wenn ihr euch ein paar Mal auf „neutralem Boden" trefft (im Kino, beim Eisessen, im Schwimmbad ...), wird sich zeigen, ob die Sache ausbaufähig ist.

8- bis 10-mal Ja

Dich hat es wirklich erwischt. Am besten schaust du erst mal, ob das Interesse auf Gegenseitigkeit beruht. Und dann brauchst du nur noch ein wenig Initiative.

Lösung S. 75, A2:

1 – C (Whitney Houston) / 2 – A (Amy Winehouse) / 3 – B (Diego Maradona)

Bildnachweise

123rf.com / © Andres Rodriguez – S. 18
Agentur Focus / Magnum Photos / Martin Parr, Hamburg – S. 54
akg-images / bildwissen, Berlin – S. 90 (2); - / Orsi Battaglini – S. 59
Baaske Cartoons / Mester, Müllheim – S. 72, 155; - / Plaßmann – S. 140; - / Wössner – S. 155
Boris Braun, Bamberg – S. 114
Bettina Brüggemann, Berlin – S. 108
Sepp Buchegger, Tübingen – S. 61
Bulls Pressedienst GmbH, Frankfurt – S. 26
Bundesministerium des Inneren, Berlin – S. 10
Bundeszentrale für gesundheitliche Aufklärung (BZGA), Köln – S. 79
Bürgerinitiative „Gemeinwohl hat Vorfahrt", Wiesbaden – S. 164
Birgit Danderski, Berlin – S. 85
ddp images / AP / John Duricka, Hamburg – S. 80
© Disney – S. 89
dpa infografik / Globus-Grafik, Frankfurt – S. 68
dpa Picture-Alliance, Frankfurt – S. 49; - / Abacca Olivier Douliery – S. 14; - / EFE / Salvamento Maritimo – S. 166; - / Fotopress / Chrisoph Hardt – S. 172; - / Helga Lade – S. 153; - / Kurt-Josef Hildenbrand – S. 176; - / Kyodo – S. 170; - / maxppp / Bianchetti Stefano – S. 59; - / RTLII / Endemol Stefan Menne – S. 112; / Solaris Films / Maran Film / POP – S. 76; / World History Archive – S. 14; - / ZB / Jens Büttner – S. 132; - / ZB / Stefan Thomas – S. 132
fotolia – S. 191; - / © alphaspirit – S. 158; - / © Alterfalter – S. 54; - / © Andrey Armyagov – S. 160; - / © Arcus / Insadco, Berlin – S. 56; - / © Bizrong – S. 191; - / © Bounlow-pic – S. 158; - / © Christian Müller – S. 168; - / © Csaba Peterdi – S. 172; - / © Daniel Berkmann – S. 163; - / © Eyetronic – S. 166; - / © G. Light – S. 144; - / © Galina Barskaya – S. 56; - / © Gizgraphics – S. 46; - / © GordonGrand – S. 164; - / © guentermanous – S. 146; - / © IlkanBalta – S. 190; - / © Jan Quist – S. 102; - / © Jan Rose – S. 144; - / © Janaka Darmasena – S. 108; - / © Lev Olkha – S. 146; - / © Manuel Tennert – S. 102; - / © Michael Zandt – S. 191; - / © morepictures – S. 190; - / © openlens – S. 146; - / © Pavel Losevsky – S. 144; - / © Pressmaster – S. 56; - / © saniador2 – S. 190; - / © science photo – S. 167; - / © shotsstudio – S. 167; - / © Siegfried Schnepf – S. 144; - / © Vadimsadovski – S. 120
Julia Gandras, Berlin – S. 88
Getty Images, München – S. 74; - / Dan Kitwood – S. 74; - / Jack Mitchell – S. 14; - / WireImage / Ron Golella – S. 74
Getty Images via Corbis / Stefen Kazlowski, München – S. 146
© Giljum, Sustainable Europe Research Institute (SERI) 2007, Wien – S. 171
Marie-Luise Goldman, Detmold – S. 56
iStockphoto / © IB – S. 32; - / © pixdeluxe – S. 32
Thorsten Jansen, Frankfurt – S. 190
Kunstmuseum Olten, Inv. 1961.8, Olten – S. 90
Eva Müller, Kornwestheim – S. 38
Okapia / A. Ishokon / UNEP / Still Pic, Frankfurt – S. 132
Jose Antonio Penas, Madrid – S. 178
Scala group, Florenz – S. 194
Schering Pharmazie, Global Thinking – S. 130 (6)
Maria Sebald, Bamberg – S. 33
Staatsgalerie, Stuttgart – S. 92
Jochen Tader, Essen – S. 191
thinkstock / © Bananastock – S. 76; - / Hemera / © Benjamin Haas – S. 42; - thinkstock / iStock / © Elenarts – S. 67; -- / © Gelpi – S. 23; -- / © Antonio Diaz – S. 40; -- / © cobalt88 – S. 21; -- / © Davids Adventures – S. 50; -- / © dolgachov – S. 23; -- / © Elenarts – S. 37, 97, 127, 157, 187; -- / iStockphoto / © juripozzi – S. 50; -- / © monkeybusinessimages – S. 40; -- / © monkeybusinessimages – S. 50; -- / © RickBL – S. 32; -- / © supernitram – S. 12; -- / © thomasolizzu – S. 12; -- / © View Apart – S. 16; -- / © Vladimir Floyd – S. 16; -- / © XiXinXing – S. 40; -- / ©lzf – S. 16; -- / lineartestpilot – S. 185; -- / owattophotos / © Owat Tasdi – S. 30; - / photoobjects.net / © Zedcor Wholly Owned – S. 23; - / pixland / © Jupiterimages – S. 32
Thomson Reuters / Wolfgang Rattey, Berlin – S. 172
ullstein-bild, Berlin – S. 153; - / Hechtenberg / Caro – S. 56; - / Joker / Steuer – S. 54; - / Reuters – S. 74; - / SIPA – S. 74; - / SIPA / Martinez Carlos – S. 74; - / sylent press – S. 54
Universität Bamberg, Bamberg – S. 111
Version-Photo / Herby Sachs, Köln – S. 191
www.UliCartoons.de / Ulrich Wörner, Obergriesheim – S. 173
www.wikimedia.org – S. 87 (2), 106, 119, 203; - / © Dale Frost of the Port of San Diego / CC BY-SA 2.0 – S. 14; - / © Flammarion – S. 98; - / © Friedrich Eduard Bilz – S. 174/175; - / Google Art Project – S. 41; - / © Ludovisi Collection Jastrow – S. 27; - / © OTFW, Berlin / CC BY-SA 3.0 – S. 28; - / The York Project – S. 202; / White Hortau – S. 44; - / © Wolfgang Sauber – S. 87
© Ziegeleipark-Archiv, Mildenberg – S. 144